本书获得湖北省社会科学基金一般项目（项目号：2018014）和中南财经政法大学中央高校基本科研业务费专项资金资助（编号：2722019JCG004）

马 克 思
国家观研究

张学鹏 著

Makesi
Guojiaguan
Yanjiu

中国社会科学出版社

图书在版编目（CIP）数据

马克思国家观研究 / 张学鹏著 . —北京：中国社会科学出版社，
2020. 5（2022. 11 重印）
ISBN 978 - 7 - 5203 - 6264 - 1

Ⅰ. ①马…　Ⅱ. ①张…　Ⅲ. ①马克思主义—国家理论—研究
Ⅳ. ①D03

中国版本图书馆 CIP 数据核字（2020）第 059438 号

出 版 人　赵剑英
责任编辑　刘　艳
责任校对　陈　晨
责任印制　戴　宽

出　　　版　中国社会科学出版社
社　　　址　北京鼓楼西大街甲 158 号
邮　　　编　100720
网　　　址　http://www.csspw.cn
发 行 部　010 - 84083685
门 市 部　010 - 84029450
经　　　销　新华书店及其他书店

印　　　刷　北京明恒达印务有限公司
装　　　订　廊坊市广阳区广增装订厂
版　　　次　2020 年 5 月第 1 版
印　　　次　2022 年 11 月第 2 次印刷

开　　　本　710×1000　1/16
印　　　张　16.75
插　　　页　2
字　　　数　231 千字
定　　　价　89.00 元

凡购买中国社会科学出版社图书，如有质量问题请与本社营销中心联系调换
电话：010 - 84083683

自　　序

国家观的研究是一个古老而又常新的问题。古老是因为前人的研究成果汗牛充栋；常新是因为，随着社会历史的发展，人们对国家的理解总是充满了不确定性。社会生活的分化进一步加剧了国家与社会的分裂。如何理解国家与社会的关系，如何把握国家发展的新动向，都离不开马克思国家观提供的思维坐标。

笔者首先梳理了马克思国家观的历史继承关系。黑格尔在批判地继承了契约主义与古典经济学思想的基础上，认为只有代表特殊利益的市民社会上升为代表普遍利益的政治国家才能克服市民社会与政治国家之间的矛盾。马克思早期停留在市民社会与政治国家二元分离的语境中，借用费尔巴哈的思想提出了对黑格尔方案的批判，并没有找到解决市民社会与政治国家分裂的现实道路。马克思的新唯物主义历史观所揭示的政治国家复归于社会的思想从根本上解决了市民社会与政治国家分裂的难题，实现了国家观的革命。

马克思国家观经历了从黑格尔主义转向马克思主义的过渡阶段。在这个过渡时期，马克思首先借助费尔巴哈的唯物主义的基本原则与主谓颠倒的方法批判了黑格尔国家观的露骨的神秘主义倾向，同时指出不是国家决定市民社会和家庭，相反，家庭和市民社会才是国家的真正根基。马克思在黑格尔对市民社会的深入解剖与社会实践遇到难事的双重影响下，开始从政治批判转向市民社会批判，进而找到了克服市民社会与政治国家分裂的真正道路。

马克思揭示了国家是生产力的发展与进步引起的氏族社会的分裂与解体，从而使阶级矛盾不可调和的产物。因此，国家的本质是阶级统治的工具。马克思指出，国家是一种表面上凌驾于社会之上的力量，因而它同时具有社会属性。国家表现为阶级性与社会性的统一，其中阶级性是国家的根本属性，决定着国家的性质；社会性是国家从氏族社会中继承下来的性质，处于从属地位。

马克思根据国家的两重属性指明了国家的政治统治与社会管理功能。国家的政治统治功能是国家的本质的延伸，是以国家功能的形式表现的国家本质，因而是由国家的阶级本质决定的。国家的社会管理功能是以公共权力维持社会秩序的表现，是以国家功能的形式表现的国家公共权力属性。马克思认为国家的公共权力是为其本质服务的，但并不构成国家的本质。

马克思国家观革命突出地表现在它论证了国家消亡的必然性。马克思在探索出资本主义社会运动发展的基本规律的基础上，指出资产阶级的灭亡和无产阶级的胜利是同样不可避免的。马克思认为国家消亡的根本原因是生产力的发展，国家消亡的经济基础是共产主义的高度发达，国家消亡的方式是自行消亡。马克思不仅把无产阶级专政当做国家消亡必经的过渡阶段，还具体分析了无产阶级专政的经济基础是生产资料的社会公有制，它的政治形式是社会共和国，它的未来发展是扬弃自身，回归到自由人联合体。

马克思国家观的革命性见解以及它所要求采取的革命性行动遭到了各种各样的误解与歪曲，但这并没有遮蔽其深刻的思想光芒与实践价值。马克思国家观的理论价值表现在它对资本主义国家本质的深刻分析以及回应资本主义社会的新发展所提出的新挑战。马克思国家观的实践意义在于它不仅深刻地改变了世界历史进程，还是我国建设中国特色社会主义国家的指导思想，引领中国政治改革与发展的方向。

看到自己多年努力的成果即将付梓出版，很是欣慰。本书是在我博士论文的基础上修改而成。选择出版是对这一段研究工作的总结，也是为了提醒自己能够早日走出舒适区，以求收获更宽阔的学术视野。文笔稚嫩，才思疏漏。不当之处，欢迎各位方家批评指正！

张学鹏书于故园

庚子年三月二十九日

目　　录

第一章

绪　　论

第一节　研究缘起

马克思的国家观在西方政治哲学史上实现了一场革命。在政治哲学逐渐成为时代显学的背景下，重新考察和梳理马克思的国家观，厘清马克思在国家问题上所做的伟大贡献，回应当代西方理论家对马克思国家观的质疑就成为我们必须完成的任务。

首先，作者试图重新还原马克思对近代政治哲学的重大问题的理论思考及贡献。众所周知，近代西方的发展过程是市民社会的不断发育、成长和完善的过程。在这一过程中，人们对市民社会本身的认知、判断有着千差万别。正是由于对市民社会的不同理解，决定了人们对未来社会的运转规则、发展方向、价值目标等各个方面产生了不同的理解，因而也直接影响了挣脱封建社会桎梏之后的资产阶级对未来社会制度设计的思考。契约论国家观作为这一时代的主题，从根本上决定了资本主义国家的制度设计所遵循的个人权利优先原则。马克思和许多契约论思想家一样，也看到了近代市民社会与国家的分裂。与其他思想家所不同的是，马克思既没有简单地否定资本主义的私有制，也没有完全站在统治阶级的立场上为资本主义的私有制摇旗呐喊。相反，他首先指出了人类社会发展的历史规律，并在此基础上分析了资本主义社会的不可克服的主要矛盾，从而找到了一条扬弃市民社会与国家分裂的资本主义私有制的路径。因此，研究马克思的国家观无疑对理解和阐释乃至解决近代政治哲学的重大理论问题有着重要的意义。

其次，马克思主义理论特别是马克思的国家观旗帜鲜明地指出要为无产阶级服务。马克思国家学说无疑是识别和破解资本主义政治制度本质的有力武器，但是，历史的发展并没有像马克思所预测和分析的那样，社会主义制度在发达的西方国家首先获得突破。相反，社会主义制度建立在政治经济发展比较落后的国家。而在20世纪末的苏东剧变之后，社会主义事业更是陷入低谷，以致资本主义的自由民主制度的维护者们弹冠相庆，宣称：历史终结了，终结于资本主义的自由民主制度。这些摆在人们面前的历史事实不得不让我们重新认识和思考马克思的国家学说。它过时了吗？它对资本主义国家的批判还有效吗？因此，深入而又细致地考察马克思的国家观，梳理马克思批判资本主义国家的理论原则，考察这些批判的方法、分析问题的原则都会为解决人们心中的困惑提供理论上的帮助。

再次，随着我国改革开放的不断深入，经济社会获得了全面而迅速的发展。伴随着经济改革不断获得成功，建筑在经济基础之上的政治制度也要不断地适应经济社会变革的要求和时代发展的要求。因此，实现国家的治理能力和治理体系的现代化已经提上了国家政治生活的日程。这就要求我们要根据我国经济社会发展的实际情况来重新考察和反思我们的政治制度的优越性与缺点，从而不断地完善和发展现有的政治制度。马克思主义理论是我国的意识形态和指导思想，马克思的政治哲学思想和国家观无疑成为我们进行政治制度建设与改革的指导思想，也是重要的可资借鉴的思想资源。因此，认清马克思对国家本质的理解，对经济基础与上层建筑的辩证关系的论述，对国家与社会辩证关系的阐释，对国家职能的区分有着重大的现实意义。

最后，在马克思去世之后，马克思的学说在世界范围内广泛传播，对世界政治格局的发展产生了重要的影响。与此同时，对马克思国家观的误解、误释、歪曲和简单化的理解也不断地在世界范围内扩张。因此，从马克思恩格斯的原著出发，系统而又准确地梳理马克思对国家的起源与历史发展、国家的本质、国家的功能、国家的消亡等问题的思考就成为我们纠正这些有意或者无意的偏见的可靠的理论依据。在纠正这些偏见的基础上，我们要结合时代问题，重新焕发马克思国家观的理论魅力与革命精神，彰显马克思国家观的时代价值和意义。

第二节　国内外研究现状及评析

一　国外马克思国家观研究的历史传承与当代发展

1. 传统马克思主义内部对马克思国家观的批判与反批判

传统马克思主义内部存在着对马克思国家观的批判、歪曲与对这种批判与歪曲的反批判两股潮流。在马克思分析资本主义国家的本质，强调通过无产阶级的专政扬弃资本主义，实现向共产主义的过渡时，首先受到了以巴枯宁为代表的无政府主义者的误解与批判。在巴枯宁看来，国家并不像马克思所揭示的，是阶级矛盾不可调和的产物，相反，它是产生阶级对立与社会分裂的原因。巴枯宁认为，国家是政治统治的工具，在任何时候都不会失去它的政治性，因而也就不会失去它的专制的属性。因此，他不相信马克思揭示的关于国家消亡的论述，而是主张坚决废除一切形式的国家，也包括马克思所提出的无产阶级专政。由此可见，巴枯宁是彻底的无政府主义者。应当承认，巴枯宁看到了历代以来国家所表现出来的专制与镇压的属性，因而要求废除国家。但是，由于他不了解国家产生与发展的原因，不了解国家演进的历史规律，因而即使主张消灭国家也属于自身的阶级偏见，而不是在对历史的发展与国家的演进深入研究的基础上，按照历史与逻辑相统一的原则，探寻到的实现国家消亡的合法性道路。因此，无政府主义者又重新回到了空想社会主义者的老路上去了。

如果说巴枯宁是马克思主义阵营中的"左翼"，那么拉萨尔则属于马克思主义阵营的"右翼"。拉萨尔与主张彻底消灭国家的巴枯宁根本相反。他反对打碎资产阶级的旧的国家机器，认为不仅不能消灭国家，而且要夺取现有的国家政权，通过合法的议会斗争建立无产阶级专政。拉萨尔与马克思的分歧在于实现无产阶级专政的手段与途径的差别。拉萨尔的合法斗争思想看到了资本主义社会的议会与民主制度对于无产阶级夺取政权的有利作用，但是他忘记了资产阶级国家的本质是维持本阶级的统治的工具，因而利用议会斗争建立无产阶级专政的主张只能是一种空想。

除了巴枯宁与拉萨尔的争论之外，在第二国际内部出现了以伯恩施坦和考茨基为代表的对马克思国家观的歪曲与误解。伯恩施坦受拉萨尔的影响，反对无产阶级的暴力革命，主张国家的进化论思想。在他看来，国家并没有自身的阶级属性，应该通过斗争夺取资产阶级国家而不是暴力打碎它。伯恩施坦认为进化胜于革命，因而他反对暴力革命，主张国家的进化论。与伯恩施坦一样，考茨基也反对无产阶级专政，主张通过民主与普选权建立社会主义制度，反对阶级斗争与暴力革命。由此可见，伯恩施坦与考茨基实际上是对马克思国家观的修正与反对。他们首先反对了马克思所揭示的国家是阶级统治的工具的本质认识，主张国家的中立性质，强调国家的社会管理功能，这为他们希望通过进化论的国家观和合法斗争的民主道路夺取国家政权扫清了障碍。因此，他们的国家观在一定程度上是对资本主义国家日益强大的力量与功能妥协的产物，因而丧失了马克思国家观的革命性质。

伯恩施坦与考茨基在第二国际内部对马克思国家观的歪曲与修正遭到了以卢森堡、倍倍尔和卡尔·李卜克内西为代表的左派的坚决反对。后来，列宁扛起了马克思国家观的旗帜，与形形色色的第二国际内部和俄国社会内部的机会主义者作了坚决的斗争，捍卫了马克思国家观的革命性。其中，卢森堡坚持从资本积累的角度分析资本主义的生产方式以及建构在这种生产方式之上的国家。她在《资本积累》和《资本积累——一个反批判》中认为，资本主义生产方式的扩张性本质根源在于它对剩余价值的追求。以此为基础，她认为资本主义必须通过不断向外扩张，才能实现资本的积累与剩余价值。这种无限扩张的需要必然导致资本主义国家本身的崩溃。应该承认，卢森堡正确地揭示了资本主义生产方式的特征与属性，但是她所分析的资本主义国家崩溃的原因并不是根本的，因而相对于马克思的资本主义批判来说，这是一种倒退。

列宁是马克思国家观的革命性的坚决捍卫者，他领导了十月革命，建立了社会主义制度，使马克思的革命的理论走向了革命的实践。列宁对马克思国家观进行了系统的分析和论证，并在他所处的特殊历史时期，进一步发展了马克思国家观。首先，列宁坚持马克思所揭示的国家的本质思想，认为国家是一个阶级镇压另一个阶级的工具与手段。其次，他赞成马克思的无产阶级专政的理论，主张通过无产阶级专政的过渡进入共产主义社会。再次，列宁认为国家的消亡是一个漫长的历史时期，他在马克思所区分的共产主义低级阶段和共产主义高级阶段的划分的基础上，进一步把共产主义低级阶段解读为社会主义阶段，并阐释了社会主义阶段所能创造的国家消亡的条件，因而是对马克思国家消亡理论的继承、丰富与完善。列宁认为，在世界范围内实现国家的普遍消亡之前即在社会主义阶段，要依靠无产阶级政党，领导与强化国家机器，保护无产阶级政权。

斯大林的国家观主要是对列宁的继承与发展。在理论上，他坚持无产阶级的国家职能要受不同历史发展阶段的经济规律的制约；在实践上，他不断地强化国家，形成了无产阶级、政党、国家的三位一体，走向了斯大林主义。斯大林主义的国家观受到了来自西方马克思主义的批判与反对。托洛茨基反对了斯大林主义的国家观，认为资本主义的生产方式与资本主义的官僚制度没有出路，他主张扩大工人的权力，实行不断革命，坚持无产阶级革命是一场世界性的运动。无论是斯大林主义还是托洛茨基主义，都是在无产阶级专政的革命实践与世界范围内的资本主义统治的国际环境中，实现的对马克思国家观的修正。应当承认，列宁与斯大林在特殊的历史时期，坚持从斗争与实践的需要出发，实现对马克思国家观的革命性发展是有着巨大的理论勇气与实践依据的。因此，作者反对那种对列宁与斯大林国家观的抽象的否定，更反对用马克思恩格斯的本本去否定他们所开拓的伟大实践。

2. 西方马克思主义的国家观

西方思想家与哲学家对马克思国家观的探讨经历了从西方马克思主义向现代新马克思主义的转变过程，他们之间的观点有很大的差别。安德森在《当代西方马克思主义》中曾指出："西方马克思主义作为对第二国际主流意识形态的反叛，曾经激活了辩证法与主体性思想，但由于学术旨趣的转移，重大的经济或政治问题不再是他们思考的中心范畴，有关现代资本主义国家的理论说明一直是西方马克思主义的一个空白点。"① 进入 20 世纪 60 年代以后，斯大林主义国家观广受批判，左派政党参与政府选举的扩大，重新唤起了西方马克思主义者对国家问题的兴趣。以阿尔都塞、列菲弗尔、普兰查斯、密利本德、奥菲、资本逻辑学派为代表的西方马克思主义者开始系统地分析与研究马克思的国家观，并提出了不同见解，形成了不同的流派。这些不同流派之间的争论成为马克思国家观在当代重新繁荣起来的重要标志。自 20 世纪 80 年代以来，马克思主义理论在西方日益边缘化，对马克思国家观的研究也停滞不前，这使得马克思主义在西方表现为"一种继续总退却的特点"。在此之后，福柯的微观权力思想、杰索普的"策略关系"国家理论，以及回归国家学派坚持以国家为中心的思想都属于新马克思主义对国家内容的探讨。如果说西方马克思主义对国家问题的分析是在结合资本主义社会的新发展的背景下进行的，他们仍然没有摆脱马克思国家观的理论框架，只是对马克思国家思想的某一方面的进一步展开与丰富的话，新马克思主义则完全摆脱了马克思国家观的基本架构，重新建构了一套分析资本主义国家特征的话语系统。因此，二者之间有重大差别。

德国社会学家亨利希·库诺梳理了马克思和恩格斯以及摩尔根所考察的雅典国家、罗马国家以及德意志国家的建立的过程，对恩格斯提出的雅典属于国家形成的典型形式的观点进行了批判与反驳。库诺

---

① ［英］佩里·安德森：《当代西方马克思主义》，余文烈译，东方出版社 1989 年版，第 20—21 页。

虽然承认建立国家以一定程度的经济发展为前提，但是他认为民族内部的阶级分化并不自动导致国家的出现，而是必须借助于征服和奴役。"无论是在古代，还是在现代，凡是我们能观察到国家建立的地方，我们就会发现国家的建立是在征服和奴役的基础上完成的。"① 库诺反对马克思和恩格斯关于国家是阶级矛盾不可调和的产物的观点。他在比较深刻地理解马克思的同时，也产生了在国家消亡的问题上对马克思的误解与误释。库诺认为马克思的国家观本身存在着自相矛盾，单是对国家的偏见与敌意并不能解释马克思的自相矛盾，真正的原因在于马克思全盘接受了 19 世纪上半叶英法两国的激进的自由主义政治经济学思想。库诺认为，马克思和恩格斯不了解资本主义的新发展已经改变了国家的职能与性质；马克思关于国家消亡的理论为资本主义国家发展的新的现实以及不断调整的管理职能所取代，国家机器不仅不是多余的寄生的赘瘤，而且是必要的满足社会需要的组织，这在根本上否认了马克思关于国家消亡的思想。

列菲弗尔在《论国家——从黑格尔到斯大林和毛泽东》中提出了马克思国家理论的三种草图。他指出，在马克思的国家观中包含着三种不同的理论图式并且是相互混杂的。第一，把国家看作阶级统治的工具，是占优势地位的社会阶级维持自身在社会中的统治地位的手段。第二，国家是一种执行公共职能的管理机关，依据在于马克思在《亚细亚的生产方式》中描述了国家的公共事务管理职能。第三，国家是一种凌驾于社会之上的第三方力量，可以直接调控与管理社会中的不同阶级及其利益分配。② 与列菲弗尔有着相似观点的还有波普尔提出的两种主义理论：马克思国家观部分是本质主义的理论，部分是制度主义的理论。③ 邓利维和奥利里的三种模型理论：马克思国家观

---

① ［德］亨利希·库诺：《马克思的历史、社会和国家学说》，袁志英译，上海译文出版社 2006 年版，第 297 页。

② ［法］列菲弗尔：《论国家——从黑格尔到斯大林和毛泽东》，李青宜等译，重庆出版社 1988 年版。

③ ［英］戴维·米勒：《开放的思想和社会——波普尔思想精粹》，张之沧译，江苏人民出版社 2000 年版。

可以概括为工具主义模型、仲裁人国家模型和功能主义模型。① 科林·汉的四个概念理论：国家是资产阶级的压迫机关；国家是统治阶级的工具；国家是理想的总资本家；国家是社会形态的凝聚因素。奇尔科特的四个变体理论：国家根源于物质生活状况；国家是阶级统治的工具；国家的相对自主性；无产阶级的革命专政。② 上述理论的共同点是深入地分析了马克思国家观在不同方面的具体表现，并把这些不同的方面当作国家观的一个重要的内容。在他们看来，这些不同内容之间存在着混乱的融合或者相互的排斥与交叉，存在着诸多的矛盾与冲突。实际上这些解读正好系统地揭示了马克思国家观的形成、发展与成熟的过程。

上述分歧与矛盾引起了战后西方马克思主义者对马克思国家观的持续争论，形成了四种主要流派。

第一，普兰查斯"结构主义"国家观。普兰查斯借用阿尔都塞的"多元决定"思想，把国家理解为一种调和社会生产方式的各要素的平衡力量，同时运用结构主义的研究方法把社会与国家理解为一种具备内在层级的结构支撑。这显然是对马克思国家观的本质与革命性质的曲解。在马克思看来，国家作为社会的上层建筑从根本上取决于社会的生产方式。国家作为一种表面上凌驾于社会之上的力量，实际是社会中居于统治地位的阶级的利益代表，因而它在根本上是受统治阶级的利益支配的。马克思重视国家的社会管理功能，但是反对把它理解为一种生产方式的调和力量。应当承认，普兰查斯坚持了资本主义国家的阶级统治的本质，这是对马克思国家观的继承。但是，他屈服于资本主义社会发展的现实，害怕斗争与革命，主张走和平斗争的道路实现社会主义的认识与马克思恩格斯是背道而驰的。普兰查斯这一观点是对资产阶级专政的妥协，缺乏彻底的革命性。

---

① ［英］帕特里克·邓利维、布伦登·奥利里：《国家理论：自由民主的政治学》，欧阳景根等译，浙江人民出版社2007年版，第140—186页。

② ［美］奇尔科特：《比较政治经济学理论》，高铦、高戈译，社会科学文献出版社2001年版。

第二，密利本德的"工具主义"国家观。密利本德首先肯定了国家作为阶级统治工具的本质，同时他强调国家具有相对自主性，并具体分析了它的原因与表现。密利本德在一定程度上克服了所谓的普兰查斯的结构决定的弊端，同时以改造的方式保卫了马克思运用经济基础与上层建筑的辩证关系解剖国家与社会之间关系的思想。密利本德强调的以经济决定为基础的国家的相对自主性是对马克思国家观的合理发展，它能有效地分析与解释资本主义国家出现的国家功能更加强大的社会现实。

第三，奥菲的国家自主性理论。在奥菲看来，国家的相对自主性表现为国家并不直接代表某一具体资本家的利益，而是通过积极选择与掩饰选择，在保障国家的独立外观的基础上，实施维护资产阶级利益的政策与方案。实际上，奥菲的国家自主性理论弥补了马克思的宏大叙事的表述方式所带来的细节分析不足的遗憾。奥菲的这种分析揭露了资本主义国家的阶级统治的本质，具有很强的说服力。

第四，以对国家相对自主性的内在矛盾的批判为基础，杰索普把国家的相对自主性发展成为完全的自主性。杰索普通过对国家相对自主性理论的剖析与批判为其"策略关系"国家理论扫清了障碍。从表面上看，杰索普是要克服"资本理论"与"阶级理论"国家观之间的矛盾，克服国家的"自主性"与"相对性"之间的矛盾，本质上，是以此为依据否定国家是阶级统治的工具的本质主义国家观，是对马克思关于国家本质与国家功能的辩证关系的否定。从理论来源上看，他在一定程度上继承了第二国际以来，特别是西方马克思主义者在国家观问题上重功能轻本质、割裂国家的本质与国家功能之间的辩证关系的论证思路；从实践根源上看，它是对资本主义国家战后不断增强的社会管理功能的具体分析。杰索普与工具主义和结构主义的国家观不同，他通过对国家自主性的分析得出的结论是对资本主义国家合法性的辩护与论证，是通过国家功能的分析，把国家界定为一种公共权力。他否定了国家的阶级本质，在一定程度上实行了对资本主义国家永恒性的辩护。

第五，回归国家学派颠覆了从社会来解释国家的理论分析路径，坚持国家自足的自主性，主张以国家为中心管理与调节社会，这无疑具有一种反历史主义的倾向。他们从国家的当下出发，不仅不承认国家的历史起源与发展，而且仅仅把国家理解为一种调节与管理社会的工具，这种消解了国家的阶级本质的认识无疑是浅薄的。此外，回归国家学派强调的用国家来调控与管理社会，在历史上黑格尔曾开过类似的药方。但是与黑格尔关于国家制度、国家的历史发展的深刻性相比，他们是拙劣的模仿者。

综上分析，西方马克思主义的国家观的核心是国家的相对自主性理论。他们的理论虽然反映了资本主义国家在新的时代展现出的特征，但是，无疑他们都具有一定程度的妥协性。随着杰索普对国家相对自主性理论的否定，彻底割裂了马克思所揭示的国家的本质与国家的功能之间的辩证关系，从而把对资本主义国家的哲学追问与实践变革转变为实证研究与合法性论证。这开启了国家理论研究的新的转向。回归国家学派在这一思路的指引下，把国家的功能上升到国家理论的本体论地位，从而在承认资本主义国家制度合法性的前提下，考察国家制定与执行的具体策略，论证国家的自主性与绝对性。这不仅离马克思所实现的国家观革命越来越远，而且彻底阉割了马克思关于无产阶级专政和共产主义革命的理论。

二 国内研究的现状与评析

从总体上看，我国对马克思国家观的研究主要表现在理论与实践两个方面。在理论上，主要关注了以下几个问题：第一，关于马克思国家本质的讨论。第二，对马克思的国家起源与功能理论的关注。第三，对马克思的政治国家与社会关系的反思。第四，对马克思国家观与近代西方政治思想之间关系的考察。第五，对全球化时代马克思国家理论所面对的挑战的阐释和回应。第六，对当代中国政治实践的理论反思和经验总结。第七，对西方马克思主义国家理论的批判性考察。在实践上，中国特色社会主义理论、社会主义初级阶段理论，以及我国建立的人民民主专政的国家政权，实行的人民代表大会制度、民族区域自治制度等基本政治制度都是对马克思关于国家理论的继承与发展，是在坚持马克思国家观的基本原理的指导下，结合我国的发展阶段与基本国情创造性地回答了在落后的中国如何建设与发展社会主义的时代问题。

第一，关于马克思国家本质的讨论。在国家本质问题上，学者们的看法集中表现在三个方面：一是在国家的本质问题上坚持对马克思恩格斯的传统理解，即国家的本质是一个阶级对另一个阶级进行统治的工具。这个观点可以在经典作家中找到比较多的论述。在《家庭、私有制和国家的起源》中恩格斯指出工具论国家观并不局限于现代国家，而是具有普遍的性质。二是在国家的本质问题上坚持公共权力论。这种观点也可以在马克思恩格斯的经典著作中找到依据。马克思恩格斯也把国家理解为一种公共权力。于是，对国家的本质是什么就出现了争论。首先是工具主义国家观与公共权力论之间发生了冲突。在前者看来，作为阶级统治工具的国家与作为公共权力代表的国家是直接对立的；在后者看来，国家的本质是一种公共权力，并不维护特殊利益。争论的双方都可以从经典作家中找到文本依据，那么到底该如何理解这种争论与冲突呢？三是主张国家的双重本质。赵平之认为，在原始社会和未来的共产主义社会由于国家的阶级性质会随着阶级的消失而消失，因此，国家的本质就是一种公共权力，主要负有管理职责。而在私有制范围内，由于阶级之间的对立，国家就成为统治阶级维护阶级统治的工具。[①] 唐兴霖同样是对这种争论的回应却产生了另外一种理论的面向：重新界定国家的本质。[②] 张传鹤对国家本质的两种不同理解进行了反思，指出了各自的合理性和局限性，并试着重新界定了国家的本质，以回应上述争论。[③] 他认为："国家是人类社会发展到阶级社会以后，在一定地域上，以暴力为后盾，由并非基于

---

① 赵平之：《关于国家理论的几个问题》，《马克思主义研究》1984 年第 2 期。
② 唐兴霖：《论国家的层次和职能》，《社会主义研究》1999 年第 3 期。
③ 张传鹤：《传统国家本质理论的反思与重构》，《齐鲁学刊》2006 年第 6 期。

血缘关系的一定人群，通过多种方式建立的一种内部利益并不完全均衡的阶级性的社会政治共同体，它的公共权力，既可能被用于公共的目的，也可能被某些个人、公共机关、社会集团、政党操控，沦为狭隘利益的工具。"① 应该说这种重新界定是作者的一种理论尝试。无论这种尝试本身是否科学，都反映了现代社会的发展对重新认识和理解马克思关于国家本质思想的迫切需要。

以上三种关于国家本质的认知反映了我国学术界研究的理论深度。需要指出的是，我们应该坚持从马克思恩格斯的原著出发，运用正确的理论思维方法，重新完整而准确地理解马克思对国家本质的述说。从形式上看，国家具有普遍利益的形式；从内容上看，国家的本质是特殊利益，而非普遍利益。从外观上看，国家是凌驾于各个阶级之上的公共权力；从实质上看，这种公共权力是为维护特殊利益服务的，是更好地维护特殊利益的手段。因此，国家公共权力的外观并不能掩盖它代表特殊利益的实质。我们反对从公共权力的角度来理解国家的本质，也反对双重国家本质的二元论调。根据社会发展需要对国家的本质做出重新界定，从形式上看，是对马克思国家本质思想的发展，而实际上是未能真正把握这一思想的根本。

第二，对马克思国家起源与功能理论的关注。有学者在挖掘马克思晚年笔记的基础上梳理了马克思关于国家起源的理论，并与现代西方国家起源理论的研究形成对比，构建了马克思国家起源的当代形态，并以此为基础分析了中国国家起源的道路。这是对马克思国家起源理论的专门性研究，对于深化理解马克思国家起源思想有着重要的推动作用。② 此外，国内学术界对马克思国家起源思想的研究并不太多，更多的是运用马克思的方法分析与阐释中国的国家起源。③

---

① 张传鹤：《传统国家本质理论的反思与重构》，《齐鲁学刊》2006 年第 6 期。

② 刘军：《国家起源新论——马克思国家起源理论及当代发展》，中央编译出版社 2008 年版。

③ 谢维扬：《中国的早期国家》，浙江人民出版社 1995 年版。王震中：《中国文明起源的比较研究》，陕西人民出版社 1994 年版。

对马克思国家功能的研究经历了从只承认阶级国家的剥削与镇压功能向国家具有政治统治与社会管理两重功能的转变过程。关于国家功能的划分，国内学术界主要继承了斯大林关于国家的对内与对外双重职能的划分，20 世纪 80 年代以后，通过对这个问题的反思，结合马克思恩格斯的原著，提出了国家具有政治统治与社会管理双重功能的认知。承认国家的双重功能是 20 世纪 80 年代初国内学界在马克思国家功能问题上的一个重大进步，以此为基础出现了关于国家两重功能的根据的探讨。有人认为，国家本质的双重属性必然引起国家功能的两重性。[①] 有学者指出，国家的本质是阶级统治的工具，但是现阶段我们应该避免对马克思国家的阶级本质理解走向极端，而是要肯定国家的社会管理功能产生的根源在于它的社会性，进而在承认国家的阶级性与社会性之间的辩证关系的基础上，辩证地对待国家的政治统治与社会管理功能。[②] 有学者认为实现国家职能的二重化，实质就是国家把自己的政治职能以及执行这些职能所行使的权力逐步交给社会，不断培育和健全社会自我调节控制体系。还有学者认为，进行社会管理是国家职能的本质特征。国家政权机构对个人和群体的思想和行为进行有目的的引导、约束和调控，保证了整个社会的稳定运行和协调发展。实际上，国家的功能是与国家本质紧密联系在一起的，对国家本质的认知直接影响甚至决定对国家功能的理解。

第三，马克思对政治国家与社会关系的反思。在国家与社会的关系上，国内学者遵循了国家从社会分裂出来，又重新回归社会的理论来分析马克思的国家与社会的关系。有学者系统地分析了马克思关于国家与社会之间关系的主要内容，指出了马克思以此为依据对资本主义国家的剖析，进一步分析了当代中国的社会与国家之间的关系。这是对马克思的国家与社会之间的关系较为系统的总结与反思，为进一

---

① 吴英：《对马克思国家理论的再解读》，《史学理论研究》2009 年第 3 期。
② 朱光磊：《论国家本质的社会性方面》，《天津社会科学》1992 年第 5 期。

步深入研究打下了基础。① 有学者在分析国家与社会关系发展的不同模式的基础上，结合现代国家的发展，提出了国家权力自主性的发展与限度、国家行动能力的发展与限度以及国家权威合法性的发展与限度等内容，实现对国家与社会关系的当代创新。这种研究是在马克思所揭示的国家与社会关系的理论的指导下，进一步剖析当代国家与社会的具体特征，具有很强的时代价值，也是对马克思国家与社会关系理论的推动与发展。② 亨利希·库诺认为，马克思对国家与社会进行了区分，国家与社会之间是交叉关系。社会是国家的基础，社会制度构成了国家制度的基础；国家制度是由社会制度决定的，国家只是社会的组织工具。麦克里兰则认为，马克思对近代国家的批判主要指国家在根本上取决于经济基础。麦克莱伦认为，马克思试图强调国家与社会之间的鸿沟，后来又把国家视为社会的组成部分。

第四，对马克思国家观与近代西方政治思想之间关系的考察。首先，从黑格尔与马克思之间的关系出发，以研究黑格尔的国家观和马克思对黑格尔的国家观的超越为重点。研究的文本依据主要是马克思的《黑格尔法哲学批判》《论犹太人问题》《〈黑格尔法哲学批判〉导言》等，重点梳理了青年马克思在国家问题上发生的重大变革。这种研究思路，从马克思思想发展的脉络出发，遵循马克思自身思想发展的内在逻辑，寻找马克思与黑格尔国家哲学之间的差异甚至对立，指出马克思在国家问题上对黑格尔的超越，科学地考察了马克思国家观的发展过程，具有很强的说服力。但是问题与缺陷在于：一是对马克思国家观的考察仅仅停留在对黑格尔国家观的超越上，视野比较狭窄，没有把马克思国家观的形成与发展放到整个对近代哲学的继承和发展的历史视野当中。因此，也就不能更为准确地把握马克思国家观的完整的发展理路。二是在考察这一观点时，仅仅停留在马克思早期

---

① 郭强：《马克思社会与国家理论的历史轨迹及其当代价值》，世界图书出版广东有限公司 2014 年版。

② 时和兴：《关系、限度、制度：政治发展过程中的国家与社会》，北京大学出版社1996 年版。

的国家思想，没有与后来的国家观形成一个完整的发展链条，从而造成对马克思国家观的人为割裂。这种割裂的后果是只看到了马克思国家观的"来龙"，没有把握它的"去脉"。因而是对马克思国家观的肢解，虽然这种肢解是在无意中发生的。

其次，以西方政治思想的发展历史为前提，考察马克思对西方政治思想的继承和发展情况，进一步地指出马克思在国家观问题上对西方经典的国家理论的超越。这一研究视角打通了马克思的政治哲学思想和近代西方的启蒙运动、理性主义、自由主义思潮之间的关系，厘清了整个西方政治哲学思想之间的传承关系，为更深刻地把握马克思哲学提供了理论资源。① 有学者对国家学说的历史发展进行了系统的总结与概括，较早形成了国家学说的历史演进的逻辑探索，因而是系统的、丰富的国家学说的材料。但这属于编纂学，没有深入地考察这些学说之间的内在关联，因而缺乏深刻的学理透视。② 有学者则以马克思恩格斯的经典著作为依据，系统地建立了马克思国家观的基本结构与框架，形成了较为完整的对马克思国家观的分析与认知，为进一步深入分析马克思国家观奠定了基础。但是这种分析由于过于强调理论的逻辑，因而容易忽视马克思国家观的革命性与创造性，同时由于他的出发点是政治学，他的阐释主要集中在马克思的政治学原理，因而未有对马克思国家观革命进行深入的分析与论证。③

杨晓东系统分析了近代英国的自由主义者霍布斯提出的契约论国家观，以洛克和休谟为代表的苏格兰启蒙运动思想家的国家观，法国启蒙时代的伏尔泰、孟德斯鸠、卢梭的国家观和以德国观念论为代表的国家观革命之间的传承与发展关系，并在此基础上，梳理了马克思政治哲学对这些不同流派的继承与发展关系。他对马克思政治哲学思想的考察具有十分开阔的历史视野，这让马克思国家观的论述有了更深刻的思想根据，也能更清楚地识别马克思在国家观上所实现的重大

---

① 杨晓东：《马克思与欧洲近代政治哲学》，社会科学文献出版社 2008 年版。
② 邹永贤：《国家学说史》，福建人民出版社 1987 年版。
③ 王沪宁：《政治的逻辑：马克思主义政治学原理》，上海人民出版社 2004 年版。

变革和突破，进而准确地理解马克思哲学深刻的革命性。对这种梳理，笔者无疑是持肯定态度的。但是，问题总是由两个方面构成。在构建马克思政治哲学的思想谱系时，如何保持思想的独立性、如何坚持从深刻的社会实践出发理解马克思国家观的革命就成为不得不面对的重要问题。从行文的方式和结构看，作者在这一方面的欠缺不能不说是一种遗憾。我们必须承认和重视马克思国家观对传统的政治哲学思想谱系的继承和发展关系，但并不能停留在这种"解释世界"的理论视域，还要深入地理解马克思国家观的"改变世界"的深层根据是对时代问题的诊断。马克思所生活的时代是资本主义快速发展的时代，也是资本主义社会矛盾逐渐突出、经济危机开始成为资本主义世界不可避免的疾病的时代。因而，马克思的国家观是植根于这一深刻的现实逻辑当中的。从资本主义社会发展的内在矛盾入手，我们才能理解马克思国家观的时代担当和历史责任。因此，笔者在研究马克思国家观时，既重视考察马克思国家学说对近代西方政治思想的继承和发展关系，也强调马克思政治哲学所面对的时代问题。从时代问题着手，再回溯至马克思对思想史的继承和发展，才能弥合历史和现实之间的裂缝，在问题与思想、现实与逻辑的交融中透视马克思国家观。

再次，从马克思政治思想发展和转变的内在逻辑考察他的国家观。有学者以马克思的文本为依据，考察马克思政治思想发展的内在逻辑与历史演进相互交织的过程，进而系统地理解马克思国家观的理论内涵和时代价值。[①] 李淑梅教授的《政治哲学的批判与重建——马克思早期著作研究》从马克思的原著出发，深入透彻地分析马克思政治思想发展转变过程的理论逻辑和现实诉求，是一部分量十足的考察马克思政治思想发展的文本解读性著作。全书最大的优点是严格依照马克思著作撰写的时间顺序考察马克思不同时期的政治哲学思想的内容及其继承发展关系。该书对文本解剖的深度和广度是同类型著作的

---

① 李淑梅：《政治哲学的批判与重建——马克思早期著作研究》，人民出版社 2014 年版。

典范，这彰显了李教授深厚的哲学原著功力。遗憾的是，作者的梳理主要集中在马克思政治哲学思想的早期著作，并未形成对马克思国家观的完整分析。李教授仅仅梳理早期著作，而没有完整地加以评析，原因可能有两个：一是中后期的马克思著作集中分析自己所经历的政治事件，因而带有很强的实证分析和应用型特点；二是转向政治经济学批判的马克思开始把主要精力放在研究资本主义社会的经济关系上。因此，坚持始终如一而又细致地分析马克思的政治哲学思想就会面对一些不必要的困难和不好处理的内容。不容否认，李教授的著作为后学继续研读马克思政治哲学著作提供了系统而又深入的参考。

综上所述，对马克思国家观与西方政治思想关系的研究主要有三种基本进路：一是马克思对黑格尔国家观的超越；二是马克思对近代西方政治哲学的继承和发展；三是马克思本人政治哲学思想发展与转变的过程。这三种不同的进路都有各自考察的重点，因而都具有独特的理论价值。考察马克思国家观既要重视对欧洲近代政治哲学的继承和发展，又要重视对现实的社会问题的分析，这也是马克思穷尽一生都在从事政治经济学批判，从事《资本论》研究的原因。只有深刻地理解资本主义社会的经济关系才能深刻地把握资本主义国家的本质，也才能运用从后思索的方法透视一切私有制社会的国家所具有的根本性质和特征。因此，对马克思国家观的研究必须坚持用时代的眼光透视思想的发展，用思想发展的历史开拓时代的视野，防止二者偏废其一。

第五，对全球化时代马克思主义国家理论所面临的挑战的阐释和回应。有学者从政治哲学的视野出发，在系统地理清了马克思国家观的核心内容之后，主张结合西方马克思主义提出的富有建设性的理论和新马克思主义者杰索普的"策略关系"国家理论，建构我国国家理论的当代形态，同时强调在全球化深入发展的今天，处理好全球化与本土化、普遍主义与特殊主义之间的紧张关系是当代国家建构的重要立足点。① 也有学者以民族国家问题为研究的主要对象，利用马克思

---

① 郁建兴：《马克思国家理论与现时代》，东方出版中心 2007 年版。

关于民族国家的基本思想透视全球化时代对民族国家的发展所带来的机遇与挑战，以及民族国家在全球化时代引发的国家主权与国家职能的新变化，还特别指出了全球化时代出现的民族国家的认同问题，因而具有很强的时代感与透彻的理论分析能力。这为民族国家应对全球化问题提供了理论研究的基础。① 此外，还有一些学者的论文系统地分析了全球化时代的马克思主义国家理论面临的挑战与困难以及可能存在的转向。②

第六，对当代中国政治实践的理论反思和经验总结。有学者以全球化的国际环境与我国国家建设的实践为研究对象，总结了我国国家建设的经验与教训，提出党的第三代领导集体开启了国家理论向党建、执政、国家治理与建构的转换，形成了中国特色的国家建构的理论与实践路径。这种研究是对中国国家建设与政治实践的经验总结与理论反思，具有很强的时代价值，为进一步探索新的历史条件下的国家建构提供了理论依据。③

第七，对西方马克思主义国家理论的批判性考察，重点介绍了关于国家的相对自主性理论。有学者系统地梳理了西方马克思主义的国家观，细分了西方马克思主义国家观的不同类别及其演进逻辑和内在继承与发展关系，这为更深入地考察马克思国家观的当代发展及其影响提供了重要的理论资源。但是，这种研究仅限于西方马克思主义国家观的文献学梳理，缺乏对马克思国家观的当代关照。④ 关于国家自

---

① 贾英健：《全球化背景下的民族国家研究》，中国社会科学出版社 2005 年版。
② 郁建兴：《论全球化时代的马克思主义国家理论》，《中国社会科学》2007 年第 2 期。郁建兴：《国家理论的复兴与马克思主义的国家理论》，《东南学术》2001 年第 5 期。肖扬东、周利兴：《全球化与马克思主义国家理论的当代转型》，《思想战线》2009 年第 3 期。冯新舟、何自力：《全球化背景下马克思主义国家理论的新议题——兼论民族国家的历史命运》，《教学与研究》2010 年第 10 期。
③ 罗许成：《当代中国马克思主义国家理论的新发展——一种国家治理的视角》，浙江大学出版社 2009 年版。
④ 尹树广：《国家批判理论》，黑龙江人民出版社 2002 年版。尹树广：《后结构·生活世界·国家》，黑龙江人民出版社 2002 年版。陈炳辉：《西方马克思主义的国家理论》，中央编译出版社 2004 年版。

主性，有学者在考察马克思国家相对独立性的基础上，对比研究了西方马克思主义者密利本德与普兰查斯的国家自主性理论，并对此作了系统的分析与评价，认为马克思关于国家的相对自主性的具体分析表现在三个方面：首先是经济基础的决定性作用与上层建筑的独立自主性问题，上层建筑的独立自主性表现在政治与经济的相互关系中。其次是国家相对于统治阶级的自主性。主要表现在：维护社会公共利益，从事社会管理；维护社会公共秩序，调节阶级冲突；维护统治阶级的整体利益，调节阶级内部矛盾。再次是官僚集团的自主性。当官僚集团与社会统治阶级没有直接的或明显的对应关系时，统治阶级难以操纵国家机器，因而官僚集团获得相对于统治阶级的自主权。[①] 有学者专门考察了西方马克思主义者普兰查斯的国家观的主要内容，研究了普兰查斯对马克思国家观的继承与发展关系，形成对普兰查斯的纵向研究，是我国西方马克思主义研究的重要组成部分。[②] 有学者系统地分析了现代英国新马克思主义者杰索普对西方马克思主义国家理路的继承与发展关系，提出了一种走向全球化时代的马克思主义国家理论。[③] 上述研究为完善马克思国家观的当代发展奠定了基础。

综上所述，对马克思国家观的研究多为某方面的纵深研究，这为我们理解马克思国家观提供了思想基础，也给后来的研究者提供了重要的思想资源。特别是国内外学者结合当代资本主义国家的新发展与我国的国家建设实践所开展的研究，开阔了人们的视野。但是，这些研究仍存在以下不足。一是没有对马克思国家观形成细致而又深入的研究，而是停留在外在反思的层次，特别是不能坚持用新唯物主义历史观的基本原理分析和透视马克思的国家理论。从思想史的角度切入马克思国家观的研究容易给人一种错觉：好像马克思国家观只是以往

---

① 江红义：《国家自主性理论的逻辑》，知识产权出版社 2011 年版。
② 范春燕：《普兰查斯国家理论研究》，中国社会科学出版社 2015 年版。
③ 何子英：《杰索普国家理论研究》，浙江大学出版社 2010 年版。肖扬东：《马克思主义国家理论的新进展——杰索普"策略关系"国家理论研究》，上海人民出版社 2012 年版。

哲学家的国家理论发展的逻辑结果。这样就会忽视马克思对国家问题思考的时代背景，特别是对时代问题即资本主义本质的哲学反思，进而丧失马克思国家观的革命性质，造成对马克思政治哲学革命性的阉割。二是对马克思国家思想的个别问题进行专题研究无疑是对马克思国家观研究的一种深化，但它的不利之处在于我们不能准确地掌握马克思国家观的全貌。三是没有把马克思国家观放到近代社会的重大政治哲学问题的视域中来考察，容易忽略马克思的国家观对近代政治哲学基本问题的回应，从而影响对马克思国家观的深刻解读。四是对马克思国家观的研究缺乏当代国家理论发展的细致考察，从而无法回应现代国家理论特别是西方马克思主义国家理论对马克思国家观的挑战和质疑。

第三节　主要内容与研究方法

一　主要内容

论文一共分为七章。

第一章，绪论。主要介绍了马克思国家观研究的国内外现状并进行了较为系统的评析。重点介绍了马克思国家观在马克思主义阵营内部遭到的误解与歪曲和西方马克思主义对马克思国家观的继承与发展。同时，还分析了国内学者对马克思国家观研究所表现的不同侧重点以及面对的不同问题。此外，对西方马克思主义的不同思想流派做出了马克思主义的分析与界定，指出了他们的研究的贡献与问题。

第二章，国家观的历史嬗变与马克思国家观革命。主要考察了历史上不同时期国家思想的发展转变过程，找到马克思国家观的历史起点和逻辑起点。在系统地介绍了契约论国家观的基础上，重点分析黑格尔对国家观的贡献与马克思对黑格尔国家观的批判，进而指明马克思确立了以新唯物主义世界观为根本原则的革命的国家观。

第三章，国家的起源与本质。系统地分析和解剖马克思恩格斯对国家的起源与本质的认识。在考察国家起源的三种典型形式的基础上界定了关于国家起源与本质的基本内容，系统地分析了影响国家起源的经济、政治与文化因素，重点突出了分工、交换与私有制的发展所导致的氏族社会的分裂是国家从氏族公社解体中发展起来的根本原因。在分析马克思对国家本质的不同表述的基础上，界定国家的本质是阶级统治的工具，并以此为基础分析了国内外学术界关于国家本质的不同见解，明确了马克思的国家本质观。

第四章，国家的类型与历史演进。首先，分析了历史上存在的划分国家类型的不同依据及其产生的结果与历史影响。其次，考察国家的不同分类和历史演进，重点指出国家的历史发展的根本动力是生产力的发展，直接动力是阶级斗争，暴力是国家历史演进的助产士。再次，系统介绍了国家历史演进的内容、本质与特征。在此基础上，对资本主义国家进行了系统而又深入的批判。分析了资本主义社会的经济基础及其所蕴含的不可克服的内在矛盾，指明建构在此基础上的资本主义国家的暂时性质。论证了资本主义的国家的本质是管理资产阶级共同事务的委员会，揭示了资本主义国家的剥削与镇压无产阶级的性质和调节资产阶级内部的矛盾与分歧的功能。批判了资本主义社会的自由、民主、平等的意识形态，破除了它的普世价值的光环，在肯定了它的积极意义的同时，证明了资本主义意识形态的虚伪性。

第五章，国家的功能。马克思认为，国家具有政治统治与社会管理的功能。二者是相互依赖、相互补充的两种不同的国家功能，不能相互取代。在此基础上分析了国家本质的两重属性及其辩证关系以及由此决定的国家功能的两重性及其辩证关系。进一步分析了国家功能的历史表现和发展变化以及产生这种发展变化的根本原因。

第六章，国家的消亡。分析了马克思主义阵营内部以及德国社会学家库诺对马克思国家消亡与无产阶级专政理论的误解与歪曲。在分析马克思关于无产阶级专政理论的形成与发展过程的基础上，指出无产阶级专政的经济基础是生产资料的社会公有制、特殊政治形式是民主共和国。在概括了马克思关于国家消亡理论的形成与发展过程的基础上，指出国家完全消亡的基础是共产主义的高度发达，国家消亡的条件是阶级的消失，国家消亡的方式是自行消亡。

第七章，马克思国家观的当代意义。马克思国家观的理论价值首先在于它关于国家的革命性认识，以此为根据批判无政府主义者和修正主义者的歪曲与误解，澄清马克思国家观的革命本质。同时，对西方马克思主义者密利本德、普兰查斯、奥菲、国家资本学派对马克思国家观的解读进行了分析与评价。以此为基础，指出马克思国家观不仅没有过时，而且对资本主义世界的新变化有着深刻的解释力。因而，以资本主义的新发展为借口论证马克思国家观已经过时的观点是意识形态的偏见。在现实意义上，主要结合我国现时代发展的特点，挖掘马克思国家观的理论资源，认为我国作为社会主义国家在本质上要维护无产阶级及其同盟者的利益，同时在经济社会发生巨大变革的历史时期，要不断地转变国家职能，建立服务型政府，坚持政治体制改革与经济体制改革配套进行，还要不断创造国家消亡的条件，彰显马克思国家观的当代价值。

二　研究方法

在论文的撰写过程中，综合运用了分析、综合、对比研究的方法，考察马克思国家观所实现的革命性变革；运用文献研究法，梳理马克思恩格斯对国家起源与本质的探讨；运用唯物史观的方法考察国家历史发展的不同类型及其逻辑联系；运用典型研究法，重点考察马克思对资本主义国家的批判；运用文献分析和历史考察相结合的方法分析国家消亡的必然性、可能性与现实性；运用历史与逻辑相统一的方法解读马克思国家观所回应的时代问题；综合运用上述方法，形成对马克思国家观的整体理解。

第二章

国家观的历史嬗变与
马克思国家观革命

    国家，作为人类历史一定发展阶段的产物，一经产生，就成为了人类社会共同体的核心。因此，不同时代、不同阶级、不同历史条件的人们都在思考国家问题，因而也必然会产生关于国家学说的不同理论。在马克思的国家观诞生以前，人们关于国家的认识都还不具有科学的性质，因为他们都没有真正地回答国家的历史起源问题，对国家本质的揭示囿于历史发展阶段和条件的限制，也没有给出令人信服的答案。但是，这些不同的国家学说本身勾勒出了人们对国家问题的思考轮廓，它无疑是马克思思考国家问题的历史前提和出发点，也必将成为托起马克思国家观的"巨人之肩"。因此，梳理和分析国家观在历史不同发展阶段的内容和表现，研究不同国家观的历史承继和发展逻辑，对于认清马克思在国家观上实现的革命性变革具有重要的意义与价值。

    历史上关于国家的学说与理论卷帙浩繁、汗牛充栋，把所有与国家相关的资料堆积在这里，供读者自己选择，对读者来说不公平，于笔者的研究工作也无益处。因此，笔者只能根据研究的需要，按照一定的历史顺序和逻辑原则，有选择地展示以往的研究成果。笔者所进行的选择主要出于以下考虑：一是有利于整体上还原国家观研究的历史脉络；二是清楚地展示不同阶段的哲学家们对国家观研究做出的重要贡献。笔者要达到的目的是对以往哲学家们关于国家问题的研究做出马克思主义的评价，即站在马克思主义哲学的立场上来分析他们的贡献与问题，进而指明马克思在国家观上实现的革命性变革的内容与重大意义。因此，如果有人觉得笔者对国家观的历史梳理和对以往哲学家们在国家观问题上的评价有失偏颇，请注意笔者的立场和笔者选择的方法。当然，任何研究都是某个研究者的观点，它总会受到研究者本人的视野、立场和能力的限制，这是不可避免的。

根据以上笔者所阐述的原则和方法，主要选取了历史发展过程的重大历史阶段的代表人物的代表性观点来进行介绍和评价。在古希腊主要介绍柏拉图与亚里士多德的国家观，在神权国家观中主要说明奥古斯丁和托马斯·阿奎那的观点，近代主要分析古典自由主义国家观和黑格尔的国家观，最后指出马克思在国家观上的革命性变革。

第一节　古希腊关于城邦国家的哲学思考

柏拉图和亚里士多德是古希腊的两位先贤大哲，他们研究领域之广、成绩之著，令人赞叹。在国家问题上，他们也是最早做出比较系统的思考的哲学家。两位贤哲对城邦国家的哲学反思影响了后来近两千年人们对于国家问题的思考，因此清楚地说明柏拉图和亚里士多德的国家观并对其做出科学合理的评价也就开启了国家观研究的历史原点和逻辑起点。

一　柏拉图的城邦理念和哲学王思想

"理念论"是柏拉图哲学思想的核心，也是奠定其在哲学史上的地位的根本思想，对柏拉图国家观的理解需要以其理念论作为指导。柏拉图认为，现实世界是对理念世界的分有和模仿，理念世界是真实的世界，是变化多端的现实世界的支撑和根据。对城邦的反思也不例外，他首先确立了关于城邦的理念，这集中地反映在他借苏格拉底之口所讨论的《理想国》中。

柏拉图在《理想国》中指出，城邦是由从事不同职业的人组成的，他们各自从事不同的职业并不是由于社会的需要，而纯粹是根据自己的天性。因此，每个人自然禀性的差别是城邦内部分工得以实现的前提条件。正是由于不同的分工，城邦才能维持自身的有效运转。城邦建立以后，为了维持和巩固城邦的地位，柏拉图把城邦的公民划分为三个不同的阶层或者"种姓身份"，即统治者、保卫者和生产者。这三个阶层既表征着社会分工的不同，也意味着他们之间社会地位的高低之区分。其中，生产者阶层主要是指城邦中从事生产和有技艺的人，他们靠自己的技术维持自己的生存和发展的同时，还要提供上层阶级所必需的生活资料。因此，生产者阶层是城邦公民当中地位最低的。当然这是因为奴隶被当作公民的财产，并不具有城邦公民的身份。保卫者又被称作武士，他们由于天性中的勇敢，从小被选拔出来加以训练，最后成为城邦的守护者。对他们进行教育和训练的途径是音乐、体育和有限制的史诗。这些教育和训练的素材是要经过严格的筛选的，目的是通过教育和训练只能增加他们的胆识变得更勇敢而不是相反。换句话说，对城邦里的公民的教育首先要根据公民的自然禀赋，其次是进行有目的、有针对性的教育，使其成为城邦里的某一分工的承担者。当然，想成为武士并不容易，除了要接受严苛的训练和层层的选拔之外，还要具有为正义而牺牲或者奉献的精神。武士正是因为能够捍卫城邦的法律和正义，同时英勇善战保卫城邦不被侵扰，才成为城邦的统治者的一部分。柏拉图认为：武士的首要道德原则是勇敢。只有勇敢，不怕牺牲和死亡，才能在战争中取胜，才能保卫城邦的安全。统治者就是城邦的执政官，在城邦中具有至高无上的地位。城邦的统治者同样是经过层层选拔的结果，是在护卫者当中选拔"一心为了国家的利益愿意毕生鞠躬尽瘁，为国家利益效劳而绝不愿意做任何不利于国家事情的人"①。同时，统治者必须是有智慧的人，哲学家应该成为城邦的统治者，因为哲学家离智慧最近，只有哲学家能够认识国家的理念，按照国家的理念组

---

① ［古希腊］柏拉图：《理想国》，郭斌和、张竹明译，商务印书馆 1986 年版，第 125 页。

织的城邦才能克服现实的城邦制度的种种缺陷，实现拯救古希腊的城邦制度的目的。这样，柏拉图就建立了一个幸福的城邦的理想模型，实际上就是城邦的理念。

柏拉图在《理想国》中批判了当时的希腊世界两种流行的正义观①，阐释了理想的城邦应该是正义的城邦。柏拉图首先区分了两种不同的正义即城邦的正义和公民的正义。城邦的正义就是城邦中的三个阶层各司其职，各负其责，各谋其政，互不干涉，不能僭越，同时也是城邦之中节制、勇敢和智慧三种美德的和谐有序。柏拉图认为，公民是城邦的缩影，城邦是公民的扩大。一个人的灵魂中有理性、激情和欲望三个要素。其中，理性对应于城邦中的统治者哲学家，护卫者阶层是激情的代表，生产者则是表征着欲望。公民的正义就是和谐地处理自己的理性、激情和欲望，其中理性居于统帅地位，激情和欲望受理性的节制。由此可见，柏拉图的正义观实际上是一种自然的和谐。

"我们建立这个国家的目标并不是为了某一个阶级的单独突出的幸福，而是为了全体公民的最大幸福。"② 这表明柏拉图的理想国是对当时存在的不同政体的一种批判。无论是哪一种形式的城邦，在本质上都表现为某个单独阶级的突出利益的代表，这就使城邦的公民必然分裂为对立的两个部分，甚至多个部分。城邦本身也成为小部分人谋取幸福的工具。柏拉图所要谋取的是全体公民的最大幸福，因而国家就表现为不同成员的分工协调、各司其职、互不干涉，同时哲学家作为最有智慧的人是城邦的执政者，可以保证城邦符合国家的理念。这

---

① 两种流行的正义观是指在《理想国》中玻勒马霍斯借诗人西蒙尼得之口所主张的"欠债还债就是正义"和色拉叙马霍斯所坚持的"正义是强者的利益"。实际上，这两种正义观是当时的希腊世界十分流行的正义观。特别是雅典和斯巴达、波斯之间的两次战争使得雅典民主制开始衰落，僭主掌握统治权，使得希腊世界追求强权，"强者的利益就是正义"正是对这种现实政治制度的维护。参见［古希腊］柏拉图《理想国》，郭斌和、张竹明译，商务印书馆1986年版。

② ［古希腊］柏拉图：《理想国》，郭斌和、张竹明译，商务印书馆1986年版，第133页。

样，就可以克服现实社会中不同城邦制度的弊端，建立起真正的正义的城邦，实现城邦的理念。

那么，我们该如何看待柏拉图的城邦理念和哲学王思想呢？

柏拉图身处于雅典民主制度衰落的时期，寡头政治成为当时社会的主要政治表现形式。柏拉图的继父和亲朋中有很多都是当时的寡头，柏拉图非常反感寡头政治，他认为这是一种暴政，代表的是少数人的幸福。民主制复辟之后，并没有改善社会状况，自己的老师苏格拉底被处死，这使他对现存的各种政体表示失望。柏拉图曾三下西西里岛，企图通过自己的哲学智慧教育独裁者建立新的政体，但都遭到了失败。由此可见，理想国是柏拉图根据自己的哲学和教育思想建立起来的一个理想的城邦模型，用以克服在现实中他所见到的各种政体的内在矛盾，实现自己一生的政治抱负。我们可以认为柏拉图的城邦国家思想是现实的，因为它源于对现实社会中城邦政体的批判和改造。这种批判和改造由于提出了一个超出于当时历史发展阶段的目标而陷于空想，这个目标就是为全体城邦公民谋取最大幸福。按照马克思主义的理论，在私有制范围内，社会不同阶层的利益是冲突的甚至是对立的。每一阶层谋取进步或者幸福的手段是以社会的其他阶层的不幸和退步作为前提的。不同阶级之间是零和博弈，因而统治阶级必然采取国家这种代表普遍利益的虚幻共同体来掩盖自身的特殊利益。

柏拉图拥有一双深邃的眼睛，他一眼洞穿了披在城邦身上的"羊皮"，他想用真正的"羔羊"代替"狼"的统治，结果只能在思想的领域内才能实现。因此，我们必须承认柏拉图在理念的范围内实现的对城邦不同政体的批判，这为后世的学者们探讨国家理论特别是建构理想的国家提供了十分珍贵的思想财富。同时，我们也不得不指出柏拉图所建构的城邦是超出了当时的历史发展阶段的，在当时的历史条件下不仅没有建立这种理想城邦的现实条件，也没有这种可能。即使在今天，我们也只能在理念的范围内赞颂柏拉图城邦思想的伟大。但是，柏拉图在理想城邦内对节制、勇敢、智慧、正义等道德原则的探讨无疑具有历史的穿透力，在当今时代仍然散发着耀眼的光芒，特别是柏拉图对正义的考察，仍然是我们今天必须要参照的一个历史坐标。虽然柏拉图的理想城邦带有乌托邦的性质，但是，他对城邦中的社会分工的设想、不同阶层之间职能和利益的划分都是他力图规范和协调阶级利益冲突，维护城邦稳定和发展的有益探索。同时，他还开启了乌托邦主义的先河，为后世的人们构建可能的最好国家提供了一种崭新的探索方式。

二 亚里士多德对柏拉图《理想国》的批判与反思

"我爱我师，我更爱真理"，这是亚里士多德不畏权威、追求真理、表达自我的宣言。亚里士多德在基本的哲学观点上完成了对柏拉图的批判，并取得了不亚于其师的伟大成就，具有深远的不可替代的历史影响。在国家观问题上，也不例外，他批判了柏拉图的理想国，把我们的视野从遥远而幸福的"天国"拉回到现实而残酷的"人间"。变理念领域的城邦政治的改造为现实的国家政体的分析，同时指出了在当时的历史条件下不同政体存在的合理性与正当性以及它们可能发生的演变，为我们重新认识国家的现实本质及其权利组织形式提供了全新的视野。

与老师柏拉图相比，亚里士多德的国家思想显然更为全面和系统。这一方面是由于亚里士多德所采取的系统的分类方法，完成了对不同国家政权的区分，另一方面是由于亚里士多德的思想本身带有强烈的现实性。他热衷于观察和实验，热衷于解决现实的问题。这并不是说柏拉图逃避现实问题，躲在书斋里自娱自乐。恰恰相反，虽然柏拉图认为理念世界才是现实世界的可靠根基，现实世界不过是理念世界的模仿和分有，因而理念世界是完善的，现实世界是不完善的、残缺的。但这并没有打消柏拉图为改造现实的政体而努力的积极性。他不仅在实现自己的政治抱负的过程中撞得头破血流，甚至还被当作奴隶拍卖。由此可见，虽然亚里士多德和柏拉图的观点不同，但都是对深刻的社会现实问题所做的积极反思而产生的哲学洞见。因而都对后世的国家学说产生了深沉而久远的影响，成为人们不得不翻越的两座巍峨耸立的山峰。

现在就让我们爬上亚里士多德这座山峰，领略他关于国家思想的智慧风景。勤奋而执着的亚里士多德考察了古希腊社会的 158 个城邦，对城邦的起源、本质和目的作了十分细致的分析。如果说柏拉图认为城邦起源于人的自然本性引起的社会分工的话，亚里士多德则认为城邦是一种最高的共同体，它由家庭和村落发展而来。家庭由于两性的结合，成为社会中最重要的社会组织，用以满足人的日常生活需要。家庭主要承担处理"主奴关系"、夫妻关系和父子关系的任务。村落是家庭自然发展的结果，是家庭的联合和扩大，是满足人们需要的手段的发展和扩大，因而也是高于家庭的共同体。城邦是由若干村落联合的结果，是伴随着社会的进步而必然出现的一种联合，通过这种联合维持了村落的生存和发展。"我们看到所有城邦都是某种共同体，所有共同体都是围着某种善而建立的。"[1] 因此，无论是家庭还是村落都有与它们对应的善，城邦追求的则是最高的善即至善。因为城邦是"最高、最有权威，并且是包含了其他一切共同体的共同体"[2]。由此我们认为，亚里士多德的城邦共同体是一种伦理的共同体，城邦共同体的目的是实现个人的善和城邦的善。在这一点上，亚里士多德不同于柏拉图在城邦中提出的四种德性。

在城邦与个人的关系上，亚里士多德认为："人类自然是趋向于城邦的动物。"[3] 个人只有在城邦中生活，成为城邦公民，参与城邦的政治生活才能实现自己的善。因此，城邦是高于个人的，个人在城邦中才能实现自己。这一思想开辟了西方历史的整体主义传统，为后来的黑格尔所继承和发展。同时，亚里士多德也批评了柏拉图消灭城邦中的私有财产，实行财产共有和妻子公有的制度。因为这种制度取消了公民的任何权利和需要，公民成为城邦的绝对的附属物，是维持城

---

① ［古希腊］亚里士多德：《政治学》，吴寿彭译，商务印书馆 1981 年版，第 7 页。
② 苗力田编：《亚里士多德全集》第 9 卷，中国人民大学出版社 1994 年版，第 4 页。
③ ［古希腊］亚里士多德：《政治学》，吴寿彭译，商务印书馆 1981 年版，第 7 页。

邦稳定和谐的工具。虽然亚里士多德也主张城邦高于个人，但是城邦的至善与个人的善在本质上是统一的，因而个人在城邦中可以实现自己的本性和需要。

以柏拉图与亚里士多德为代表的整体主义国家观具有历史的必然性，这根源于他们生活的时代的生产方式的性质。在自然经济处于支配地位的社会经济生活条件下，等级制是这种经济生活的政治要求。等级制的政治生活必然形成对社会的层级划分和不可逾越等级的限制。这种等级制度在古印度表现为种姓制度，在古代中国表现为士族门阀制度。尽管具体的表现形式千差万别，在根本上都表现为社会等级的血缘传递。因此，处于历史发展初期的人们，由于生产力水平低下，自然经济处于主导地位，血缘宗法关系起着天然的支配作用，必然依赖于不同的共同体实现自身的生存与发展，这就为整体主义的国家观提供了社会土壤。

三 亚里士多德对柏拉图政体学说的继承和发展

对城邦政体的研究是柏拉图和亚里士多德的共同兴趣之一，如果说柏拉图研究不同的政体的目的是挽救古希腊的城邦制度，从而建构关于城邦的理念，亚里士多德则是为了从现实可能的角度寻找最佳的城邦政体，以期实现多数人的幸福。虽然，柏拉图在后期的《法律篇》中也提出了不同于理想国的第二好的城邦，但在思想史上理想的城邦理念开启的乌托邦主义影响更为深远。

柏拉图以其城邦理念为原型，区分了现实社会中存在的四种主要的城邦政体。理想国的政体是哲学王执政，城邦以智慧为原则，城邦中的各阶层各司其职，安于本位，相互需要而不僭越。由于理想城邦中的血统的混杂和统治者在生育子女问题上的失误，导致城邦政体开始蜕变为现实社会中的荣誉政体、寡头政体、平民政体和僭主政体，它们分别以荣誉、财富、自由和专制为城邦原则。柏拉图认为，现实的城邦是对理想城邦的分有和模仿，是残缺的、不完美的，并且它们一个比一个更衰败，其中荣誉政体最接近理想城邦，僭主政体则是最差的。柏拉图认为，平民政体主张的普遍的平等必然带来普遍的奴役，因而平民政体必然演变为僭主政体，建立起独裁和暴力的统治。总之，柏拉图划分政体的依据在于城邦中居于支配地位的伦理原则，据此区分不同政体的善恶与好坏。在《政治家篇》中，柏拉图也根据统治人数的多寡等其他原则来区分不同的政体，这与他转变理想国为第二好的城邦的根本思路是一致的。

亚里士多德则继承了柏拉图的这一转变思路，在细致地分析考察现实的城邦制度的基础上提出了自己的更为系统的政体理论。亚里士多德认为，代表公民共同体利益的是好政体，代表执政者私人利益的是坏政体。根据统治者人数的多寡又把好的政体分为一个人统治的君主制、少数人统治的贵族制度和多数人统治的共和政体；坏的政体也区分为僭主政体、寡头政体和平民政体。除了划分了不同的政体类型之外，他还根据自己掌握的大量的资料，研究了每一种政体存在的条件、原因，以及政体发生演变的条件和防止办法。由此可见，亚里士多德对城邦政体研究的深入性和系统性，其研究方法是以实际的调查为依据进行系统的析分，这与柏拉图在《理想国》中区分不同政体的依据有着根本的区别。但是，两位哲人都抓住了自己时代的重大问题即城邦制度的衰落，并提出了自己的解决方案。如果说柏拉图以理想国来对抗现实城邦制度的衰落，从而在理念上为我们开辟了一条探索最好国家的道路，因而带有明显的理想性，亚里士多德则从现实性这一维度为我们展示了好的城邦应该是以中产阶级为基础的民主政体，这既遵循了他要求的"中道"原则，也能保障多数人的幸福。我们不能苛求先贤。无论是柏拉图的城邦理念还是亚里士多德的民主政体都体现了各自的历史和阶级的局限性。柏拉图理想城邦中严格的等级制度是当时生产方式发展的内在要求的外在表现，亚里士多德的民主制并不是真正意义上的民主，而是建立在奴隶劳动基础上的真正的剥削。这些所谓的局限性都是他们不能跨越的障碍，如果有人以此来否定他们城邦学说的价值，与其说是明智的，不如说是愚蠢的。

第二节　神权国家观

历史进入中世纪以来，基督教会崛起为一支与世俗国家分庭抗礼的力量。究其根源，除了基督教教义反映并满足了罗马帝国时代下层人民的精神需要之外，也离不开教会的诸多神父为教义所做的分析和论证。这些论证所涉及的核心命题就是教权与世俗国家之间的关系，而最杰出的论证者就是圣奥古斯丁博士和圣托马斯·阿奎那神父。

一　圣奥古斯丁：上帝之城支配地上之城

基督教的诞生特别是在尼西亚宗教会议上被定为罗马帝国的国教以来，它改变了整个欧洲社会的面貌，政治统治和组织的方式也不例外。在基督教诞生初期，教义的内容比较粗糙、杂乱无章甚至存在着矛盾，于是早期的一部分基督徒运用哲学和逻辑的方法为基督教的教义做论证，使其更加的系统化和理论化，被称作教父哲学。作为教父哲学的代表人物，奥古斯丁在《上帝之城》一书中表达了自己的国家观。

中世纪是神学居于绝对统治地位的时代，哲学、政治学、法学、文学都是神学的婢女，奥古斯丁就是从神学出发的。首先，奥古斯丁承认并发展了《圣经》当中的"原罪说"，认为人生下来就犯有原罪，为了得救，每个人在世俗生活中都要受苦。这为当时罗马帝国对自由民的残酷剥削做了合法性论证。其次，他区分了"上帝之城"和"地上之城"。"两种爱创造了两座城，由只爱自己甚至连上帝也轻蔑的爱，造成了地上之城，由爱上帝发展到连自己也轻蔑的爱，造成了上帝之城。结果地上之城为自己而自豪，天上之城为主而自豪。"① 再次，他把自己的双城理论应用到现实社会中，认为上帝之城和地上之

---

① ［古罗马］奥古斯丁：《上帝之城》，庄陶、陈维振译，复旦大学出版社2011年版，第243页。

城是混合在一起的，其中教会代表上帝之城，而异教徒所在的国家则是地上之城。由此可见，奥古斯丁的双城理论实际上是为基督教的统治作哲学上的辩护。最后，奥古斯丁以双城论为基础，认为世俗国家只是上帝拯救人类的手段和工具，因此它的职能有两个方面：一是保卫安全和社会秩序；二是满足人们的物质需要。这样，就为提高教会的权力，贬低世俗国家的权力提供了理论依据。实际上，在中世纪的教权和王权的斗争中，奥古斯丁的理论成为教会争夺自己权力的有力武器，影响深远。

奥古斯丁的国家观实际上以其神学理论的附属物的形式表现出来，这也是整个中世纪共有的特征。古希腊社会经历了从城邦国家衰落向世界帝国的转变过程，原有的公民与城邦之间的紧密关系为自由民与庞大的帝国之间松散的联系所代替，与之相适应，随着城邦民主制的衰落，取而代之的是残酷的专制统治。自从基督教成为统治性的世界宗教以来，世俗权力和神圣权力的斗争成为时代的主题，奥古斯丁站在神圣权力一边，高扬神权，贬低国家的权力，为维持教会的统治做出了不可磨灭的贡献。同时，他也赋予了世俗国家一定的权力，在一定程度上肯定了地上之城的作用，但归根结底，世俗权力根源于神圣权力。应该说奥古斯丁的国家观与柏拉图和亚里士多德把城邦看作实现人的本性和最高的善的国家观之间已经有了根本的区别。

二 圣托马斯·阿奎那：国家起源于人性的需要

如果说奥古斯丁以《圣经》为依据来论证神圣权力与世俗权力之间的关系进而阐明自己的国家观，托马斯·阿奎那的国家观则是对重见天日的亚里士多德的政治思想进行继承和改造的结果。如果说奥古斯丁处于基督教早期，他的学说是为基督教夺取权力服务，托马斯·阿奎那则生活在教会统治处于普遍危机的时代，因此，他的理论以巩固和加强教会统治为目的。

因信称义是整个中世纪神学世界观的基础，托马斯·阿奎那也是从信仰和理性的分野出发的。首先，他认为信仰是研究神学问题的绝对前提，与前人否认人的理性的作用不同，他承认人是理性的动物，因有理性而过上了有道德的生活。但是，人和人的理性都是上帝的作品，这样上帝就成了世间一切秩序的绝对支配者。其次，在教会与国家的关系上，他是奥古斯丁的信徒，坚持俗权源于上帝，教权高于俗权，但是他并不像奥古斯丁那样把国家看作有罪的产物，而是承认国家存在的合理性。再次，他认为国家起源于人性的需要，"人天然是个社会的或政治的动物"①。人们需要通过社会分工和过集体的生活来满足自身的多方面的需要。国家的目的是获取公共的幸福以克服人的自私自利的自然本性，这就需要人们参与公共生活，同时国家本身还可以加强对社会生活的引导与控制，为实现公共幸福服务。阿奎那从公共幸福的视角探讨了国家作为一种公共权力维持社会生活的必要性和作用是对亚里士多德城邦思想的继承和发展。最后，阿奎那对政体的分类几乎与亚里士多德完全一样，他根据政体的宗旨首先区分为正义的政体和非正义的政体。他认为君主政体由于与自然法比较接近，因而是最好的政体，但它并不赞成建立纯粹的君主专制而是倾向于各种政治要素的混合。

托马斯·阿奎那的国家观与之前的神权国家观不同的地方在于，他从人性的需要出发来分析国家的起源和目的，这实际上是对教会或者上帝威权的一种反抗。因此，西方政治思想史家丹宁认为阿奎那的"政治理论标志着一个时代的结束"。实际上，阿奎那并未真正突破神权国家观的范围，而是在承认神圣权利至高无上的前提下对世俗王权的一种妥协。妥协发生的根本原因在于教权与俗权的斗争从未取得过压倒性的胜利，因而不得不正视世俗王权的力量。同时，阿奎那对亚里士多德政治思想的继承和改造极大地提高了后者在中世纪政治思想中的地位和影响，也为后世政治哲学的发展奠定了基础。

基督教的诞生改变了西方政治制度的演进轨迹，也为国家观的发

---

① ［意］托马斯·阿奎那：《阿奎那政治著作选》，马清槐译，商务印书馆2009年版，第44页。

展提供了全新的土壤，在此后的历史中，教会始终是一支重要的社会力量与国家相伴随。对国家的理解随着宗教改革运动的兴起进入了不断的世俗化的过程。王权逐渐摆脱教会的权力，成长为一支完全独立的力量。持续了上千年的教权与俗权之争，终于以世俗国家权力的胜利而落下帷幕。马基雅维利的《君主论》和霍布斯的《利维坦》都是这一方面的重要著作，他们都主张国家权力的独立性，教会成为人们精神和灵魂的栖息地，不仅不再掌握政治权力，而且成为为政治社会服务的工具。在社会生活领域，随着资本主义生产方式的萌芽和发展，自由与平等成为时代的普遍要求，人们对国家的起源、职能、目的和性质也有了全新的理解，从而诞生了影响深远的社会契约论思想。

第三节　契约主义的国家观

"人神相揖别"是文艺复兴和启蒙运动开启的近代历史的特征。在人与神"依依惜别"的历史过程中，人的地位逐渐取代了之前神的绝对统治地位成为现实世界的首要准则，人的理性、需要成为现实历史活动之内在目的和价值旨趣。顺应这一历史风潮，关于国家的起源、性质和目的的认知也有了新的发展与进步。这具体表现为与神权国家观相告别，开始从人的视野、人的本性出发来思考个人与社会、个人与国家以及国家与社会的关系问题。在国家观问题上，思想家和哲学家们在继承和发展了自然法传统的基础上，提出了关于自然状态的理论，区别了自然状态与政治社会，以此为基础论证了人的自然权利与政治权利，并分析了二者之间的内在关系，形成了新的契约论国家观。这与古典的城邦国家观已经有了根本的区别。如果说柏拉图和亚里士多德的古典城邦思想是对人类社会的政治组织形式的最初反思和总结，因而带有自身的历史眼光和时代视野，基于同样理由也使他们的思想有了深刻的历史穿透力，因而后来时代的思想家们都不得不回过头去，对他们所能达到的历史高度表示景仰，对他们的历史功绩表示缅怀，并在自己的时代里镌刻上他们的名字。而契约论国家观对政治问题的探讨，则以自身深刻的历史洞察力，辩证的逻辑解析力，宏伟的政治目标和浪漫的政治前途交相辉映，成为政治思想史上最富魅力的交响乐，它不仅以自身美妙的旋律滋养着当时的听众们的耳朵，也由于不同契约论思想的争论而形成的和弦，为后代思想家和政治家们孜孜以求、竞相追捧，最终直接影响和改变了人们对国家本身的认识。他们所宣扬的政治权利和政治理念成为整个时代的最强音，他们对国家起源、本质和目的的分析成为经久不衰的经典，并以理论所能达到的最高愿望即现实的改造了人们的思想和生活于其中的社会与政治制度，成为近现代西方世界政治思想和国家观念的源头活水，并进一步在世界范围内绽放光芒。现在就让我们拨弄起关于"契约论"这首世界名曲的琴弦，演奏它美妙的乐章。

一　契约主义对自然状态和国家起源的不同理解

契约论思想早已有之，近代由托马斯·霍布斯开启的新的契约论思想与旧的政府与人民之间所形成的所谓政府契约已经有了根本不同。政府契约所规范的是统治者与被统治者之间的关系，因而是一种政府意义上的国家。新的契约论我们称之为社会契约，它所要分析和关注的是不同于自然状态的政治社会与公民社会。"我们说政府契约产生了统治者，但只能产生统治者，而社会契约则产生了社会本身；并且，我们得承认社会比统治者伟大，或者至少说社会要先于统治者。"因此，理解社会契约论要首先分析不同思想家们对人类社会的自然状态的设定与分析。

霍布斯在其名著《利维坦》中提出了系统的国家理论。他最早提出了关于自然状态的学说，并为后世的政治哲学家所继承和发展。霍布斯从人的自然本性出发，指出在人们进入政治社会之前处于一种自然状态，受自然法的支配。在自然状态下，每个人对所有的东西都享有所有权，这必然引起人们之间的冲突，因而社会生活表现为"每个人对每个人的战争"。频繁的战争导致产业无法真正获得发展，人们仅限于从事满足自身体力需要的生产活动。霍布斯认为竞争、猜疑和荣誉是造成人们争斗的主要原因，其中竞争是为了谋取利益，猜疑是为了自身的保全，荣誉驱使人们侵犯别人。① 在描述了自然状态下人们的生活状况并分析了原因之后，霍布斯还指出了这种人人相互为战状态的结果："不可能有任何事情是不公道的。"② 因为在没有进入政治社会即国家之前，没有颁布法律之前是没有公正与否的观念的。霍布斯指认，激情和理性是促使人们摆脱这种悲惨的自然状态而进入政治社会的主要的因素。激情源于人们对死亡的恐惧和对舒适生活的欲望，而理性则为实现和平满足激情提供可能的条件。在这种普遍斗争的状态下，人们的行为并不是任意的而是受自然律的约束。自然律要求"寻求和平，信守和平"。但霍布斯同时认为如果没有一个权威迫使人们遵从的话自然法是软弱无力的。

霍布斯在区别了人与政治动物之间的不同的基础上，提出为了防止外来侵略和制止相互侵害需要建立一种公共的权力，以此来改善战争状态下人们生活与生产的不稳定，从而保障生活的丰足。这种公共权力是通过如下途径建立的："把大家所有的权力和力量托付给某一个人或一个能通过多数的意见把大家的意志化为一个意志的多人所组成的集体。"③ 这样把全体统一于一个唯一的人格中的一群人就称为国家，被霍布斯称作"利维坦"，一种圣经传说中的巨大海兽。霍布斯把这个统一的人格的承担者称作主权者，由此国家便具有了主权。他认为契约一旦成立，主权者就享有了绝对的不可被动摇的权利，主权是不加限制的，主权者的权威不能取消，主权者的权利内容十分广泛。霍布斯区分了三种不同的主权即三种不同的政体：一人掌权的君主政体、全体臣民大会掌权的民主政体和某一部分人掌权的贵族政体。进一步分析这些政体的潜在弊端。霍布斯比较赞同君主政体，但他同时指出了君主制度的缺陷。

---

① ［英］霍布斯：《利维坦》，黎思复、黎廷弼译，商务印书馆 1985 年版，第 94 页。
② 同上书，第 96 页。
③ 同上书，第 131 页。

由此可见，霍布斯所主张的自然状态是一种绝对的战争状态，产生战争的原因在于自然的人性欲望。为了求安全和防止互相侵犯，人们不得已转让自己的全部权利给国家，从此成为主权者的臣民。在自然状态下人人享有的自然的平等和自由为社会状态下的权利和义务所代替。如果以无法从历史中寻找霍布斯所描述的自然状态为由来否定其价值，显然是一种无知的表现。应该说霍布斯的自然状态学说是为"利维坦"所做的理念建构，但是我们不得不肯定这种建构为人类进入政治社会和管理运行政治社会提供了重要的理论帮助。霍布斯的社会契约论所带来的突出影响在于，它第一次把社会与国家分离开来，国家表现为社会的产物，从此开启了西方政治哲学中关于国家与社会二元分离的理论追思图式。同时，霍布斯开启了社会契约论的传统，成为近代西方政治理论建构的基本思路，影响了斯宾诺莎、洛克、卢梭等人，后者在继承其理论的基础上也分别提出了各自的社会契约思想。应当指出霍布斯的社会契约思想是公民之间签订的契约，而不是公民与主权者的契约，因此，在他的制度设计上并不像后继者洛克那样，允许公民更换或者反对主权者，而是给予主权者以普遍的绝对的权力。

如果说契约主义国家观的开创者是霍布斯，洛克则是这一思想的主要继承人。洛克的社会契约思想在霍布斯的基础上进行了改造。洛克认为，在自然状态中，人们是平等、自由和独立的。但人们享受的生命、自由和财产这些自然权利是不稳定的，有不断受到外来侵犯的威胁。在自然状态中，人们的权利不能获得充分的保护，因为既没有确定的法律作为裁决是非冲突的标准，也没有公正的裁判者，而正确的裁判也得不到权力的支持因而无法执行。"这就使他愿意放弃一种尽管自由却是充满着恐惧和经常危险的状况"[1]，从而选择放弃一部分自然权力进入公民社会或政治社会。洛克与霍布斯一样，都认为自然

① ［英］洛克：《政府论》下篇，叶启芳、瞿菊农译，商务印书馆1964年版，第77页。

状态中的人们通过签订社会契约的方式进入政治社会。在霍布斯看来，少数人必须服从由多数人签订社会契约而诞生的主权者，否则就会返回到自然状态中的战争状态。洛克也认识到取得所有人的同意签订社会契约是十分困难的，因此也主张少数人要服从多数的同意，否则由于人们之间的意见分歧和利害冲突，政治社会就会立刻解体。

洛克认为在自然状态中人们的行为受自然法的支配和约束，在这一点上他与霍布斯并无二致。由于对自然状态本身的设定和理解不同，因而从自然状态推论出的自然权利也必然是不同的。在洛克的自然状态中，人们除了享有自由权之外，还享有两种权力：一是以自然法为界限，为了保护自己和别人可以做他认为合适的任何事情；二是处罚违反自然法的罪行的权力。洛克认为在自然状态中，每个人都平等地享有生命、自由和财产的权利，这是人的自然权利，神圣不可侵犯。与霍布斯所主张的人的自然权利在于自我生命的保存相比，洛克增加了自由权和财产权。如果说霍布斯在人的自然权利中忽视自由权是为他的专制主义思想和君主政治制度扫清障碍，洛克所主张的自由权则正好是为了资本主义的发展扫清观念和制度障碍。洛克把财产权视为神圣不可侵犯的自然权利为资本主义的政治制度的建立提供了理论论证，同时维护了处于上升时期的资产阶级的利益，具有历史的进步意义。

在霍布斯看来，人们放弃自然状态的生活进入政治社会是为了更好地维护自身的生存，因而政治社会的主要目的在于维持其成员的生命安全与社会和平。在洛克的视野中，促使人们放弃自然状态进入政治社会的根本原因在于维护自己的财产不受侵犯，当然这并不意味着洛克的政治社会不保护人的生命安全。因此，财产权既是人的自然权利，同时也是政治社会需要保护的核心权利。正是由于霍布斯与洛克之间的这一分野，也引起了他们对政治社会与个人之间关系的不同理解：霍布斯的社会契约一旦签订，人们只能甘受主权者的统治不能反抗，因而君主制是最好的政体。洛克则不同，他为政治社会的权力划定了明确的界限：立法权作为政治社会的最高权力不能超出人们在自然状态中曾享有的和放弃给社会的权力，"立法机关的权力，在最大范围内，以社会的公众福利为限"①。因此，洛克的政治社会所拥有的权力以参与政治社会的人们所让渡的自然权力为界。同时，洛克主张分权原则，防止国家权力专断。

综上所述，洛克继承了霍布斯契约论思想的骨架，但在细节的处理上有着千差万别。洛克所理解的自然状态、自然权力、政治社会、个人与国家的关系，政治社会的目的与霍布斯都有重大的不同。产生上述不同的原因，除了思想家个人的不同认知与理解之外，根本在于时代的变迁。资本主义的生产与生活方式逐渐取得优势地位，对自由、平等的追求逐渐深入人心，保护私有财产成为处于上升阶段的资产阶级的必然要求。如果说把霍布斯当作自由主义政治思想的创始人会引起一定的争议的话，把洛克当作自由主义政治哲学的奠基者则不会有人反对。

法国著名思想家让－雅克·卢梭站在新的时代高度以其特殊的人生经历重新思考并回答了政治社会的起源问题。虽然社会契约仍然是他解决政治问题所依赖的手杖，但卢梭手杖的功能、颜色、质地、款式等与霍布斯和洛克都有着明显的不同，并带有典型的个人风格。

卢梭在《社会契约论》中并未详细地描述自然状态下人的生活状态和人与人之间的关系是怎样的。他只从逻辑上论证指出：在自然状态中，当不利于人的生存的障碍超过了从中获得的力量时，人们不得不选择改变现有的生存方式。这样，人们只能选择签订社会公约的方式"使它能以全部共同的力量来卫护和保障每个结合者的人身和财富，并且由于这一结合而使得每一个与全体相联合的个人又只不过是在服从其本人，并且仍然像以往一样自由"②。由此可见，社会契约的签订也是自然状态不可维持下去的结果，在这一点上，卢梭与霍布斯和洛克是一致的。与两位先贤不同的是，卢梭的社会契约要求取得所

---

① ［英］洛克：《政府论》下篇，叶启芳、瞿菊农译，商务印书馆1964年版，第84—85页。

② ［法］卢梭：《社会契约论》，何兆武译，商务印书馆1963年版，第19页。

有人的一致同意，这就是著名的公意学说。主权是公意的运用，因而具有不可分割、不可转让的属性。"公意永远是公正的，而且永远以公共利益为依归。"① 主权的权力来自于公意因而是绝对的、神圣不可侵犯的，但它未能超出公共约定的界限。公意是稳固不变和不能泯灭的。个人违背了公意并不是公意出了错误，而是个人的内心回避了公意。因此，公意是人们进入政治社会的根本前提，也是卢梭谋划的社会秩序得以保证的拱顶石。在卢梭看来，从自然状态进入政治社会，人们有付出，也有回报，并且是回报大于付出的。进入政治社会以后，人们锻炼了能力，开阔了思想，使人摆脱了动物的愚昧和局限，成为真正的人。人们失去的只是天然的自由和对于自然物的无限权利，得到的是社会自由和所有权。②

卢梭的社会契约也要求人们转让的是全部权力。③ 卢梭特意否定了由于强力和最初占有而产生的财产权，指出人们在签订社会契约时所转让的财产权并不是集体对个人财富的剥夺，也不是所有权从个人向共同体或国家的转变，而是把人们在自然状态下享有的权力转化为法律所保障的权利，因而变成真正的所有权。与自然状态下凭借个人力量实现的占有不同，它以共同体的公意所委托的法律为其保障性手段，因而由自然权力转变为法律权利。为了保障社会秩序的正义性质，卢梭在规定人们享有权利的同时也规定了人们的义务以便维持公共秩序的运转。与先前的契约论者不同，卢梭所描述的政治社会的主权是全体人民，因而一旦有主权者委托的政府违反了公意，政府就变成非法的，人们有权推翻政府，收回自己转让的自然权力。这样，就从制度设计上保证了人们拥有维护自由和财产的绝对权力。同时，卢梭也是人类历史上第一个赋予人民以主权身份的政治思想家。这不仅

---

① ［法］卢梭：《社会契约论》，何兆武译，商务印书馆1963年版，第35页。
② 同上书，第25页。
③ 这里存疑。因为卢梭在《论社会公约》中要求人们要转让自身的全部权力，但在《论主权权力的界限》中却指出主权权力的界限以社会公约为准，显然人们并没有转让出自身的全部所有权。

体现了他思想的个人特质；更为紧要的是，它表明以维护资产阶级统治为根本前提的政治制度设计已经展现出理论与现实之间的深刻裂痕。正是看到了资本主义社会的内在冲突与矛盾并不能够在自身的制度框架内得到合理的解决，因而卢梭选择了赋予人民以更高的自主权，这显然超出了资本主义社会的意识形态要求。

毋庸讳言，卢梭想要通过社会契约的方式建构一个"正义与功利二者不致有所分歧"的正义的社会秩序，因而他提出的公意和主权在民思想都带有不能实现的理想性质。因此，有人指责卢梭的《社会契约论》具有一定的空想性质及其本人的小资产阶级立场。任何深刻的思想都不可避免地引起争议，争议本身恰好表明了卢梭的社会政治理想切中了时代的脉搏，成为资本主义社会内部自觉地反思资产阶级的政治统治的学说。当然，卢梭不是超人，他不可能超出自己的时代和阶级所划定的认知界限，虽然有时也会有零星的智慧闪光，但终究只是带有萌芽的性质。

二 契约主义对国家政治形式的不同思考

以霍布斯、洛克和卢梭为代表的契约主义国家观继承了自然法的传统，对国家的政治形式提出了不同的制度设计。

霍布斯认为，政治社会的主要目的在于维护人们的和平与安全，在政治形式的选择上，他主张实行君主制。首先，他认为公私利益是内在冲突的，"在君主国中私人利益和公共利益是同一回事"[①]。其次，君主可以获取更为广泛的意见以便做出最为准确的决策，其他政体则有陷入闭目塞听的风险。再次，君主决断前后一贯，不同于议会中的矛盾纷立。同时，霍布斯也指出了君主制度在继承权上存在的各种风险。总体上霍布斯认为，只有君主政体能够克服民主政体和贵族政体的弊端，提高决策的效率和执行力。按照霍布斯的设计，君主作为主权者，享有绝对的、至高无上的权力。人民的自由和财产在这种

---

① [英]霍布斯：《利维坦》，黎思复、黎廷弼译，商务印书馆1985年版，第144页。

制度下存在被侵犯的危险，因而他对君主的道德观念提出了很高的要求。有人指责霍布斯对理想政府的设计诉诸君主的私人品德，是不可靠的。霍布斯所主张的君主制政府也是诉诸法制的，他研究了自然法与民约法之间的关系，提出了"唯有主权者能成为立法者"①，可见，在霍布斯的政治社会中，主权者可以任意地更改和修正法律以满足自己的意志。因此，这种主权者凌驾于法律之上的政治形式本身体现了作者思想中的内在矛盾。他一方面想要赋予君主以彻底而一贯的权力以克服贵族制和民主制度的弊端，另一方面为了规范社会秩序，又不得不提高法律在社会生活中的地位。

黑格尔说，"哲学是在思想中所把握的时代"。如果说霍布斯的君主制与资本主义发展初期的社会历史存在着某些方面的冲突，洛克则成为顺应资本主义历史发展趋势的政治哲学家。如果说霍布斯时代，人们还力求通过集中的权力来规范社会生活的杂乱无序，洛克的时代则需要借助分权的理论为资本主义的政治形式提供制度约束，从而更好地组织权力为资产阶级维持自身的地位服务。现代分权政府应运而生。熟悉西方政治思想史的人都知道，政府分权理论的提出者并非洛克，但在政治思想史上以分权理论形成巨大影响的是洛克和孟德斯鸠。"无论国家采取什么形式，统治者应该以正式公布的和被接受的法律，而不是以临时的命令和未定的决议来进行统治。"② 这表明洛克是反对霍布斯所赋予主权者的无上权力的，而是要依靠法律作为统治的武器和有效手段。洛克区分了国家的立法权、行政权和对外权。立法权是国家的最高权威，是法律得以成为法律的必要条件，它来源于社会的同意。作为最高权力的立法权的权力也是有界限的：第一，不能对人民的生命和财产专断；第二，不能以临时专断代替法律进行统治；第三，不能直接干涉私人财产；第四，立法权不得转让。洛克认为，制定法律并不是时时需要，制定法律的人也需要经常更换以防他

---

① ［英］霍布斯：《利维坦》，黎思复、黎廷弼译，商务印书馆1985年版，第206页。
② ［英］洛克：《政府论》下篇，叶启芳、瞿菊农译，商务印书馆1964年版，第87页。

们制定的法律侵害公共利益，这样立法机关就不应该是常设机关。而执行权作为法律权威的维护者，则是常设机关。此外，立法权和执行权应该分立。召集和解散立法机关的权力归属执行机关，但执行权并不因此而高于立法权。洛克提出的对外权实际上是执行权的延伸。因此，有人指出洛克的三权分立思想实际上是立法权和执行权的两权分立，孟德斯鸠单独区分出司法独立的权力才是真正意义上的三权分立。这个评价应该说是中肯的。

无论是君主制还是三权分立，都是站在统治者的立场建构的社会秩序。虽然洛克也强调人民有重新选择立法机关的权力，但是这与卢梭主张的主权在民却有根本的不同。在卢梭看来，人们通过社会契约结成的共同体的最高权力即主权来自全体成员的同意，因而，每个共同体成员都是主权者的组成部分。"政府只不过是主权者的执行人"①，政府的权力来自于主权者的委托。主权者享有立法权，但不执行法律；"政府负责执行法律并维护社会的以及政治的自由"②。实际上这继承了洛克的分权原则。卢梭把不同的政体区分为民主制、贵族制和国君制，但他认为并不存在单纯的某种政体，现实的政体都是多种形式的混合，因而是混合政体。他在详细地分析了三种不同政体和混合政体之后得出结论：没有一种政府形式适应于一切国家。应该说卢梭的结论是深刻的，但他的论据是不同地域的气候因素、地理环境和消费习惯，让这一深刻的结论大打折扣。此外，卢梭反对代议制，认为主权不能代表。因此，有人指责卢梭主张的正义的国家具有某种空想性，并且是一种小资产阶级的小国寡民。在我看来，卢梭是一个深刻的人文主义大师，他看到资本主义社会必然引起的社会矛盾，并给出了自己的解答。尽管这种解答具有某种浪漫主义的倾向，这并不能遮掩其政治哲学大师的光辉。如果从历史影响上看，它不仅直接影响了美、法等国的革命进程，成为革命志士的指导思想，而且对空想

---

① ［法］卢梭：《社会契约论》，何兆武译，商务印书馆1963年版，第72页。
② 同上。

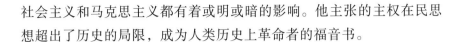

社会主义和马克思主义都有着或明或暗的影响。他主张的主权在民思想超出了历史的局限，成为人类历史上革命者的福音书。

三　契约主义国家观的问题与评价

契约主义对国家起源与本质的分析在国家观嬗变的历史中发挥着承前启后的重大作用。首先，它克服了上帝之城决定和支配地上之城的神权国家观的局限，认为国家是人们签订的社会契约的产物，把国家的缔造者从神的手中归还到人的手中，这与近代以来的文艺复兴和启蒙运动反抗神权、提倡人权的宗旨在根本上是一致的。因此，在客观上实现了国家观的现代启蒙。其次，契约主义共同认为政治国家及其权力的起源在于人们通过让渡自然权力，签订社会契约获得的，这就限制了现代政治国家的权利范围和职能。特别是契约主义提出的分权与制衡学说，顺应了资本主义的发展趋势，为发展资本主义的民主制度，反对专制政治提供了理论武器。再次，契约主义者在处理个人与国家关系的问题上坚持个人权力优先原则，国家成为维护个人权力的手段和工具，特别是洛克提出的国家要保障个人的生命权、自由权和财产权更是顺应了资产阶级保护私有财产，维护阶级统治的需要，具有历史进步意义。最后，契约主义国家观反映了市民社会与政治国家二元分裂的历史发展图景，政治国家在本质上成为保护市民社会利益的工具。围绕这一历史问题，黑格尔用国家概念的内在统一来掩饰现实社会凸显的矛盾，并没有找到解决问题的有效办法，只有马克思从政治经济学的批判中分析了资本主义国家的实质，找到了一条克服二元分裂问题的出路，即扬弃资本主义的政治国家回归到自由人联合体这一社会领域。

契约主义国家观存在着以下几个方面的问题。首先，它所理解的国家起源是从想象出来的自然状态和自然法出发的，缺乏历史的根据和实践的证明，从根本上说是不科学的。其次，它以抽象的、自然的人性论作为分析和论证政治国家起源的依据，这就不能真正地揭示个人与国家的关系的实质。再次，黑格尔批判了国家起源于人们签订的社会契约的思想，而是认为国家是理念的产物，是绝对理念自身运动与发展的一个环节。黑格尔还批判了分权原则和人民主权原则，反对民主制。应该说黑格尔对契约主义的批判发现了契约主义存在的问题，但是并没有找到一条有效的解决路径。马克思反对从抽象的自然人出发，更反对从假设出来的条件出发，来理解国家的起源和本质，而是坚持从现实的人、他们的活动和物质生活条件出发来理解历史的发展和国家的起源与本质。马克思植根于历史发展的逻辑原点和历史起点，系统地分析了共同体的演进与发展规律，揭示了国家的历史起源在于阶级矛盾的不可调和，国家的本质是维持阶级统治者的工具。这样就从根本上超越了契约主义者对国家起源与本质的理解。

第四节　黑格尔的国家观

在古典时代，市民社会与政治国家是完全统一的，市民社会成员同时就是政治国家成员，公民与私人，公共生活与私人生活并没有真正地分化开来。经历了漫长的中世纪以后，特别是到了近代，经济上商品经济的迅速发展，资本的不断积累与扩张，资本主义经济逐渐发展起来；政治上反对神权，高扬人权，追求人的现实幸福的需要；文化上的人文主义、理性主义思潮风起云涌的结果是：一方面，个人的私欲得到承认，市民社会作为"需要的体系"真正发展了起来；另一方面，近代意义上独立出现的现实的个人要求参与政治生活，追求政治自由与民主。政治国家也逐渐从市民社会当中分离出来，成为建筑在市民社会之上用来规范社会生活的上层建筑。市民社会所代表的私人利益与政治国家所追求的公共利益之间的分歧与矛盾逐渐凸显出来，市民社会与政治国家的矛盾与分裂开始成为近代社会的基本矛盾与问题。对这一问题的不同回答构成了不同的政治哲学思想流派，由此也形成了对近代社会历史进程的不同理解方式和思考路径，契约主义和古典经济学就是其中的两个主要流派。

以霍布斯为发端贯穿整个近代历史的契约主义思想从政治国家的

起源与功能视角试图解决市民社会与政治国家的分离与矛盾。他们认为：政治国家起源于人们签订的社会契约；国家权力来源于人们自然权力的合法性让渡，因而国家的权力是有限的，绝不能超出自然权力的范围；国家的主要功能在于保障天赋人权，具体包括生命权、自由权和财产权。在契约主义者看来，自然权力是政治国家的原生领域，政治权力则是派生的，是为人的自然权力提供保障和服务的。契约主义国家观反映了近代出现的市民社会与政治国家分离的历史趋势，它所给出的解决方案的核心在于政治国家为市民社会提供安全与保障，维护市民社会成员的私人利益即财产权是政治国家的根本任务，离开了政治国家的市民社会是不安全的，私人利益与个人财产也无法得到保障。这样，政治国家在一定程度上沦为了市民社会的附庸，社会公共利益存在淹没在利己主义的冰水之中的风险。虽然契约主义的国家观在近代历史上形成了广泛而深远的影响，他们提出的分权与制衡原则、人民主权原则和社会契约论在现代资本主义国家得到了一定程度的实现和发展。但是，面对市民社会与政治国家的分裂这一时代问题，他们并没有行之有效的解决方案。

如果说契约主义从政治权力起源的角度追问和反思政治国家的诞生，因而试图从政治之维分析和解决问题的话，古典经济学则重点考察了近代社会的经济发展方式的变革，即市民社会产生、发展及其演变规律，因而是从市民社会维度入手寻找解决市民社会与政治国家分裂的原因和对策。

以亚当·斯密、大卫·李嘉图和亚当·弗格森为代表的古典经济学家在分析了近代市民社会的主要特征的基础上揭示了市民社会的特殊利益本质。在古典经济学家看来，市民社会自身有一套行之有效的运行规则，因而不需要外来因素的干预和影响。他们提出了市民社会依靠自由竞争和等价交换原则维持社会的秩序与规律的分析框架，认为国家扮演的是市民社会的"守夜人"的角色。竞争成了市民社会的最高原则，国家负责为市民社会提供公平竞争的平台与保障。古典经济学家的杰出代表亚当·斯密揭示了近代市民社会的本质规律及其秘密。斯密认为，劳动是财富的源泉，是市民社会的基本原理，以此为根据他批判了重商主义者。斯密所理解的劳动是一种物质资料的生产实践活动，因而他从财富创造的维度，肯认了笛卡尔开启的主体性原则。为了推翻封建神权统治而在哲学上不断涌现的人文主义、理性主义思潮所体现的主体性原则在古典自由主义的政治经济学家那里得到了回响。他们把笛卡尔开启的主体性原则落实到人的劳动创造性上，这为马克思的实践唯物主义哲学的诞生提供了理论素材。应当承认，古典经济学家对近代市民社会的理解达到了哲学的原则高度。问题在于，市民社会本身是否蕴含着解决政治国家与市民社会之间矛盾与冲突的手段，至少目前我们可以确定，古典经济学家不仅没有解决这个问题，相反，他们通过对市民社会的深入的解剖，进一步凸显了矛盾。

综上可知：契约主义者侧重于通过对政治国家的分析与考察来弥合市民社会与政治国家的分离，这与契约主义诞生与发展的历史阶段和历史条件是分不开的。以分析市民社会的本质与规律为胜的古典经济学家们则是在资本主义经济有了更为充分的发展的历史条件下来解决问题的，因而带有更明显的资产阶级倾向。无论是契约主义还是古典经济学都没有真正地解决市民社会与政治国家的二元分裂，而是把答案留给了历史去寻找。

一　黑格尔对契约主义的批判

黑格尔在其名著《法哲学原理》中系统地梳理了法哲学和国家哲学的发展流变的历史，并对他们的思想进行了深入而又细致的分析、反思、追问和批判，提出了自己系统的国家理论。黑格尔国家理论的建构包含两个方面：一是对前人的批判继承，扫清障碍，打牢自己学术的地基，从反面论述自身的国家哲学思想；二是按照自己哲学体系的内在逻辑结构展开国家哲学的包罗万象的内容，从正面阐述自己的国家观。这两个方面相反相成、相得益彰，从而使黑格尔的国家哲学系统、深刻，又有说服力和解释力。黑格尔从反面论述自己的国家思想集中表现在对契约主义国家观的批判。这主要包括黑格尔对契约主义的分权原则、人民主权原则的批判；黑格尔对君主制度所做的辩护即对霍布斯的批判；黑格尔在代表制上反对卢梭等内容。

黑格尔对契约主义国家观的分权原则的批判主要集中在"抽象理智"和"否定的理智"两个方面。黑格尔认为，"抽象理智"包含如下两个方面的见解：第一，"抽象理智"认为存在着彼此绝对独立的权力规定。如立法权、行政权等它们有自身的独立的规定，不受外在的影响、干预与支配。第二，"抽象理智"认为彼此独立的权力规定之间是相互制约的关系，因而是一种否定性关系。如立法权、行政权与司法权之间的制约与平衡关系就是一种相互制约的否定性关系。黑格尔指责分权原则属于"抽象理智"是因为在他看来上述两种见解都没有指明权力本身的真正来源。在黑格尔看来，从目的或者功利的角度来理解国家的权力组织是有问题的，应该从权力概念的自我规定出发来理解和阐释权力的来源。那么什么是权力的概念呢？它的自我规定包含哪些呢？黑格尔指出："概念如何规定自身，从而设定它们的各个抽象环节即普遍性、特殊性和单一性，答案在其逻辑学中。"逻辑学解答的秘密就在于"各种权力不应该被看作是自在的存在的，而只应该被看作概念的各个环节的区分"①。黑格尔以法国大革命为例指出了行政权和立法权之间的相互制约带来的可怕危害："要么是立法权吞噬了行政权，要么是行政权吞噬了立法权。"② 因此，按照黑格尔的解释逻辑，各种权力本身不是自在存在，而是概念的各个环节，其中立法权就是权力概念的普遍性，行政权则相当于权力概念的特殊性。黑格尔用权力的概念本身所包含的逻辑关系来解释实存的各种权力，以此克服分权原则所面临的各个权力有独特规定而引起的不同权力之间的制约与否定。黑格尔的这种解决问题的方法并没有真正面向问题本身，而是用简单的逻辑的统一涵摄现实存在的不同权力之间的

---

① ［德］黑格尔：《法哲学原理》，范扬、张启泰译，商务印书馆1961年版，第286页。

② 同上。

制约与否定。因此，如果说黑格尔指责契约论国家观的分权原则属于"抽象理智"是有历史深度的哲学见解，他所提出的克服抽象理智的方法却像康德的道德命令一样，是软弱无力的。

黑格尔把以契约论哲学家为代表的，以克服自然状态中的威胁和弊端为目的而进入政治社会的思想来解释国家权力的产生和起源的认识称作"否定的理智"。因为他们仅仅把"否定的东西作为出发点，把恶的意志和对这种意志的猜疑提到首位，然后根据这些猜疑狡猾的建筑一些堤坝，从效用上说，只是为了反对另外一些堤坝"①，并没有真正解决和克服由于分权和制衡而带来的弊端。分权的结果不但不能够保证国家的统一，提高国家行使职能的效率，而且与之相反，它会直接导致国家的破灭。"只有一种权力控制其他权力才会促成国家的统一，从而挽救国家的本质。"② 由此可见：黑格尔对契约主义分权原则的批判的立脚点是整体主义或者绝对主义的国家观。黑格尔主义的国家观与契约论国家观的分歧并不在于是否需要分权，而是对该如何建立一套行之有效的权力运行系统和操作规则的不同理解。契约主义分权的目的是限制权力，实现权力的制约和平衡，从而反对专制制度，预防权力的高度集中和由此带来的独断。黑格尔也认为国家的权力必须加以区分，但是，他同时指出："每一种权力必须各自构成一个整体并且包含其他环节于其自身之中。"③ 因此，黑格尔划分权力是为了权力整体的有效运转，从而保证权力体系内部的统一，这样可以克服由于分权而带来的权力的分散。

黑格尔在《法哲学原理》第279节批判了人民主权原则。黑格尔认为，人民是一群无定型的东西，一旦离开君主的最后决断，人民就是一盘散沙。因此，人民主权是混乱不堪的，只有君主以国家人格的身份才能保证国家的主权的统一性。"国家是自我规定的和完全主权

① ［德］黑格尔：《法哲学原理》，范扬、张启泰译，商务印书馆1961年版，第285页。
② 同上。
③ 同上书，第286页。

的意志，是自己的最后决断"①，而君主其人则是最后决断者"我要这样"的负责人。由此可见，黑格尔对人民主权原则的批判是与其坚持君主制度反对民主制度的思想内在一致的。黑格尔对人民主权原则的批判的合理性在于，他看到了民主原则所带来的问题，他批判把人民主权与君主主权相对立起来的思想，认为："只有人民完全独立并组织成自己的国家，才谈得上人民主权。"② 黑格尔指出的完全独立的人民的哲学规定是拥有自我意识的完全独立的个人，不是拥有肉体的每一个生命个体。与批判分权原则一样，在人民主权问题上黑格尔看到了问题的所在，却找不到解决问题的出路，他所谋求的用高明的君主克服政治统治的弊端的做法只能是一种超历史的想象。

黑格尔反对霍布斯关于君主受人民委任而产生统治的权力的看法，因为人民的委任属于私见与任性的集合，它不合乎权力的概念。与此一致，黑格尔也反对君主选举制，因为它使国家权力依赖于私人意见的恩赐，结果就是国家的权力变成了私人的权力，削弱国家的主权，最终会摧毁国家。

黑格尔对契约主义的批判，即坚持从事物的概念出发理解事物，从概念中蕴含的逻辑联系来把握事物的发展演化的脉络贯穿其整个哲学体系。因此，当马克思开始着手批判黑格尔法哲学的时候，提出的第一个重大批判就是黑格尔的法哲学和国家哲学是为其逻辑学做补充的。

二　黑格尔认为国家是伦理理念的现实，是自由的定在

黑格尔的国家理论是其宏大哲学体系中的一个环节。黑格尔哲学体系的出发点是绝对理念，绝对理念根据自己发展的不同阶段外化为三个环节即逻辑学、自然哲学和精神哲学。逻辑学表现的是思维的形式和历史内容的统一，它所研究的对象是尚未外化为感性事物状态的

---

① ［德］黑格尔：《法哲学原理》，范扬、张启泰译，商务印书馆1961年版，第300页。

② 同上书，第297页。

纯粹理念，因而具有最高的普遍性，同时它还研究思维的规定与规律即不同范畴之间的关联和推演过程。自然哲学是绝对理念外化的低级阶段，自然具有直接性和外在性的特征，受必然性的支配，人的自由意志还未真正参与进来。它研究的对象涉及力学、物理学和有机物理学。随着绝对理念的发展，从自然哲学进入精神哲学。精神哲学是逻辑学与自然哲学的统一，它超越了自然哲学的直接性和外在性，从自在状态进入自觉状态。精神哲学的发展包括逐次上升的三个阶段：主观精神、客观精神和绝对精神。主观精神指个人意识，涉及人类学、现象学和心理学；客观精神指社会意识，包括法、道德和伦理；绝对精神是主观精神和客观精神的统一，是个人意识与社会意识的统一。

在《法哲学原理》一书中，黑格尔详细地考察了客观精神发展演变的三个环节，其中每一环节都是特定阶段上的自由的表现。黑格尔认为："法的基地一般说来是精神的东西，它的确定的地位和出发点是意志。意志是自由的，所以自由就构成法的实体和规定性。"① 法哲学的出发点是意志自由，在不同的发展阶段上，意志自由具有不同的形式和特征。黑格尔的国家观属于客观精神发展的伦理阶段，因此，黑格尔认为国家是自由的定在。黑格尔认为，抽象法是客观精神的低级阶段，人的主观意志还不能参与进来，具有客观性；道德是对抽象法的扬弃，是法的真理，具有主观性；只有伦理阶段才能实现客观与主观的统一，才能真正实现客观精神。家庭以婚姻和两性关系为纽带是直接的伦理精神；市民社会的发展表现为"需要的体系"、司法体系、警察和同业公会体系；国家是伦理理念的现实，它直接体现伦理精神，是家庭和市民社会追求的目标。由此可见，只有理解黑格尔庞大哲学体系的骨架和脚手架才能帮助我们理解他的国家学说，进而把握黑格尔的国家观对国家哲学所做的贡献。

综上所述，客观精神是黑格尔哲学体系中精神哲学发展的第二阶

---

① ［德］黑格尔：《法哲学原理》，范扬、张启泰译，商务印书馆1961年版，第10页。

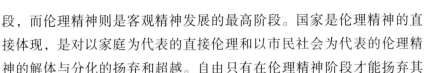

段，而伦理精神则是客观精神发展的最高阶段。国家是伦理精神的直接体现，是对以家庭为代表的直接伦理和以市民社会为代表的伦理精神的解体与分化的扬弃和超越。自由只有在伦理精神阶段才能扬弃其抽象性和主观性表现为自由的现实性。

三　黑格尔对内部国家制度的分析

黑格尔在考察国家的政治组织形式时，坚持君主立宪制，反对民主制。他改造了契约主义国家观，以立法权、行政权和王权作为区分政治国家的三种实体性差别。他认为古代关于政体的划分，由于没有涉及实体内部的差别，因而是外在的区分，首先表现为数量上的差别。黑格尔以此为依据批判了费希特的国家观，他认为费希特虽然发明了一套监察制度，但是，他依然停留在古代关于国家政体的区分上，没有涉及关于国家的理念本身所表现的实体差别。同时，黑格尔还批判了孟德斯鸠把德当作民主制的原则的做法。他认为，虽然德在民主制中具有历史正当性，但德在民主制中并不具有实体性。黑格尔还评价了贵族制、民主制、君主制的优缺点。他从自己的哲学原则出发，坚持君主立宪制度，反对民主制度。黑格尔指出：现代理智对君主制的指责是不合理的，他们认为君主的威严是派生的产物。在黑格尔看来，君主这一概念绝对地源于自身，他主张把君主看作以神的权威为基础的东西。黑格尔坚决反对君主选举制，因为它使国家权力受控于私人意志，从而使国家权力沦为维护私人财产的工具，这样不仅会削弱国家的主权，还会最终摧毁整个国家。

黑格尔在分析王权时指出：王权是国家制度和法律制度的普遍性，是作为自我规定的最后决断。黑格尔认为，王权作为自我规定是其余一切东西的最后归宿，同时它也表现为一切东西的开端。从逻辑学上来看，王权对应着单一性。如果王权作为最后决断做错了，并不承担责任，而是由咨议机关承担责任。黑格尔关于王权理论的分析展现了黑格尔法哲学体系的保守方面。如果说王权是政治制度的单一性环节，行政权则是政治制度的特殊性环节。行政权的任务是贯彻执行君主的决定。黑格尔把审判权和警察权也划归行政权之列，受到了马克思的肯定性评价。黑格尔认为，行政人才的选拔不是取决于自然人格而是取决于知识和才能等客观因素，担任公职需要个人的献身精神，具有伦理意义，不是纯粹的契约关系。在对立法权的分析上，黑格尔认为立法权是规定和确立普遍物的权力，因而立法权代表着普遍性，它优于王权的单一性和行政权的特殊性。"立法权本身是国家制度的一部分，国家制度是立法权的前提。"① 这样，国家制度有其自身存在的基础，不受立法权的干预，立法权受到大大的贬低。黑格尔把立法权看作一个整体，君主权、行政权和等级要素是立法权的环节。黑格尔认为：各等级是政府和人民的中介，这样既可以避免政府的暴政，也可以防止个人沦为群氓，成为反对国家的群众力量。国家制度在本质上是国家和人民的中介。

四 国家决定市民社会和家庭

与分析内部国家制度的王权、行政权和立法权之间关系的逻辑相似，黑格尔在《法哲学原理》第 260 节总纲性地介绍了家庭、市民社会与国家之间的关系。概括起来包括三个方面：第一，家庭是单一性领域，市民社会是特殊利益领域，现代政治国家则是普遍性领域。第二，单一性、特殊利益与普遍性在根本上是一致的。一方面，普遍性的实现离不开单一性和特殊利益的充分发展以及二者对普遍性的希求；另一方面，单一性与特殊利益的充分发展以普遍性为前提，也不能完全脱离开对普遍性的追求。第三，单一性、特殊利益与普遍性之间的关系实际上是不断地实现普遍性的运动过程。因此，"国家既作为前提使家庭和市民社会得到充分发展，又通过个体的特殊性、通过他们对普遍性的自觉追求而最终把家庭和市民社会纳入国家之中"②。

除了宏观上把握家庭、市民社会与政治国家之间的关系外，黑格

---

① ［德］黑格尔：《法哲学原理》，范扬、张启泰译，商务印书馆 1961 年版，第 315 页。

② 张双利：《再论马克思对黑格尔法哲学的批判》，《哲学研究》2016 年第 6 期。

尔在《法哲学原理》中花费了大量的篇幅分析近代以来出现的市民社会的特征。把它概括为三个方面的体系：第一，作为"需要的体系"。市民社会中，每一个个人都是作为私人而存在的，他们首先要满足自己的吃、喝、住、穿等基本需要。因此，每个人需要的满足都要在市民社会当中得到实现。由于需要的多样性，劳动与社会分工的发展，每个人都不能独立地满足自己的需要，而是依赖于市场的供给。因此，作为"需要的体系"的市民社会同时又是一个交换的社会，它所产生的结果就是每个人必须把别人当作手段才能实现自己的目的。因此，市民社会就表现为交换的体系。第二，市民社会同时是一个司法体系。由于社会交往的不断发展，契约关系和财产联系就成为市民社会的基本联系，市民的财产和人格都需要法律作为保障，离开了法律所维持的公共秩序，交换体系就会崩溃，每个人的需要都不能得到有效的满足。第三，警察和同业公会体系。警察和同业公会是从不同的方面保障每一个市民社会成员的私人利益和特殊利益的手段和途径。同业公会在市民社会中扮演着重要的角色，能够有效地保障公会的内部利益，进而维持市民社会的秩序。黑格尔对市民社会的分析受到了以斯密为代表的古典经济学家的很大影响，但在对市民社会本身的理解上，他们有很大的不同。黑格尔并不信任市民社会能够克服自身内部的矛盾，他认为斯密的"看不见的手"也不是万能的，在私人利益至上的市民社会领域，贫富分化、社会分裂都是不可避免的矛盾。

黑格尔作为一个伟大的哲学家，他并没有停留在对家庭、市民社会与国家之间的逻辑关系的分析上，而是以此为契机，发现了现代国家在本质上是与市民社会相分离的抽象国家。黑格尔是一位始终关注法国大革命的哲学家，他赞扬法国革命是一次壮丽的日出，为了不致使法国革命所开创的壮丽的事业沉沦和失败，他深刻地意识到必须克服近代以来出现的市民社会与政治国家的分裂的现状，实现二者的内在统一，否则市民社会就无法维系。黑格尔看到了近代以来出现的市民社会和政治国家的分裂，但他并不满足于契约主义和古代经济学家给出的解决二元分裂的办法。通过黑格尔对契约主义国家观的批判，我们可以知道建立在个人权利让渡基础上的政治国家是不可靠的，因为它不符合权力本身的概念。黑格尔也不赞成古典经济学家们把政治国家理解为市民社会的守夜人的观点。黑格尔首先在逻辑上和概念上解决了上述二元对立的难题，他选择了代表普遍性的政治国家来解决市民社会领域可能出现的矛盾，市民社会只有以政治国家为目标和前提才能保证市民社会的健康发展。黑格尔的选择并没有找到克服市民社会与政治国家二元分裂的钥匙，如果说黑格尔解决了这一矛盾，也是在其理念世界中，在想象与幻想中解决的。

综上所述，黑格尔的国家观批判了契约主义国家观的分权原则和人民主权原则，这在政治哲学史上促进了国家问题的哲学研究。近代市民社会的不断发展，政治国家的力量逐渐弱化，政治国家开始演变为市民社会不同阶层和同业公会利益角逐的工具，成为维护私人利益或者特殊利益的手段。在黑格尔看来，政治国家不是契约的产物，政治权力也不是来源于公民权力的部分或者全部让渡。与之相反，黑格尔认为，个人只有在政治共同体中才能实现自己的价值，才能享有自己的权利，同时履行自己的义务。因此，离开政治国家的个人是野蛮的个人，这与柏拉图和亚里士多德的城邦思想有某种相似之处。不同的地方在于，黑格尔所论证的国家权力的根本来源在于国家的概念本身。这样，对国家的现实权力的分析重新回到了逻辑学中，回到了绝对精神演化的不同环节上，这是黑格尔国家观当中的保守方面，他习惯于用历史去解释和适应逻辑，而不是从历史中发现逻辑。这样就颠倒了历史与逻辑相统一的根本前提，从而不可避免地陷入客观唯心主义的泥淖。由此可见，黑格尔在国家问题上的创见轻易地淹没在他的神秘主义的理念世界之中。

第五节　马克思对黑格尔国家观的批判及其国家观革命

马克思国家观的革命是一项系统的理论工程，它以马克思所实现的哲学革命为前提和基础；在继承国家观的历史演变和发展逻辑的基础上，以对黑格尔的国家观批判为主要内容；革命的根本在于他找到了真正克服近代出现的市民社会与政治国家二元分裂的钥匙——市民社会决定国家。因此，马克思的政治哲学思想也经历了从政治批判走向市民社会批判的历程，最终在对资本主义经济制度的系统分析中揭示了现代资本主义国家的本质及其必然被共产主义取代的历史命运。随着共产主义制度的确立，阶级和国家都在历史的发展与进步中走向消亡。

一 马克思对黑格尔国家观的批判：市民社会决定国家

首先，马克思批判了黑格尔的国家决定市民社会与家庭的观点。在家庭、市民社会和国家的关系上，黑格尔把家庭和市民社会看作国家的概念领域，"家庭和市民社会对国家的现实的社会关系被黑格尔当作观念的内在的想象的活动"①。马克思指出思辨思维颠倒了这一切，"家庭和市民社会都是国家的前提，它们才是真正活动着的"②。马克思认为，把家庭和市民社会理解为国家的现实构成部分，理解为国家的本质所在才是合理的。在黑格尔看来，现实观念不仅产生了家庭和市民社会，还把他们结合成国家，马克思批判性地指出：国家成员同时表现为家庭成员和市民社会的成员，家庭和市民社会使自身成为国家的构成部分的动力不在于观念的演化，而是其内在的要求。现实的观念之所以外化为家庭、市民社会这些有限性的领域，目的在于扬弃它们的有限性，实现观念自身的真正的无限性。因此，马克思批判黑格尔在任何地方都是把观念当作主体，把现实的主体当作谓语。

马克思深入地分析了市民社会等级和政治等级的统一和分离的历史。在中世纪及其以前，市民社会同时就是政治社会，中世纪的政治等级与现代国家的政治等级不同，他们的全部存在都表现为政治存

---

① 《马克思恩格斯全集》第3卷，人民出版社2002年版，第10页。
② 同上。

在，它们是构成政治制度的基本政治要素，并以政治要素的身份参与政权。近代以来，市民社会中不断发展起来的等级要素和同业公会以立法权与行政权的形式参与国家政权，形成市民社会与政治国家的有机联系，因此，现代国家的政治等级同时表现为市民社会的私人等级和同业公会。这必然会引起作为普遍利益代表的政治等级和作为特殊利益代表的私人等级发生矛盾。马克思进一步指出，市民社会中的私人等级为实现特殊利益必然要求参与政权，成为国家的政治等级和政治要素。因此，马克思认为政治上的等级要素不外是国家和市民社会分裂的实际表现。黑格尔从三个方面找到了实现政治国家和市民社会相统一的途径。第一，区乡组织与同业公会的负责人的混合选拔是市民社会与国家行政权统一的表现。第二，每个市民都有可能成为国家官员，即市民作为特殊等级的成员有机会上升为普遍等级的成员。第三，市民社会同国家的真正统一在于官员的薪俸。黑格尔在官僚政治内部寻求实现市民社会与政治国家统一的做法表明：一方面，黑格尔对政治国家与市民社会的二元分裂的认知还停留在表面上，他没有看到这种二元分裂的历史必然性，扬弃这种二元分裂必须诉诸市民社会的进一步发展，改变政治国家的政治组织形式，实现真正的民主制。另一方面，黑格尔在现实中找不到解决二元分裂问题的出路，不得已诉诸开历史倒车和在观念领域里实现二者的抽象统一。

其次，马克思从原则高度批判了黑格尔国家观的逻辑的、泛神论的神秘主义和露骨的神秘主义。第一，马克思指出黑格尔把家庭和市民社会结合成为国家的过程理解为现实观念的发展过程的结果。第二，黑格尔在任何地方都把观念当作主体，政治制度的各种差别被黑格尔理解为观念的产物。第三，黑格尔对国家目的和国家权力进行神秘化的解释，他把脱离了现实社会存在的实体规定为国家的目的。黑格尔所理解的国家的各种规定并不是现实的、可以理解的国家规定，它存在的全部意义在于为黑格尔的逻辑学做形而上学的规定和补充。

最后，马克思深入到黑格尔的内部国家制度之中逐一批判了王权、行政权、立法权以及它们之间的关系。

第一，马克思批判性地指出王权的神秘性在于任意。马克思认为，黑格尔所论证的王权作为最后决断的环节实际上是脱离了普遍性的任性。众所周知，黑格尔的王权理论实际上为其君主制思想所做的理论辩护与论证。黑格尔把他推崇的现代君主制即君主立宪制当作现代国家制度，这一点马克思是赞同的。所不同的是在马克思看来，君主立宪制虽然超越了前现代社会的君主制、贵族制和民主制，但它并不能像黑格尔所理解的那样能够扬弃自身的特殊性实现真正的普遍性。马克思认为，能够代表普遍性的现代国家制度只能是真正的民主制。以君主立宪制为代表的国家制度所能实现的充其量不过是与特殊性相对立的抽象普遍性，因而在现实性上，它不仅没能克服政治国家与市民社会的分裂，反而是这种分裂的表现和结果。

第二，马克思批判黑格尔所阐述的行政权的实质是官僚政治。马克思一针见血地指出，"官僚政治在根本上只是国家形式主义"或"作为形式主义的国家"①。官僚政治在本质上是一种新的同业公会，它在行动上维护的是特殊利益，它以自身的特殊性占据国家机构的普遍性追求私有财产。官僚政治并不能沟通市民社会与国家之间的关系，而且会导致二者的彻底分裂，使市民社会永远不能达到国家的普遍性。马克思认为，克服官僚政治的唯一途径是普遍利益在实际上而不是在抽象中成为特殊利益，这就必然要求特殊利益在实际上成为普遍利益。因此，真正克服特殊利益与普遍利益之间的分裂，必然要求扬弃代表特殊利益和私有财产的官僚政治本身。

第三，在立法权上，马克思首先批判了黑格尔把国家制度当作立法权的前提的观点，指出：国家制度和立法权之间的冲突的实质是国家制度与自身之间的冲突，是国家制度概念的内部矛盾。黑格尔区分了立法权与行政权所涉及的不同对象，立法权涉及普遍性的东西即法律规定，行政权涉及的是特殊性；黑格尔企图通过对法律本身的规定与限制来调节立法权与行政权之间的冲突，马克思批判地指出：不同

---

① 《马克思恩格斯全集》第 3 卷，人民出版社 2002 年版，第 59 页。

的权力遵循不同的原则，黑格尔避开了权力之间的现实分裂，实现了想象中的统一。马克思深刻地批判了黑格尔企图用等级制来解决现代社会中市民社会与国家的分裂的政治难题的观点。马克思指出，等级要素的知识和意志都是没有意义的，他们所关注的不过是私人利益和私人观点。当黑格尔把等级要素当作市民社会的代表参与立法权时，认为它能为公众自由提供保证，它也代表人民参与国事。马克思认为，各等级作为市民社会与国家的中介汇集了现代国家的一切矛盾，它不仅不能实现立法权对它普遍利益化身的期许，甚至它也不能让行政权和王权满意。马克思所描述的"各等级是与政府相对立的人民，又是与人民相对立的政府"，深刻地反映了等级要素在市民社会与政治国家分裂的背景下所处的尴尬地位。等机制只能采用复旧的办法来消除市民社会与政治国家的二元分裂，这必然会开历史的倒车。等级要素根本不可能担当起弥合国家与市民社会之间分裂的重任，它的存在，在观念上使黑格尔所设定的内部国家制度中的不同权力之间的冲突与对抗有了"缓和"的余地，这种观念上的缓和是以现实冲突的不断加剧为前提的。此外，马克思还批判了黑格尔在分析王权、行政权与立法权关系上表现出来的逻辑神秘主义，前文已有论述，在此不再重复。

二　从政治批判走向市民社会批判

学术界通常把马克思对黑格尔市民社会与国家关系的颠倒理解为马克思国家观革命的核心内容。我反对这种观点。仔细地考察马克思早期思想的发展过程就会发现克罗茨纳赫时期的马克思根本没有达到新唯物主义的深度和高度，他所实现的对黑格尔的批判主要借助于费尔巴哈。众所周知，青年马克思作为青年黑格尔派的成员在实践上受到对物质利益发表意见的挑战，在理论上受到费尔巴哈的人本学唯物主义的影响之后，特别是他所坚持的黑格尔的国家理念在现实生活中处处碰壁的时候，马克思开始转向对黑格尔法哲学的批判。这一时期在马克思哲学史上称作克罗茨纳赫时期，它的主要特点是借助于费尔巴哈的思想实现对黑格尔的批判。这主要集中在两个方面：第一，费尔巴哈指明了黑格尔哲学的神秘主义倾向。第二，费尔巴哈重新使唯物主义登上了王位，批判了黑格尔的客观唯心主义倾向。费尔巴哈对黑格尔批判的这两个方面都被马克思继承下来，借助于费尔巴哈主谓颠倒的思想，马克思批判了黑格尔的国家决定家庭和市民社会的观点，指明家庭和市民社会不是国家的概念和宾词，而是国家存在和发展的前提和基础。费尔巴哈的唯物主义思想则为马克思认识黑格尔哲学的唯心主义性质转向批判黑格尔起到了重要的推动作用，同时，他也为马克思告别青年黑格尔派转向革命民主主义和共产主义最终建立新唯物主义的哲学世界观打下了基础。

借助费尔巴哈主谓颠倒思想所实现的对家庭、市民社会与国家关系的颠倒表明："马克思提出家庭、市民社会是国家的前提和基础的思想，并不是建立在具体地解剖市民社会，从而科学地揭示国家本质的基础上。马克思这一思想的产生是在他还没有对黑格尔国家是普遍利益领域，市民社会是特殊利益领域的观点作过具体分析，并且又暂时接受了这些观点的情况下，直接颠倒黑格尔唯心主义国家观的结果。"① 黑格尔在法哲学原理中深刻地剖析了市民社会的三个基本原理，指出："市民社会本质是纯粹私利的战场，是一切人对一切人的战争。"因此，黑格尔通过对市民社会的分析实现了对现代社会本质特点的理解，因为现代社会在本质上就是市民社会，政治国家是市民社会的附庸。在对市民社会本质的理解上，笔者认为马克思在克罗茨纳赫时期对黑格尔的批判并未能真正地超越甚至达到黑格尔的水平。

问题的关键在于理解了市民社会本质的黑格尔为什么没能解决现代社会的分裂这一历史问题。其根本原因在于黑格尔用逻辑来规定历史的发展方向，而不是在历史本身的运动中揭示历史的发展规律。因此，黑格尔并不理解以市民社会所代表的特殊利益与政治国家所代表的普遍利益之间的冲突在现实的资本主义秩序中是不可调和的。解决

---

① 李淑珍：《论〈黑格尔法哲学批判〉中市民社会决定国家的思想》，《北京大学学报》1987 年第 3 期。

市民社会与政治国家分裂的办法只有一个——使特殊利益成为普遍利益或者重新使普遍利益降为特殊利益。在黑格尔看来，普遍利益、政治国家是逻辑学中的普遍性，它是单一性和特殊性的统一。因此，黑格尔的解决办法是使特殊利益上升为普遍利益，这在黑格尔的逻辑学中不仅是可能的，而且是必要的。回到现实的社会生活，黑格尔的解决方案不过是对市民社会与政治国家分裂现实的承认。因此，马克思也称赞黑格尔把市民社会与政治国家的分离看作一对矛盾。

马克思同样也面临着市民社会与政治国家的二元分裂，马克思采取了与黑格尔相反的解决路径：使普遍利益下降为特殊利益。这样，政治国家就不再是黑格尔根据逻辑学所赋予的普遍性的代表，而是作为特殊性的代表并维护特殊利益。只有这样，才能解决马克思在现实生活中所面对的"国家是绝对理念的化身"所引起的困惑，也为认清政治国家的阶级本质提供了重要的思想武器。马克思之所以选择与黑格尔相反的解决路径，原因有二：第一，马克思借用了费尔巴哈的主谓颠倒思想。第二，马克思坚持了费尔巴哈所确立的唯物主义的基本原则。因此，我们认为马克思在《黑格尔法哲学批判》中对黑格尔的批判所遵循的方法和原则是费尔巴哈的，对黑格尔的批判也仅仅是政治批判，并没有深入到市民社会内部。

随着对黑格尔法哲学批判的逐步深入，特别是受到黑格尔对市民社会本身的深入解剖的影响，以及莱茵报时期的政治实践和恩格斯《国民经济学批判大纲》的引导，使马克思认识到，要想克服近代社会出现的二元分裂，必须从对市民社会的批判着手。① 因此，马克思后来回忆说："我的研究得出这样一个结果：法的关系正像国家的形式一样，既不能从它们本身来理解，也不能从所谓人类精神的一般发

---

① 详情参见韩立新《从国家到市民社会——马克思思想的重要转变》，《河北学刊》2009 年第 1 期。作者在文章中详细考察了马克思思想转变的过程，指出，实现这一转变是内外因共同作用的结果，内因是古典经济学家和黑格尔对市民社会本质的认识和解剖使马克思认识到必须转向市民社会的研究，外因来自马克思本人的政治实践受挫和恩格斯发表的《国民经济学批判大纲》的影响。

展来理解，相反，它们根源于物质的生活关系，这种物质的生活关系的总和，黑格尔按照 18 世纪的英国人和法国人的先例，概括为'市民社会'，而对市民社会的解剖应该到政治经济学中去寻找。"① 从此，马克思开始转变研究方向，从政治批判转向对市民社会的批判。这样马克思才真正找到超越黑格尔国家观的正确道路，才能在深入地理解市民社会的基础上真正实现对其国家决定市民社会的颠倒。转向市民社会批判的马克思开始研究和批判国民经济学，在对经济学的研究和分析中马克思探索到了新唯物主义哲学体系的最深刻、最核心的原理，即生产力与生产关系、经济基础和上层建筑之间的辩证关系，这为马克思国家观革命提供了理论武器。

三 马克思国家观的革命

马克思国家观的革命是一项系统的理论与实践工程，它以马克思所实现的哲学革命为前提和基础。马克思国家观在根本上与马克思历史观是一致的，是历史观在政治国家问题上的理论表达，是运用新唯物主义的历史观对国家的起源与本质的科学解释。离开马克思的历史观来理解国家观不仅必然会产生困惑与不解，而且会陷入唯心主义甚至旧唯物主义的泥淖之中不能自拔，从而不能科学地解答近代以来出现的市民社会与政治国家的分裂这一重大历史问题。因此，只有坚持在马克思的新唯物主义历史观的指导下研究和分析国家问题，准确地解释国家的历史起源与阶级本质，才能找到一条扬弃市民社会与政治国家二元分裂问题的道路。马克思实现的哲学革命经历了两次重要的思想转变：第一次思想转变是前文已经分析过的，马克思从青年黑格尔主义者转变为革命民主主义者和共产主义者，从政治批判走向政治经济学批判。引起这种转变的原因主要有以下几个方面：第一，费尔巴哈对黑格尔的批判，包括人本学唯物主义思想和主谓颠倒思想。第二，马克思政治实践的失败，促使他开始反思黑格尔的法哲学与国家

---

① 《马克思恩格斯选集》第 2 卷，人民出版社 2012 年版，第 2 页。

哲学。第三，恩格斯《国民经济学批判大纲》的发表。第四，马克思对黑格尔的批判发现了黑格尔对市民社会本质的理解，开始转向研究国民经济学。第二次转变，马克思从革命的民主主义者转向新唯物主义即实践的唯物主义者，他在研究国民经济学和批判德意志意识形态的过程中分别找到了理解市民社会本质与政治国家本质的钥匙。马克思通过政治经济学的研究探索到了新唯物主义哲学体系的最深刻、最核心的原理，即生产力与生产关系、经济基础和上层建筑之间的辩证关系。马克思在批判德意志意识形态的过程中找到了理解人类社会发展史的钥匙。从现实的个人以及满足他们需要的物质生产活动出发来理解和解释历史发展的根本动力即生产力与交往形式之间的矛盾运动。由此可见，两种路径都发现了唯物主义历史观的最根本的原理和规律。

马克思实现的哲学革命对理解国家的起源与本质的影响主要表现在以下几个方面。

第一，新唯物主义的历史观批判了以黑格尔为代表的从抽象的理念和想象的现实为前提来分析和解释人类历史的发展规律的思想。与黑格尔把人类历史的发展当作绝对精神的外化过程不同，马克思考察人类历史的出发点是"一些现实的个人，是他们的活动和他们的物质生活条件，包括他们已有的和由他们自己的活动创造出来的物质生活条件"①。因此，马克思在考察国家的起源与历史发展过程中也是从现实的物质条件出发，即从当时人类生活的现实的物质环境与发展状况出发来分析国家产生的原因。这样在根本上就与黑格尔把国家归结为绝对理念外化的一个环节不同，马克思在详细考察了史前社会的发展的不同阶段，详细地分析了氏族、部落、部落联盟内部的生产状况、社会组织状况的基础上认为，国家是阶级矛盾不可调和的产物。马克思从现实的物质生产条件来分析和解释国家产生的原因的思想在人类政治思想史上具有重大的革命意义。无论是以柏拉图和亚里士多德为

---

① 《马克思恩格斯选集》第1卷，人民出版社2012年版，第146页。

代表的古典国家观、奥古斯丁和阿奎那的神权国家观还是近代契约主义的国家观与黑格尔一样，在分析国家的起源问题上都是从想象的前提出发，虚无了国家起源的现实的历史过程，因而对国家起源的考察都不具有科学的性质。马克思正是凭借新唯物主义的历史观所主张的分析问题的基本原则出发，坚持从现实的历史发展过程中寻找国家起源的历史答案，因而科学地回答了国家的起源这一重大问题。

第二，新唯物主义历史观的根本内容在于它发现了人类历史发展的最一般规律即生产力与生产关系、经济基础与上层建筑之间的矛盾运动规律。马克思认为，生产力是推动人类社会历史向前发展的根本力量。衡量生产力发展水平的根本标准是生产工具。使用什么样的工具从事物质生产和精神生产活动，不仅决定了生产力的组织形式，还决定了我们能够生产什么。生产关系是在从事生产活动过程中人们之间的关系联结，具体包括人们在生产中的地位如何、产品的分配形式、生产资料归谁所有三个方面的内容。从宏观的视野看，生产关系就表现为社会的经济结构，与上层建筑相比，它属于社会的经济基础。新唯物主义的历史观"从直接生活的物质生产出发阐述现实的生产过程，把同这种生产方式相联系的、它所产生的交往形式即各个不同阶段上的市民社会理解为整个历史的基础，从市民社会作为国家的活动描述市民社会"①。因此，在新唯物主义历史观的视野中，政治国家属于上层建筑，它总是建立在一定的经济基础之上。经济基础的实质就是社会的经济结构即一个社会的生产关系，国家的性质取决于经济基础的性质。马克思从社会的经济基础出发来界定政治国家的性质，第一次使国家的性质得到了合理的说明与科学的解释，也从根本上颠倒了黑格尔政治国家决定市民社会的观点，并把市民社会决定国家进一步发展为经济基础决定上层建筑这一新唯物主义哲学的核心原理。马克思在《黑格尔法哲学批判》中明确指出：黑格尔"真正注意的中心不是法哲学而是逻辑学"。马克思从根本上超越了黑格尔把

---

① 《马克思恩格斯选集》第1卷，人民出版社2012年版，第171页。

国家当作地上的神物，从国家的概念出发来阐释国家的神秘主义倾向。

第三，马克思在科学地揭示了国家与阶级之间的关系的基础上，把国家的本质界定为维护阶级统治的工具。就国家与社会的关系而言，马克思和恩格斯在系统地分析了国家起源的三种形式之后，指出："国家是承认：这个社会陷入了不可解决的自我矛盾，分裂为不可调和的对立面而又无力摆脱这些对立面。而为了使这些对立面，这些经济利益互相冲突的阶级，不致在无谓的斗争中把自己和社会消灭，就需要有一种表面上凌驾于社会之上的力量，这种力量应当缓和冲突，把冲突保持在'秩序'的范围以内。"① 以此，国家作为表面上凌驾于社会之上的力量，它的实质在于维持统治阶级的经济利益、政治和文化统治。就国家与共同体的关系而言，马克思指出，"正是由于特殊利益和共同利益之间的这种矛盾，共同利益才采取**国家**这种与实际的单个利益和全体利益相脱离的独立形式，同时采取虚幻的共同体的形式"②。因此，国家本质上代表统治阶级的特殊利益，但它凭借自己的统治把自己打扮成普遍利益的化身，从而维护现存的统治秩序。综上可知，政治国家的本质在于站在统治阶级利益的立场上，支配政治、经济和文化资源，维持现存的统治秩序。马克思对国家本质的揭示打破了黑格尔关于国家是普遍性代表的神话，指明了近代以来政治国家的抽象性质。只有从作为特殊性代表的市民社会出发，把政治国家理解为由市民社会决定的特殊利益，才能克服政治国家与市民社会之间的矛盾，实现二者在特殊利益上的一致性，这就彻底消解了国家的普遍性质。

第四，马克思在国家观上的深刻革命还表现在对政治国家的未来发展的分析上。按照新唯物主义历史观所揭示的人类历史发展的基本规律和五种社会经济形态，资本主义社会和资产阶级的统治在它所容

---

① 《马克思恩格斯选集》第4卷，人民出版社2012年版，第186—187页。
② 《马克思恩格斯选集》第1卷，人民出版社2012年版，第164页。

纳的全部社会生产力释放出来以后，必然会被无产阶级的统治取代。马克思同时指出，无产阶级专政是一个过渡性质的专政，它存在的目的正是消灭阶级统治本身，实现向共产主义的过渡。因此，马克思运用新唯物主义的辩证法在肯认了无产阶级存在的合理性的基础上又指明了它必然灭亡的未来。马克思认为，国家是社会发展到一定阶段的产物，它伴随着不可解决的阶级矛盾而产生，必然也会随着阶级的消亡而消亡。恩格斯指出："当国家终于真正成为整个社会的代表时，它就使自己成为多余的了。"① 因此，恩格斯认为："国家真正作为整个社会的代表所采取的第一个行动，即以社会的名义占有生产资料。"② 由此可见，政治国家的发展的未来方向是经过无产阶级专政的过渡阶段，最终实现自行消亡，即复归于社会。因此，马克思在《共产党宣言》中指出："代替那存在着阶级和阶级对立的资产阶级旧社会的，将是这样一个联合体，在那里，每个人的自由发展是一切人自由发展的条件。"③ 马克思所指明的代替政治国家进行社会管理的是自由人联合体，在那里，"对人的统治将由对物的管理和对生产过程的领导所代替"④。马克思关于国家自行消亡的理论是新唯物主义历史观所揭示的历史发展规律的重要内容，它打碎了黑格尔关于历史终结的梦想，同时也从根本上解决了近代以来出现的市民社会与政治国家分裂的难题。

综上分析，以新唯物主义历史观为前提和基础的马克思的国家观，科学地揭示了国家的起源与本质，在深入地分析人类社会发展的基本规律的基础上，指明了国家发展的未来在于经过无产阶级专政的过渡，进入共产主义社会，实现自身的消亡。这在根本上超越了契约主义从历史的想象和黑格尔从绝对理念出发来解释国家起源与本质的做法，实现了国家观的深刻革命。

---

① 《马克思恩格斯选集》第 3 卷，人民出版社 2012 年版，第 668 页。
② 同上。
③ 《马克思恩格斯选集》第 1 卷，人民出版社 2012 年版，第 422 页。
④ 《马克思恩格斯选集》第 3 卷，人民出版社 2012 年版，第 668 页。

第三章

国家的起源与本质

国家的历史起源与阶级本质是马克思革命的国家观的理论支点。在 19 世纪中叶之前，人们对史前时期的社会组织形式知之甚少，对原始社会的考察还远没有达到科学的地步，这成为人类学家和社会学家科学地解释国家起源的限制性条件。

历史上对国家起源的理解分为三个主要阶段，分别是神话与宗教起源、社会契约起源、伦理观念起源。在远古的人类历史时期每个民族都有自己的创世神话，如中国的盘古开天地、女娲造人，西方的奥林匹斯山上的诸神创世，等等。这些创造了人类的上古神仙自然也是国家的缔造者，他们的意志、好恶左右着国家的兴衰、朝代的更迭。这是先民们出于自然的畏惧而理解的天人关系。原始的宗教与神话有着天然的联系，它们通常继承了神话体系的基本思路，重新解释人类的诞生与国家的起源。与原始朴素的神话起源相比，宗教起源更有逻辑性，也具有更大的道德教化和维持社会秩序的功能。从总体上看，国家的神话与宗教起源是用超验的力量解释现实的人的诞生、国家的起源和社会秩序的维持，它是以人类社会的生产力落后、人与人之间的相互依附关系为存在条件的。随着现代资本主义的发展，社会契约开始替代宗教神话成为国家起源的经典设计。国家起源于人们签订的社会契约，人们通过转让自己的全部或者部分自然权力，从而获得维持自己的生命、自由和财产的权利。个人的自由和权利享有优先权，共同体不过是维护个人自由和财产的工具。这是与资产阶级的要求相一致的国家起源说。一方面，它是从纯粹逻辑的角度来设计的国家起源，没有揭示国家诞生和发展的历史过程；另一方面，它有力地回应了国家与社会之间的关系这一重大问题。黑格尔从绝对精神出发，经过它的外化的各环节诞生了国家，因而国家表现为伦理观念的现实，国家是自由的定在。对于黑格尔来说，重要的是精神发展的逻辑过程，国家不过是这一逻辑过程中某一阶段的填充物。毋庸置疑，黑格尔的国家观包含着神秘的内容，具有非批判的性质。

马克思在继承前人的优秀成果的基础上，考察了国家发展与演进的历史过程，科学地揭示了国家的历史起源是在氏族社会解体的基础上，随着阶级矛盾的不可调和而诞生的社会组织。

国家的本质与国家的起源紧密相关。有什么样的国家起源说，就有与之对应的国家本质观。因此，在科学地阐释国家起源之前，人们对国家的本质的认识也是混乱不清的。马克思在科学阐明国家起源的基础上，第一次揭示了国家的本质是维持阶级统治的暴力机关，从而实现了对国家本质认识的革命性变革。

第一节 国家在氏族制度废墟上 兴起的三种主要形式

马克思国家观的革命首要表现在对国家起源的历史考察上。马克思在晚年做了大量的人类学笔记和历史学笔记，其中摩尔根的《古代社会》对马克思国家起源的认识有着不可替代的影响。恩格斯正是在马克思所做的摩尔根古代社会摘录的基础上，依据当时提供的人类学材料写出了《家庭、私有制和国家起源》（以下简称《起源》）。这是唯物主义历史观的重要文献，它使国家的起源第一次得到了科学的、唯物主义的阐释。在《起源》中，恩格斯揭示了国家从氏族制度的废墟上兴起的三种主要形式。

一 雅典国家是从氏族社会本身内部发展的阶级对立中产生的

希腊人和美洲印第安人一样，在史前时期按照氏族、胞族、部落、部落联盟的形式组织社会。其中，氏族是社会的最基本构成单位：氏族既充当社会的生产单位，也是社会得以组织起来的基本单元，同时还是共同的精神安放地。但是，研究清楚氏族在史前时期扮演的角色并不是件容易的事。古典古代的历史编纂学家都没有解决氏族的问题，虽然他们已经能清楚地描绘氏族的许多特征，"他们总是把氏族看做**家庭集团**，因此便不能理解氏族的本性和起源"①。氏族不仅确证了共同的世系的事实，还保证了与之适应的血缘亲属制度的延续。因此，用家庭来理解氏族，或者把家庭看作原始社会的基本构成单位的看法不但不符合历史事实，而且阻碍了史前历史的研究。氏族是原始社会研究的真正的出发点，它不仅蕴含了史前时期的全部秘密，还昭示了私有制和国家是如何在其内部蕴含的矛盾冲突中突破氏族制度的界限逐渐地发展起来。

恩格斯在《起源》中总结指出雅典氏族建立的基础包括：共同的宗教祭祀，共同的墓地，相互的继承权，受到侵害时提供相互帮助、保护和支援的义务，一定条件下的氏族内部通婚，拥有某些共同财产，等等。希腊氏族在此基础上还有按照父权制计算世系、禁止氏族内部通婚、氏族成员可以接纳外人入族、氏族成员有权选举和罢免首长等特征。氏族分裂为几个子氏族就成为了胞族，几个亲属胞族的联合就构成了部落或者小民族。它们具有以下的特征：议事会是常设的权力机关，它享有对一切重要问题的最终决定权；由议事会召集的人民大会通过举手或者欢呼表决通过关于各项重要事务的决议；设置巴塞勒斯作为军事首长。

"希腊人，在他们出现在历史舞台上的时候，已经站在文明时代的门槛上了。"② 英雄时代的希腊，父权制已经取代了母权制，私有制也开始逐渐地发展起来，这成为撬动氏族社会分裂的第一个杠杆。财产的继承与财富的积累造成的贫富之间的分化开始反抗氏族制度本

---

① 《马克思恩格斯选集》第4卷，人民出版社2012年版，第113页。
② 同上书，第111页。

身。商品贸易的发展、人口的增加，商业和航海业的繁荣，不同氏族成员的杂居，外来移民的增加等都向传统的氏族制度提出了挑战。氏族制度为了适应社会发展的内在要求不得不进行一次又一次的痛苦的变革，直到它再也不能解决氏族社会内部的矛盾与冲突，直到氏族社会内部的对立必须以否定氏族制度本身的存在为前提，并且扬弃氏族制度本身是解决冲突的唯一手段。

雅典从氏族社会的分裂到国家的诞生一共经历了三次影响很大的改革。

首先是著名的提修斯改革。改革的主要内容包括：第一，在雅典设立了中央管理机关，处理一部分各部落之间的共同事务；第二，全体人民划分为贵族、农民、手工业者三个不同的阶级，其中只有贵族阶级才能担任公职。"提修斯改革"的内容表明：氏族社会内部开始出现公共事务，它超出了氏族社会组织的管理范围，由此诞生了公共权力机关。这是氏族制度诞生以来面临的第一次挑战，但并未引起充分的注意。同时，提修斯还肯定了氏族社会内部发展起来的阶级分化与阶级矛盾。氏族社会内部的天然的平等首次被打破，代之以贵族阶级的特权。恩格斯在《起源》中系统地介绍了"提修斯改革"产生的重要影响和伟大意义，概括起来包括四个方面：某一家庭担任公职由习惯转变为权利；拥有财富的家庭开始成为特权阶级；农业和手工业之间的社会分工固定化；氏族社会和国家之间不可调和的对立。"提修斯改革"的结果产生了中央权力机关和雅典的民族法，表明已出现国家的萌芽。

其次是梭伦改革。改革的目的是维护在商品贸易中逐渐发展壮大起来的工商业奴隶主阶级的利益。改革的内容包括四个方面：第一，通过公开侵犯私有财产的办法废除农民债务，"禁止缔结以债务人的人身作抵押的债务契约"[①]，同时规定了个人占有地产的最大数额。这样就打击了以土地贵族为代表的旧氏族的势力，提高了新兴的工商业阶级的地位，维护了其利益。第二，按照私有财产的多寡即地产和收

---

① 《马克思恩格斯选集》第4卷，人民出版社2012年版，第129页。

入划分雅典公民为四个阶级。这种阶级划分原则使新兴的工商业阶级和旧的氏族贵族分享了政治统治权。第三，建立了由雅典的四个部落各提供一百人组成的四百人议事会取代了之前的部落联盟议事会作为最高权力机关。恩格斯评价说："这是新的国家组织从旧制度中接受下来的唯一方面。"① 而新的国家组织依然以雅典的四个部落为基础，并没有彻底地否定部落组织的职能和作用。第四，四个阶级都为军队提供兵员，兵员的不同来源与各阶级的经济地位和政治地位相关。梭伦改革的内容表明：在经济上由于商业的繁荣而带来的私有财产的不断积累造成了一个新兴的阶级，这个阶级在经济上已经超过旧的土地贵族，因而不仅要求保护和巩固已经取得的私有财产，而且要求分享土地贵族氏族的统治权，从而在根本上维护自己的权力和利益。同时也表明：当时的社会发展并没有达到可以完全摆脱对部落和氏族的依赖的程度，因而无论是经济上还是政治上都表现为新旧势力的妥协。梭伦改革顺应了历史发展的趋势，肯定了新兴的工商业阶级的合法地位，新兴的商业阶级在经济上取得统治地位的同时，在政治上也开始占据统治地位。然而，商品经济的发展和商业的繁荣与旧的氏族制度是相抵触的，必然带来氏族制度的新的失败和国家制度的新的胜利。

最后是克利斯提尼提出的新制度。从目的上看，他继承了"梭伦改革"的方向，即巩固新兴的商业阶级的经济和政治地位。克利斯提尼改革有两个方面值得注意：一是按照居住地区划分公民代替了按照部落进行的划分。这肯定了工商业发展繁荣所引起的社会变革，从而使居民在政治上依赖于地区，而不是像以前那样依赖自己所属的氏族、胞族和部落。改革有力地摧毁了氏族社会的统治形式和社会组织，从而使地域联系代替了天然的血缘联系，是人类社会走向自然解放迈出的重要一步。二是由十个地区部落②所选举产生的五百名代表

① 《马克思恩格斯选集》第 4 卷，人民出版社 2012 年版，第 130 页。
② 地区部落不同于氏族中的血缘部落，它以地区作为划分的依据，仍然继承了部落的名称。地区部落是克利斯提尼改革之后才出现的新事物，它为雅典国家的诞生扫清了氏族制度的残余，从此以后，地域联系开始超越氏族血缘联系，成为国家统治的政治形式。

组成五百人议事会取代了"梭伦时代"的四百人议事会，成为国家的管理机关。全国人民大会是雅典国家的最高权力机关。克利斯提尼改革彻底清除了氏族制度的残余，从此以后，氏族社会的血族制度的各种机关下降为私人性质的团体。克利斯提尼改革的内容表明：氏族社会的血缘联系在发展壮大起来的新兴商业阶级看来已经不再具有政治意义，血缘部落在地区部落面前只具有从属的意义。氏族社会已经发展到这样的地步，它必须抛弃自己旧有的社会组织和社会秩序才能与社会的发展要求相一致，才能不断促进社会的进步。一旦它这样做时，它就被新的社会组织即国家取代了。

如果说氏族社会的组织形式如氏族、胞族、部落的存在是与当时的社会生产发展的落后、分工的不发达相适应的，或者是与社会关系的简单、社会利益还没有出现分裂为前提；那么雅典国家的诞生则表明：氏族社会组织再也不能容纳已经发展起来的社会生产力了，不能解决社会日益发展起来的阶级矛盾与冲突，不能有效地应对由于生产的发展必然引起的社会交往的扩大和社会关系的复杂化。这一切都要依赖一个新的社会组织来解决，它不仅能够解决氏族社会内部已经出现的不可调和的阶级对立和冲突，而且它就是这种阶级对立和阶级冲突发展的产物。

雅典国家的诞生被视为一般国家形成的一种典型形式①，原因有二：第一，雅典国家的"形成过程非常纯粹，没有受到任何外来的或内部的暴力的干涉"②。第二，从氏族社会本身发展起来的阶级对立中诞生的是民主共和国。雅典国家的诞生历程表明：氏族制度解体与国家的诞生是同一个过程，国家是氏族内部发展起来的阶级矛盾和阶级冲突不可调和的产物，因此国家是从社会中诞生的。国家在本质上表现为一种"和人民大众分离的公共权力"。这种权力一方面用于处理

---

① 亨利希·库诺《马克思的历史、社会和国家学说》一书认为：雅典国家并不是如恩格斯所理解的那样在一个不受暴力干涉或者外来影响的情况下诞生的。详情参见《雅典和斯巴达国家的建立》，上海世纪出版集团 2006 年版，第 291—295 页。

② 《马克思恩格斯选集》第 4 卷，人民出版社 2012 年版，第 134 页。

公共事务，另一方面它代表统治阶级的利益（当时表现为贵族），与人民大众的利益是分离的甚至是对立的，因而要求通过缓和阶级冲突，使社会不至于陷入无休止的恶性斗争中无法自拔。

二　罗马国家建立在平民炸毁的血族制度的废墟上

罗马氏族和希腊氏族一样，是"美洲红种人中间发现其原始形态的那种社会单位的进一步发展"①。罗马氏族制度的基本内容和职能与希腊氏族制度大同小异，具体包括：氏族成员的相互继承权；拥有共同的墓地；共同的宗教节日；氏族内部不得通婚；共同的地产；同氏族人相互保护和援助的义务；使用氏族名称的权利；接纳外人入族的权利；选举和罢免酋长的权利。恩格斯说罗马氏族"除了已经完成向父权制的过渡这一点以外，这些职能完全是易洛魁氏族的权利与义务的再版"②。王政时代罗马人的氏族制度结构是氏族、库里亚（胞族）、部落，其中十个氏族组成一个库里亚，十个库里亚构成一个部落，罗马人民由三个部落组成。

罗马国家的公共事务由三百个氏族酋长组成的元老院处理。元老院在许多事情上具有决定权。氏族中最初的贵族诞生于氏族酋长家庭，因为氏族酋长总是从某一家庭中选出的习俗逐渐转变成一种进入元老院享有担任一切官职的独占权。由此出现了罗马氏族社会的分裂，贵族与平民的对立打开了罗马氏族社会的第一个缺口。库里亚大会享有最高权力，可以通过或否决一切法律，选举一切高级公职人员并以最高法院资格享有死刑上诉的最后决定权。与元老院和库里亚大会并列的还有勒克斯。他集军事首长、最高祭司和某些法庭的审判权于一身。勒克斯不能世袭，由库里亚大会选举产生，因而也可以被库里亚大会罢免。

王政时代的罗马与英雄时代的希腊一样，发展起来的是军事民主

---

① 《马克思恩格斯选集》第 4 卷，人民出版社 2012 年版，第 135 页。
② 同上书，第 137 页。

制。随着罗马的不断扩张，人口也日益增加。新增加的人口除了外来移民就是征服地区的居民，他们是被剥夺了一切公共权力的平民。随着平民人口不断增加必然引起他们对现有秩序的不满。因此，平民与既有的罗马贵族之间的对立越来越凸显。

为了解决日益发展起来的氏族社会内部的对立，在罗马出现了著名的塞尔维乌斯·土利乌斯改革。改革的内容包括：第一，凡服兵役的，不分平民或者公民，都可以参加新的人民大会。这就打破了旧的氏族社会内部成员的权利垄断，赋予新的社会成员以公平地参与政治事务的权利，从而保护了新的罗马平民的政治利益。第二，按照财产区分人民为六个阶级，第六阶级没有财产。这表明：财产成为划分社会地位和享受社会权利的标准，这就打破了传统的氏族酋长组成的元老院的垄断的政治权利，为新的罗马社会成员成为统治阶级，享有政治权利提供了条件。第三，成立新的百人团大会代替旧的库里亚大会成为最高权力机关，新的百人团大会由各个阶级根据其处的不同的地位提供不同的百人团数量。改革的结果是骑士和第一阶级享有了政治的独占权。这表明了改革的性质和目的是维护富裕公民的利益，结果是打破了氏族贵族的政治独占权。第四，按照地区划分部落取代了之前的血族部落。从此，政治权利按照地区进行划分而不再根据血缘划分。这是国家得以产生的重要前提，它彻底攻破了氏族社会的城堡，那种根据血缘而诞生政治权利的氏族制度由于不能够代表新的罗马公民的利益而被抛到历史的垃圾堆里去了。

塞尔维乌斯改革炸毁了"以个人血缘关系为基础的古代社会制度"①，代之以按照地区划分和财富多寡分配政治地位和社会权力而形成的新的社会结构即国家制度。罗马国家诞生了，它诞生于平民炸毁的血族制度的废墟上。由此可见，罗马国家是解决贵族与平民冲突的产物，无论是氏族贵族还是罗马平民都融化在新的国家中了，它们成为新的国家里不同阶级的组成部分，以其阶级地位参与政治事务，行

---

① 《马克思恩格斯选集》第4卷，人民出版社2012年版，第145页。

使政治权利，维护本阶级的利益。

三　德意志国家是直接从征服广大外国领土中产生的

如果说雅典氏族和罗马氏族都处于父权制时代，德意志人的氏族则处于相对较晚的历史发展阶段。在凯撒时代，德意志人仍然按照氏族和亲属关系分开居住，氏族内部的风俗习惯还保留着大量的母权制的残余。到了塔西佗时代，父权制刚刚取得统治地位，代替传统的母权时代，直到中世纪仍然可以见到母权制的遗迹。当时存在的母权制残余包括两个方面：一是德意志人对女性的尊重；二是婚姻的形式是比较接近专偶制的对偶制。恩格斯称："他们的制度也是跟野蛮时代高级阶段相适应的。"①

在德意志人的氏族社会中，氏族酋长议事会处理较小的事情，人民大会权利比较集中，处理重大的事情，同时享有审判权，但是最终的决定是由全体人民做出的，部落酋长只是负责主持。军事首长根据才能选举产生。随着父权制的逐渐发展，氏族酋长多出于同一家庭逐渐形成的氏族贵族随着民族的大迁徙逐渐衰落了，这与雅典氏族和罗马氏族有着很大的差别。这样，德意志人氏族社会并没有孕育出氏族贵族与平民的阶级对立。促使德意志王权产生的最初原因在于部落联盟的军事首长篡夺权利和专门从事战争和掠夺的扈从队。罗马帝国被征服后，国王的扈从兵成了后来社会的贵族。

罗马帝国伴随着自身的发展开始走向衰落。罗马社会的政治状况表现为：作为统治阶级的贵族与被统治的平民之间的对立，国家沦为榨取民脂民膏的机器。恩格斯把它描述为："它的秩序却比最坏的无秩序还要坏。"② 罗马的社会状况并不比政治状况好。罗马的工业和商业并未真正的繁荣，高利贷成为罗马人民的事业，最终导致普遍的贫困化；农业被畜牧业取代，人口减少，城市衰败。罗马衰败的社会状

---

① 《马克思恩格斯选集》第4卷，人民出版社2012年版，第160页。
② 同上书，第165页。

况造就了破产的自由民和被释放的奴隶的大量增加。奴隶制的存在已经失去历史的合理性，它就要被历史抛弃。

德意志民族的迁徙，"把罗马人从他们自己的国家里解放了出来"①。这具体表现为：第一，德意志民族占领罗马帝国的大量土地按照氏族进行重新分配。第二，征服者与被征服者杂居在一起形成的民族融合，取消了德意志氏族中的血缘亲属联系，代之以区域联系。其结果就是"氏族制度不知不觉地变成了地区制度，因此得以和国家相适应"②。第三，以血缘亲属制度为基础的氏族制度是无法完成对庞大的罗马帝国进行统治的，氏族制度机关被迫迅速地转变为国家机关，以维护占有者的统治。"占领的性质是受占领的对象所制约的。"③ 这样，德意志氏族制度在武力占有罗马帝国的过程中被历史与现实淘汰，代之以更适应社会发展要求的国家制度。

伴随着德意志王权国家诞生的还有封建的生产关系。罗马帝国末期，奴隶制已经不能适应社会的发展，城市丧失了对乡村的统治，出现了封建的生产关系的萌芽，大量的小农依附于居于统治地位的大地主阶级。"有权势的地主和服劳役的农民之间的关系，对罗马前辈来说曾经是古典古代世界毫无出路的没落形式，现在对新的世代来说则是新发展的起点。"④ 这样，新的封建的生产关系在新的德意志国家中逐渐发展起来。

综上所述，德意志国家诞生的条件包括：第一，德意志氏族社会的发展和英雄时代的希腊及王政时代的罗马一样，达到了氏族制度的最高发展阶段即野蛮时代的高级阶段。第二，罗马帝国的衰落，古典古代的奴隶主对奴隶的统治剥削关系丧失了存在的条件。第三，德意志民族征服罗马的广大区域直接导致氏族制度不能适应管理庞大领土和区域的需要，被迫变氏族制度为国家制度。第四，被征服的罗马帝

---

① 《马克思恩格斯选集》第 4 卷，人民出版社 2012 年版，第 168 页。
② 同上。
③ 《马克思恩格斯全集》第 3 卷，人民出版社 2002 年版，第 82 页。
④ 《马克思恩格斯选集》第 4 卷，人民出版社 2012 年版，第 172 页。

国已经孕育的封建生产关系的发展导致新建的德意志国家具有封建制的性质。由此可见，武力征服直接导致了德意志国家制度的诞生。

对比马克思和恩格斯考察的国家在氏族制度废墟上兴起的三种主要形式可知，国家是在氏族制度发展到它的高级阶段，再也不能容纳社会发展所引起的阶级冲突时诞生的。国家制度代替氏族制度具有历史发展的必然性：一方面，它可以缓和已经发展起来的日益尖锐的阶级对立与冲突，把冲突保持在秩序的范围之内；另一方面，它拥有更为广泛的统治手段和管理职能，能够适应已经逐渐发展起来的社会生产和日益发达的社会交往关系。因此，国家必然会诞生，虽然在不同的民族，国家诞生的具体条件会有差别。

四　关于国家起源的争论

按照马克思和恩格斯在吸收美国人类学家摩尔根的著作的基础上形成的对国家起源的理解：国家是在氏族社会的废墟上建立起来的，国家组织和氏族组织的不同主要有两点：第一，国家按照地区划分国民，这是一切国家共同的形式，它代替了氏族中按照血族划分民众的做法；第二，国家组织诞生了特殊的公共权力，它代替了氏族社会中自己组织起来的武装居民，这是氏族社会完全没有的。导致国家制度代替氏族制度的根本原因在于氏族制度不能有效地处理已经发展起来的氏族社会的分裂。造成分裂的根本原因在于，氏族内部发展起来的阶级对立与冲突。这种对立与冲突在雅典表现为氏族贵族与新发展起来的工商业贵族之间的利益冲突；在罗马表现为罗马平民与贵族之间的利益冲突；在德意志表现为落后的氏族血亲制度与新征服的庞大的土地与人民的管理之间的冲突。由此可见：在国家的起源问题上，马克思和恩格斯认为："国家是承认：这个社会陷入了不可解决的自我矛盾，分裂为不可调和的对立面而又无力摆脱这些对立面。而为了使这些对立面，这些经济利益互相冲突的阶级，不致在无谓的斗争中把自己和社会消灭，就需要有一种表面上凌驾于社会之上的力量，这种力量应当缓和冲突，把冲突保持在'秩序'的范围以内；这种从社会中产生但又自居于社会之上并且日益同社会相异化的力量，就是国家。"① 德国社会学家亨利希·库诺对马克思国家观做了简要而又系统的介绍与评价。首先，作者梳理了马克思和恩格斯以及摩尔根所考察的雅典国家、罗马国家以及德意志国家的建立的过程。库诺对恩格斯提出的"雅典国家由于没有受到外部条件或者暴力的影响而诞生，属于国家形成的典型形式"的观点进行了批判与反驳。其次，库诺虽然承认建立国家以一定程度的经济发展为前提，但是他认为民族内部的阶级分化并不自动导致国家的出现，必须借助于征服和奴役。"无论是在古代，还是在现代，凡是我们能观察到国家建立的地方，我们就会发现国家的建立是在征服和奴役的基础上完成的。"② 由此可见，库诺反对马克思和恩格斯关于国家是阶级矛盾不可调和的产物的观点，他以"美拉尼亚和波利尼西亚群岛中的塔希提群岛"为例指出他们的社会已经分化成处于不同地位的五个阶级，但是氏族制度仍然控制着公共生活，并没有产生国家。只有当它被别的民族征服并被迫纳贡的时候，才建立国家，印加王国也是如此。

我们该如何看待库诺对马克思国家起源思想提出的挑战呢？显然，在这里库诺并没有弄清楚国家起源的根本问题。对于国家起源而言，是直接促使国家诞生的因素是根本原因呢，还是那种带有历史发展的必然性和普遍性的因素是国家起源的根本原因呢？答案显然是后者。马克思和恩格斯在考察国家在氏族社会废墟上兴起的三种主要形式时并没有否定征服或者奴役在国家起源问题上所扮演的角色，相反，对征服和奴役的作用给予了充分的肯定。在考察罗马时，恩格斯就指出罗马旧的氏族贵族与征服地区不享有政治权利的平民之间的冲突炸毁了氏族制度，促使了罗马国家的诞生。这种冲突的实质就是罗马旧氏族贵族对平民的征服和奴役。德意志国家更是直接起源于对庞大的罗马帝国征服和奴役的需要。问题的关键在于：无论是氏族制度

① 《马克思恩格斯选集》第4卷，人民出版社2012年版，第186—187页。
② ［德］亨利希·库诺：《马克思的历史、社会和国家学说》，袁志英译，上海译文出版社2006年版，第297页。

内部孕育的阶级冲突还是由于征服而产生的利益对立与冲突都表现为社会内部的分裂，具体说来就是社会的不同阶级之间利益的对立与矛盾冲突。因此，马克思和恩格斯把国家描述为阶级斗争不可调和的产物，这里的阶级斗争除了氏族社会在其自身发展的过程中孕育出来的由于经济利益的差别与分化而引发的阶级冲突之外，还包括由于武力征服其他地区或者民族而激化的社会不同阶级之间的矛盾与冲突。因此，库诺对马克思与恩格斯关于国家起源的批判是不成立的。他把征服当作国家诞生的根本条件显然是不符合马克思的理解的，也是有待商榷的。这是因为：在国家诞生之前，部落之间的奴役与征服贯穿整个史前历史，并没有建立起国家这种发达的社会组织形式，而且相反，陷入了无休止的战乱当中。根本原因是什么呢？显然，国家诞生的条件还不具备，具体说来，还没有产生出一种代表社会发展未来的阶级能够从普遍落后的氏族制度中脱颖而出，成为冲破以绝对的平等、公平以及生产力水平的低下为存在与发展条件的氏族经济生活的物质力量。只有到了氏族制度发展的高级阶段即野蛮时代的高级阶段，父权制已经取代了母权制，私有财产制度有了一定程度的发展，氏族社会内部由于私有制的发展而产生了有财产的阶级与无财产阶级之间的对立之后，国家才具备成为代表有财产阶级统治无财产阶级的工具的条件。

还需要进一步作出说明的是，具备国家诞生的经济条件与物质力量是不是意味着国家就一定会诞生呢？显然，那些直到近代仍然存在的原始部落已经告诉了我们明确的答案。社会内部不同阶级之间的对立与冲突是国家诞生的充分条件而不是充分必要条件。没有一定程度的经济发展和由此引起的社会分裂与阶级对立是不可能发展出国家这种高于氏族的社会组织形式的。有了这种阶级之间的对立，并且这种阶级对立必须被激化才能促使相互对立的阶级之间发生错位，形成一个阶级对另一个阶级的压迫与剥削的过程，从而诞生这种缓和阶级冲突，使冲突保存在秩序之内的国家公共权力。由此可见，激化阶级矛盾是国家这种调和阶级矛盾的第三方机构得以诞生的直接因素。实际上，在人类历史发展的早期，激化阶级矛盾的具体办法会有很多，但是基本的无非两种：一种是战争引起的征服与被征服、奴役与被奴役的过程；另一种是氏族社会内部发展起来的经济与政治利益的对立和矛盾冲突日益尖锐。因此，征服与奴役成为了氏族内部阶级矛盾激化的直接原因，也容易被误解为国家诞生的原因。实际上它在国家的诞生中只是起了催化剂的作用。库诺的问题在于被征服与奴役遮蔽了双眼，他没有进一步探求为什么会出现征服？每一个具体的征服现象爆发的原因是多方面的，但是从归根结底的意义上讲，经济因素是征服与奴役发生的根本推动力量。

综上可知：对马克思和恩格斯关于国家起源的观点不能断章取义地理解，更不能作故意的曲解。马克思关于国家起源的观点有着严格的逻辑结构：国家不是从来就有的，曾经存在过没有国家的社会。国家是社会发展到一定阶段的产物，具体说来就是随着生产力的发展和私有财产的出现，社会日益分裂为相互对立的不同阶级，当这些阶级之间的矛盾或者由于经济的进一步发展或者由于征服与奴役而进一步尖锐化和被激化的时候，一句话，当阶级矛盾达到不可调和的程度的时候，国家才应运而生。其中，私有制的发展引起的社会分裂与阶级矛盾是根本条件，阶级矛盾的尖锐化是必要条件，二者缺一不可。因此，我们不仅反对经济社会的发展引起社会分裂就一定会诞生国家的观点，也要坚决反对像库诺一样，把阶级矛盾的尖锐化的因素之一即征服与奴役当作国家起源的根本原因。

此外，还必须明确指出，马克思的国家起源论不是关于国家起源的一般公式，它是建立在对国家起源的社会历史现象的分析与考察的基础上抽象出来的具有普遍性与必然性的结论。历史上每一个国家的诞生都有其特定的社会历史条件，我们不能用某一具体国家的起源来套用马克思的公式，而是借助于马克思关于国家起源的认识来理解某一具体国家的诞生问题。从哲学上讲，就是坚持抽象与具体相统一。抽象是对具体的抽象，它并不包含每一具体，具体总是丰富多彩、变化万千的。万千丰富的具体总可以被抽象出它们之间的共性或者普遍性，这就是抽象。马克思的国家起源学说是一种抽象，但不是黑格尔的纯粹理论上的抽象，而是以现实的社会历史发展条件为依据的抽象，因而是具体与抽象的统一，是社会历史发展过程当中展现出来的必然性，是包含着必然性的社会历史的进步。因此，对马克思国家起源的认识不能做某种形而上学的理解，而是要走向历史的深处，深入理解马克思国家起源理论的科学性与系统性。

第二节　影响国家起源的要素分析

马克思关于国家起源的观点是科学的，这得益于他对国家起源问题的历史分析与横向解剖。如果说从国家在氏族制度废墟上兴起的三种主要形式来考察国家的起源是一种历史分析，那么系统地指出国家得以诞生的经济、政治与社会要素则是一种横向解剖。历史分析提供国家起源的历史正当性，而横向解剖则为我们展示了国家起源的层级结构和内在肌理，二者之间的相互论证才能更深刻地解释国家起源之谜。

一　分工、交换和私有制的发展引发了氏族社会的分裂和解体是推动国家诞生的根本动力

氏族制度的解体过程也是国家在氏族社会的母体内不断孕育和成长的过程。氏族制度的解体根本上是由于生产力的发展与进步推动的，它不是一下子完成的，而是经历了若干历史发展阶段。这具体表现为社会生产力发展的不同阶段也是分工发展的不同程度，社会交往也在相应程度上实现了变革。因此，分工、交换与私有制的发展即生产力的不断解放与发展是国家起源的根本推动力量，这构成了国家起源的经济要素。

在野蛮时代的中级阶段，氏族制度刚刚产生，分工是纯粹自然形成的男女两性分工。男子负责打猎，制作劳动工具；女子负责制备衣食。生产是纯粹的共同生产，因而私有制还没有产生。随着游牧部落

率先发展起来，出现了不同部落之间的差异，部落之间的分工开始逐渐发展起来。首先发生的是部落之间偶然的物物交换，随着交换的逐步扩大，部落内部的分工也日益发展起来。"游牧部落从其余的野蛮人群中分离出来——这是**第一次社会大分工**"①，它使畜牧业从农业中分离出来成为一个独立的生产部门。社会分工的出现和日益发展，成为生产力发展的根本推动力量。分工和生产力的发展，提高了劳动生产率，部落中的剩余产品开始不断增加，私有制开始出现，这不仅使部落之间的交换成为常态，也使占有他人劳动的奴隶制发展起来。奴隶制的发展进一步促进了私有制的发展和生产力水平的提高，从而产生了第一次社会大分裂，社会分裂为主人和奴隶，剥削者与被剥削者两大阶级。这一阶段的工业主要表现为：矿石冶炼和青铜器的加工与织布机。第一次社会分裂是分工和私有制发展的结果，同时也是生产力发展水平不高的表现。

随着畜牧业的发展，男子在家庭中的地位逐渐上升，从而引发了家庭分工的革命。温和的牧人代替了粗野的战士，男子代替妇女成为家庭的统治者。父权制逐渐取代了母权制，对偶婚制向专偶婚制的过渡引发了个体家庭对氏族制度的反抗。个体家庭成为氏族制度自身孕育和发展起来的第一个反抗氏族制度的力量。

生产工具是衡量生产力发展水平的根本标尺。使用什么样的生产工具从事劳动，一方面决定了生产的组织方式以及由此决定的生产关系，即是简单的协作还是高度的分工协作，另一方面也反映了社会发展的不同历史阶段。青铜器取代石器，铁器取代青铜器，这是生产工具革新的不同历史阶段，也是生产力发展的不同阶段，与之对应的社会发展状况也有了根本的变革。铁器的出现大大提高了农业的耕作效率，也为手工业的快速发展提供了条件。这使个人财富的快速集中第一次成为可能也成为必要。生产技术的改进，极大地促进了织布业和金属加工工业的发展的多样化，手工业内部的分工也日益发展起来。

---

① 《马克思恩格斯选集》第4卷，人民出版社2012年版，第176页。

"于是发生了第二次社会大分工：手工业和农业分离了。"① 第二次社会分工的发展使社会生产分为农业和手工业两个主要的部门，出现了以交换为目的的商品生产，贸易也随之增加，部落内部与部落之间的交往才真正地繁荣起来。如果说第一次社会分工，奴隶制还是简单的零散的，手工业和农业的分离则使奴隶制度更加巩固和普遍化，成为"社会制度的一个根本组成部分"。如果说第一次社会大分裂产生了自由民与奴隶的差别，第二次社会大分裂又出现了富人和穷人之间的差别。随着各个家庭首长之间财富差别的不断扩大，旧的共产制家庭已经被历史抛弃，取而代之的是个体家庭成为新的经济单位。社会内部的分裂和对抗随着私有制不断的发展和私有财产的不断积累也日益加深了。

伴随着社会分工的发展和部落之间、部落内部交往的普遍化，产生了第三次具有决定意义的社会分工："它创造了一个不再从事生产而只从事产品交换的阶级——**商人**。"② "这里首次出现一个阶级，它根本不参与生产，但完全夺取了生产的领导权。"③ 这不仅表明了社会生产已经出现了极大的发展，而且专门用于交换的商品生产也成为社会生产的一个专门领域。毋庸置疑，私有制已经获得了一定程度的发展，因为社会已经具备了专门供养一个不从事生产的"寄生阶级"的条件。随着商人作为一个独立的社会阶级出现，金属货币开始取代之前的实物货币，成为新世界的真正的统治者。财富的形式也随着货币的发展而日益丰富。"除了表现为商品和奴隶的财富以外，除了货币财富以外，这时还出现了表现为地产的财富。"④ 由此可见，第三次社会分工不仅改变了社会的阶级状况，而且改变了货币和财富的表现形式。从此，土地也成了财富的代表，这为社会财富集中在统治阶级手中创造了条件。财富的集中带来的是日益普遍的贫困，奴隶劳动开始

① 《马克思恩格斯选集》第 4 卷，人民出版社 2012 年版，第 163 页。
② 同上书，第 182 页。
③ 同上。
④ 同上书，第 183 页。

成为新社会的基石。从此，一个阶级对其余一切阶级的剥削与统治成为私有制条件下未来社会的共同特征。这个居于统治地位的阶级起初是奴隶主，接着是地主，然后是资本家，这是国家制度取代氏族制度之后发展的历史。

综上可知：社会分工的每一次巨大进步都必然伴随着社会的新的分裂，同时也诞生了摧毁氏族统治形式的新手段和新条件。社会分工的发展既是生产力发展的结果，也是促进生产力发展的手段，二者在根本上是统一的。分工的发展同时促进了交往的日益普遍化，私有财产也日益集中在一个由少数人组成的统治阶级手中，处于不同社会地位的阶级之间的对立与冲突日益尖锐，直到产生一个新的第三方机构管理和调控已经尖锐化的社会阶级矛盾，使社会保持在秩序的范围内，这个第三方机构就是国家。但是，国家并不是真正的中立者，它与统治阶级的利益是根本一致的。因为只有保持自身的阶级统治地位，才能进一步巩固自身的经济、政治和社会地位。对于统治阶级而言，被统治阶级除了是自身利益的对立面，还是自身利益的创造者。因此，统治阶级不能离开被统治阶级而单独存在。于是国家就成了一种虚幻的、代表社会普遍利益的共同体。总之，生产力与社会分工的发展引起的交往的普遍化和私有制的发展是引起社会分裂和国家从氏族制度的废墟上兴起的根本要素。

二　氏族社会的管理组织沦落为维护统治阶级利益的手段和工具是国家起源的政治要素

如果说生产力与分工的发展促进了私有制的产生和私有财产的积累，从而导致了氏族社会内部的阶级利益的分化与对立从而使阶级矛盾不可调和，是引起国家诞生的根本原因，构成了国家起源的经济要素，那么自由民与奴隶、进行剥削的富人和被剥削的穷人之间的阶级对立与冲突则是促使国家诞生的直接原因，它构成了国家起源的政治要素。

在氏族社会中，由于社会交往还不发达，共产制的家户经济仍然是生产的主要组织形式，氏族内部成员之间的利益仍然具有根本的一致性，每一氏族内部都有公共事务需要处理。氏族社会内部已经诞生了公共的权力机关。氏族内部的最高权力机关就是氏族议事会，它是氏族的一切成年男女享有平等表决权的民主集会，对氏族社会内部的一切重要事务享有最终的决定权。具体包括：选举和罢免氏族酋长和酋帅，对外宣布血族复仇或者接受赎罪献礼，收养外人加入氏族等。

随着氏族社会的不断发展，出现了母氏族和子氏族，母氏族又称胞族，它由几个氏族联合而成。几个胞族就联合成为部落，这种联合以血缘纽带为基础。部落显然已经大大超出了氏族的范围，需要处理的公共事务与对外关系的内容有了显著增加。部落中有管理公共事务的部落议事会，它由各氏族的酋长和酋帅组成。部落议事会对内有任命和罢免氏族酋长与酋帅的权力，即使这有可能违背氏族成员的意愿，对外有处理和调节与其他部落关系的责任，如接待或者派遣使者，宣战或者媾和。

随着社会生产力与分工的发展，不同部落之间的交换由偶然的物物交换发展成为扩大的、经常的、普遍的交往，部落之间的政治联系也随之发展起来。为了应对残酷的战争，保卫和平或者扩大自己的力量，部落之间出现了联合，组成了部落联盟。部落联盟由几个血缘亲属部落联合而成，联合的条件是：在部落内部事务上享有完全独立的权力，不受联盟干扰，联合起来的各个部落之间享有平等的权利和义务。恩格斯一针见血地指出："血缘亲属关系是联盟的真实基础。"①在部落联盟内部设有联盟议事会作为公共权力机关，它由若干地位和威信平等的酋长组成，对联盟的一切事务享有最终的决定权。联盟议事会的一切决议必须经全体一致通过。各个组成联盟的部落议事会都有权召集联盟议事会，但自身无权召集。联盟没有设一长制首长，有两个享有平等权利的最高军事首长。

综上所述，氏族、胞族、部落、部落联盟是氏族社会中的几种典

---

① 《马克思恩格斯选集》第 4 卷，人民出版社 2012 年版，第 106 页。

型的共同体形式，其中氏族是所有共同体的基本单位。每一共同体内部都有与之相适应的公共权力机关用以处理共同体内部事务和对外事务，"在没有分化为不同的阶级以前，人类和人类社会就是如此"①。恩格斯热情地讴歌了氏族社会的组织形式，这里的一切争端都由全体人员共同解决，这里没有警察和宪兵，也没有国王和总督，这是一种多么美妙的制度。但是，"这种组织是注定要灭亡的。它没有超出部落的范围；部落联盟的建立就已经标志着这种组织开始崩溃"②。

　　氏族社会内部发展起来的管理公共事务的组织会不会随着氏族社会的灭亡而消失呢？答案显然是否定的。如果说日渐发展和完善起来的社会管理职能在氏族社会内具有自然的性质，那么，在氏族制度废墟上发展起来的国家制度则斩断了自然共同体的脐带，使人们的生活日益受到某一特殊阶级的支配，国家制度则成了维护这种支配力量的手段和工具。国家制度并不是凭空产生的，它是在继承氏族社会的管理职能的基础上发展而来的。就公共权力所具有的对内和对外职能而言，国家作为公共权力是氏族社会已经发展起来的公共权力的发展和扩大，是系统化和复杂化的公共权力。因此，我们必须承认国家也是一种公共权力，它诞生于社会之上，是处理社会公共事务的管理机构，"国家是以一种与全体固定成员相脱离的特殊的公共权力为前提的"③。

　　国家作为一种公共权力与氏族社会的公共权力有着本质的区别。首先，国家这种公共权力在管理方式和手段上与氏族社会有着根本的区别。第一，氏族社会的公共权力是以血缘为纽带对成员进行的划分，国家则打破了对血缘亲属制度的依赖，按照地区来划分国民。第二，氏族社会的公共权力直接就是武装起来的氏族成员，国家则不同，它是一种特殊的公共权力，凌驾于社会的各个阶级之上。"构成这种权力的，不仅有武装的人，而且还有物质的附属物，如监狱和各

---

① 《马克思恩格斯选集》第4卷，人民出版社2012年版，第109页。
② 同上书，第110页。
③ 同上书，第107页。

种强制设施，这些东西都是以前的氏族社会所没有的。"① 其次，国家并不是一般的公共权力，它是为特定阶级服务的公共权力，国家的性质取决于统治阶级的性质。在氏族社会中日益发展起来的阶级对立与冲突使氏族社会陷于分裂，阶级矛盾的不可调和使经济上处于优势地位的阶级在斗争中获得了政治上的统治权，从而攫取了对社会的全面管理与统治的权力。因此，国家就成了在经济上居于统治地位的阶级实现和维护其统治地位的新的手段和工具。氏族社会中代表全体成员利益的公共权力让位于国家这种代表特殊阶级即统治阶级利益的公共权力。但是，国家照例具有代表普遍利益的外观，因此，马克思把国家看作虚幻的共同体。

综上可知：国家制度继承了氏族社会已经发展起来的公共权力组织，但是这种继承只是一种形式的继承，在根本上它改变了氏族社会公共权力代表全体成员利益的性质，沦落为统治阶级利益的代表，但它仍然具有代表普遍利益的外观。作为统治阶级利益代表的公共权力机关也不得不照顾到被剥削阶级的利益，以便巩固自身的统治。

三 影响国家起源的宗教与文化要素

政治国家的起源是一项伟大而又复杂的历史活动。分工、交换与私有制的发展促进了生产力的进步，在根本上导致了氏族社会瓦解，引起了自然共同体向政治共同体即国家的过渡；氏族社会之中的阶级对立与冲突对政治国家的诞生起了直接的推动作用；而宗教与文化因素在国家起源的过程中也是不可或缺的。

考察氏族社会的历史发展可以知道：每一个氏族内都有自己供奉的共同的神祇，氏族成员定期进行宗教祭祀，而主持祭祀仪式的祭司在早期的氏族社会内部享有特权。在罗格特的《希腊史》中曾经描述了雅典氏族建立时出现的这种情况。因此，氏族社会内部出现权力的差别与分裂的原因有很多种。例如，随着社会生产的发展和剩余产品

---

① 《马克思恩格斯选集》第 4 卷，人民出版社 2012 年版，第 187 页。

的出现，氏族酋长可能最早获得多于氏族成员的产品分配，进而由这种私有财产的积累形成社会权力。但是，可以确定的是在氏族成员没有出现产品剩余，生产力极其低下的情况下，已经出现了祭司与氏族成员在特定条件下的权力差异。这是因为，在当时的历史条件下，人们还不能科学地解释人与自然的关系，因而诉诸抽象的自然神对人的统治。而祭司就是可以直接和自然神沟通的人间神，他是氏族社会与超自然力量沟通的渠道，因而，他通常在祭祀时形成一种超越于氏族成员的特殊权力。这种特殊权力随着氏族社会的不断发展，在最初的社会分裂中不仅攫取了大量的经济利益，还获得了社会的认可和国家的推崇，成为为政治国家服务的统治阶级的一部分。考察历史上出现得最早的国家，在决定重大事情时总是不可避免地参考巫师的意见。马克思在考察分工发展的历史的时候也指出："分工只是从物质劳动和精神劳动分离的时候起才真正成为分工。"[1] 而祭司本身从事的属于精神劳动。因此，宗教活动在一定程度上推动了社会分工的进步，加快了氏族社会内部分裂的步伐，对国家的起源起到了促进作用。此外，国家诞生之后，精神劳动、宗教活动成为国家的上层，影响着国家的政治统治形式，同时承担着社会的教化功能。

除了宗教祭祀活动等精神劳动构成了国家起源的精神文化要素之外，地理环境、人口因素对国家的起源与社会的发展起着重大作用。恩格斯在《起源》中考察野蛮时代的中级阶段的历史时，区分了东大陆和西大陆在这一时期社会发展与进步的不同表现。"在东大陆，是从驯养家畜开始；在西大陆，是从靠灌溉之助栽培食用植物以及在建筑上使用土坯（即用阳光晒干的砖）和石头开始。"[2] 因为，东大陆地理环境和自然条件适宜于游牧民族，而西大陆则更适应于植物的种植。因此，自然条件、地理环境也会影响社会的发展进程进而影响国家的起源。

---

[1] 《马克思恩格斯选集》第 1 卷，人民出版社 2012 年版，第 162 页。
[2] 《马克思恩格斯选集》第 4 卷，人民出版社 2012 年版，第 32 页。

综上所述，国家的产生绝不是某种单一要素起作用的结果，它是从氏族社会内部孕育出来的各种要素综合作用的结果。承认国家起源的多要素的综合作用，并不意味着这些不同的要素在国家的起源上具有同等的地位，产生了同样的影响。应当区别不同要素在国家起源上扮演的不同角色和发挥的不同作用，应当区别矛盾的主要方面与次要方面，这样才能更准确地把握国家的本质，理解国家起源的真实历史过程。经济要素、政治要素与社会文化要素是构成国家起源的三个主要方面，关于这三个方面的划分只具有纯粹逻辑的意义。这三种要素是我们在考察国家起源的历史时，根据不同内容所做的形式上的区分，这种区分只有在考察国家起源的问题时才具有意义，超出这个范围没有任何别的意义。国家的真正诞生过程一定是各种因素交互作用的结果，至于在某一具体条件下，某些偶然的因素或者某一具体条件在国家起源上也曾发挥重要的影响，具有重大的意义，则超出了我们考察的范围。我们在这里所能考察的只能是国家起源的一般过程，虽然这种一般过程建立在对具体的国家诞生的研究基础上，但是我们的重点在于指明影响国家起源的一般要素而不是每一具体要素。因此，笔者所指出的影响国家起源的三种主要因素只能是一种脱离了具体的抽象，这种抽象的意义仅仅在于帮助我们理解国家起源的一般过程，当然它也可以用来指引我们了解某一具体国家的产生过程，因为抽象本身代表着具体的共性或者普遍性。但是，如果你把它当作解释一切具体国家起源的万能钥匙，甚至用这种抽象本身代替具体的研究就不可避免地犯教条主义与本本主义的错误。

第三节　国家的阶级本质

国家的本质与国家的起源紧密相关，有什么样的国家起源说，就有与之对应的国家本质观。因此，在科学地阐释国家起源之前，人们对国家本质的认识也是混乱不清的。马克思在科学阐明国家起源的基础上，第一次揭示了国家的本质是维持阶级统治的暴力机关，从而实现了对国家本质认识的革命性变革。应当承认马克思对国家本质的理解是多维度的、丰富的，因而是全面的。此外，马克思还分析了国家虚幻性的两个方面的表现：就国家与社会的关系而言，国家在本质上表现为一种表面上凌驾于社会之上的力量；就国家与共同体关系而言，国家是一种虚幻的共同体。

一　国家是进行阶级统治的机器

阶级是马克思分析社会历史问题所使用的核心概念。在 1852 年 3 月 5 日致约瑟夫·魏德迈的信中，马克思明确提出他在阶级问题上的新见解。"无论是发现现代社会中有阶级存在或发现各阶级间的斗争，都不是我的功劳。在我以前很久，资产阶级历史编纂学家就已经叙述过阶级斗争的历史发展，资产阶级的经济学家也已经对各个阶级作过经济上的分析。我所加上的新内容就是证明了下列几点：（1）阶级的存在仅仅同生产发展的一定阶段相联系；（2）阶级斗争必然导致无产阶级专政；（3）这个专政不过是达到消灭一切阶级和进入无阶级社会的过渡……"① 由此可见，马克思是在借用历史编纂学家提出的阶级概念和资产阶级经济学家对阶级的经济分析的基础上来阐明阶级与国家的关系的。

首先，马克思认为阶级与国家一样，不是从来就有的，是社会生产发展到一定阶段的产物。在人类社会的史前时期，每个生命个体都依附于共同体而存在，以血缘亲属关系为纽带的自然共同体是每个人生存与发展的母体。随着生产力与分工的发展，产品开始出现剩余，自然共同体内部开始出现分裂，由此产生了最早的阶级分化。生产的进一步发展，三次社会大分工的出现同时引起了社会的大分裂，社会生产部门开始明显地分化，社会交往也日益发展起来，氏族社会内部也开始孕育出奴隶主对奴隶阶级的奴役和统治。人类社会划分为不同的阶级这一现象是生产力发展到一定阶段的产物，"经济发展到一定

① 《马克思恩格斯文集》第 10 卷，人民出版社 2009 年版，第 106 页。

阶段而必然使社会分裂为阶级"①。人类社会伴随着阶级的划分而进入了文明时代。相对于原始氏族社会而言，阶级社会的诞生表明了生产力水平的发展与进步；相对于人的自由而全面发展而言，阶级社会无疑是对人的摧残与奴役。根据马克思所揭示的新唯物主义的历史观，我们知道，人类社会历史的发展是一个辩证运动的过程，对阶级与阶级社会的认识也要放到这个辩证运动的历史过程当中才能得出科学的见解。因此，马克思认为阶级与阶级社会是人类历史发展的必经阶段，奴隶制代替氏族社会，封建制代替奴隶制，资本主义代替封建制，无产阶级专政代替资产阶级统治，都是社会生产发展与进步的表现，都以各个历史阶段的生产方式作为前提与基础，都是生产方式更替的阶级表现，从而通过生产方式的历史发展推动社会的进步。因此，我们要把不同阶级的存在与发展，阶级剥削形式的变化理解为生产发展的结果，这样才能深刻理解马克思在阶级问题上所做的理论贡献。

其次，马克思认为文明时代以来的历史都是阶级斗争的历史。"由于文明时代的基础是一个阶级对另一个阶级的剥削，所以它的全部发展都是在经常的矛盾中进行的。"② 承认阶级社会中的剥削与奴役，承认阶级之间的矛盾与对抗，同时把这种剥削与奴役、矛盾与对抗放到历史的生产发展过程中加以考察，就会发现，无论是奴隶主对奴隶的剥削，封建主对农民的奴役还是资产阶级对无产阶级的压迫，它都表现为社会历史发展进步过程之中的否定之否定环节，都以各个历史阶段的生产方式作为前提与基础，都是生产方式更替的阶级表现，从而通过生产方式的历史发展推动社会的进步。③ 阶级统治的历史更替虽然在剥削与压迫的手段和表现形式上发生了重大的变化，但是从本质上来说，它们都属于统治阶级对被统治阶级的剥削与压迫，

---

① 《马克思恩格斯选集》第 4 卷，人民出版社 2012 年版，第 190 页。
② 同上书，第 194 页。
③ 关于剥削及其历史正当性问题可以参阅河南大学李振宏教授所著的《历史学的理论与方法》以及中国人民大学段忠桥教授的论文。

因为在文明时代，"一个阶级的任何新的解放，必然是对另一个阶级的新的压迫"①。马克思在指明了阶级斗争贯穿于整个文明时代的基础上揭示了阶级斗争的未来与发展方向。马克思认为，阶级斗争随着生产的进步而不断地变换形式，到了资本主义时代，社会日益分裂为两大直接对立的阶级，即资产阶级和无产阶级。"每一个力图取得统治的阶级，即使它的统治要求消灭整个旧的社会形式和一切统治，就像无产阶级那样，都必须首先夺取政权。"② 因此，阶级斗争的历史发展必然会导致无产阶级对资产阶级统治的反抗，建立无产阶级专政。但是，与以往的一切阶级统治所不同的是，无产阶级专政的目的并不是维护无产阶级这一特殊集团的利益。相反，无产阶级取得政权首先把生产资料变为国家财产，从而消灭无产阶级本身，进而消灭一切阶级对立与冲突，同时也会消灭国家。因而无产阶级专政是向无阶级社会即自由人联合体的过渡阶段。因为无产阶级的存在本身就表明了阶级社会历史的终结，无产阶级只有解放全人类才能实现自身的解放，无产阶级的解放和人类社会的最终解放，结束人类社会的史前时期，进入真正的人的历史时期是同一个历史过程。因此，我们应当坚持辩证的历史观对待历史上的不同阶级和它们对历史的发展与进步所做的贡献，同时辩证地看待历史上存在的奴役与剥削现象。反对用抽象的人道主义和站在纯粹道德的基地上评判阶级与阶级剥削等历史现象与历史事物。同时也要辩证地对待无产阶级专政及其目的，从而深刻地理解马克思关于阶级斗争与政治国家关系的思想。

最后，国家是维护阶级统治的工具。国家维护统治阶级的利益以庞大的国家机器作为后盾，具体包括军队、警察、监狱、法院、教会等。它们按照不同的系统与等级建立起来，充当了维护阶级统治和利益的手段和工具。"由于国家是从控制阶级对立的需要中产生的，由于它同时又是在这些阶级的冲突中产生的，所以，它照例是最强大

---

① 《马克思恩格斯选集》第 4 卷，人民出版社 2012 年版，第 194 页。
② 《马克思恩格斯选集》第 1 卷，人民出版社 2012 年版，第 164 页。

的、在经济上占统治地位的阶级的国家。"① 政治国家通过取得政权维持统治阶级的经济利益的形式包括：第一，维持现有的生产方式不变，从而在经济基础上保证代表统治阶级利益的经济集团与生产关系在社会生产领域中处于支配地位。第二，制定和颁布法律，为现有的生产关系、交往条件提供法律依据和政治保证。第三，在社会文化和意识形态领域做好宣传工作，为代表统治阶级利益的政治文化思潮、社会运动、艺术创作、文化繁荣创造有利的条件，同时使它们具有代表普遍利益的外观。国家凭借政治优势维持统治阶级的经济利益，目的是更好地维持自身的政治统治与文化统治。任何形式的国家政权得以维持的基本条件在于其强大的经济基础，因此，经济统治是保证政治统治与政治利益的基础与条件，离开了统治阶级在经济领域的支配与优势地位，国家的政治统治随之将会完结。国家除了保证经济领域的支配地位，政治上的统治地位之外，还要坚持"统治阶级的思想在每一时代都是占统治地位的思想"，"占统治地位的思想不过是占统治地位的物质关系在观念上的表现"②。由此可见，国家机器是统治阶级维持其在经济、政治、思想领域的统治地位的工具。

二 国家是一种表面上凌驾于社会之上的力量

国家与社会的关系问题是马克思国家观革命的核心内容。考察人类社会的发展历史可以知道，国家与社会最初是完全统一的，社会成员同时就是国家成员。在柏拉图和亚里士多德所生活的轴心时代，个人只有作为城邦的公民在城邦中生活才能算是真正意义上的个人。因此，他们把人规定为政治的动物。到了近代，政治国家逐渐从市民社会中分离出来，个人作为市民社会成员成为维持自身特殊利益的私人，同时也要参与政治生活，成为国家的公民，维护社会的公共利益。这样就引发了特殊利益与公共利益之间的矛盾，人的生活也被割

---

① 《马克思恩格斯选集》第4卷，人民出版社2012年版，第188页。
② 《马克思恩格斯选集》第1卷，人民出版社2012年版，第178页。

裂为市民生活与政治生活。黑格尔曾经系统地分析了近代出现的市民社会与政治国家的分裂的历史现象，指出国家是普遍利益的代表，市民社会是特殊利益的代表，根据他的逻辑学体系，特殊利益只有上升为普遍利益才能维持自身的存在。因此，黑格尔认为国家决定市民社会与家庭。早期马克思在《黑格尔法哲学批判》中运用费尔巴哈的人本学唯物主义和主谓颠倒思想实现了对黑格尔的批判，认为市民社会决定国家。应当承认，早期马克思对黑格尔的批判并不彻底，他仍然站在市民社会与政治国家二元分离的立场寻求解决问题的办法，因而无法真正地超越黑格尔。马克思通过对黑格尔的批判认识到全部近代历史的秘密隐藏在市民社会之中，因而从对黑格尔的政治国家本质的批判转向研究市民社会。近代国民经济学家与契约主义哲学家分别从经济与政治两个维度对市民社会进行解剖，这被黑格尔和马克思批判地继承，成为马克思研究政治经济学的动力和基础。转向政治经济学研究的马克思很快找到了解开人类社会发展史的钥匙即新唯物主义的历史观所揭示的人类社会的发展规律。在新唯物主义历史观的指导下，马克思指出，国家在本质上属于上层建筑，决定于社会的经济基础，即一定社会的经济结构。"从某种意义上说，国家和社会的关系主要是政治和经济的关系。"[1] 因此，在马克思看来，国家是处于社会之上，在本质上是为社会的统治阶级服务的政治组织。

马克思和恩格斯在系统地分析了国家起源的三种形式之后，指出："国家是承认：这个社会陷入了不可解决的自我矛盾，分裂为不可调和的对立面而又无力摆脱这些对立面。而为了使这些对立面，这些经济利益互相冲突的阶级，不致在无谓的斗争中把自己和社会消灭，就需要有一种表面上凌驾于社会之上的力量，这种力量应当缓和冲突，把冲突保持在'秩序'的范围以内。"[2] 国家作为一种表面上凌驾于社会之上的力量有两个根本任务：第一，当统治阶级与被统治

---

[1] 叶汝贤、孙麾：《马克思与我们同行》，中国社会科学出版社 2003 年版，第 289 页。

[2] 《马克思恩格斯选集》第 4 卷，人民出版社 2012 年版，第 186—187 页。

阶级之间的利益发生冲突的时候，政治国家以第三方的角色进行调停，从而维持社会不致因为阶级对抗而走向消亡。此时，政治国家作为调停人，从表面上看是中立的，在其本质上仍然是维持阶级统治的工具。因为现有的社会秩序是保障统治阶级利益最大化的社会秩序，维持现有的社会秩序本身就是统治阶级需要维护的最大利益。第二，统治阶级与被统治阶级是一对矛盾，是相互对立而又相互依存的两个方面，离开了被统治阶级，统治阶级的秩序就无法保障。因此，国家作为表面上凌驾于社会之上的力量从根本上也要维持被统治阶级的基本生存条件。这样，"国家是整个社会的正式代表"。作为社会正式代表的国家在本质上是居于统治地位的阶级的国家。马克思认为："表面上高高凌驾于社会之上的国家政权，实际上正是这个社会最丑恶的东西，正是这个社会一切腐败事物的温床。"①

自从近代以来，政治国家从社会中分裂出来以后，国家与社会的关系就成为人们考察与研究的重点内容。马克思认为，国家是建筑在社会的经济基础之上的上层建筑，是表面上凌驾于社会之上的力量，肯认了社会是国家的基础，国家依附于社会得以存在与发展，国家的本质是维护居于统治地位的阶级的利益。同时也应承认在一定程度上和一定范围内的国家自主性作用，即国家通过建立一系列的政治制度、法律制度、司法体系在维持统治阶级利益的同时也维持着社会秩序的稳定与和谐，国家的运行规则、法律规范也会改造与影响社会规则本身。因此，在强调社会的基础性作用的同时，不应忽视国家这一强大的统治机器对社会的改造与影响。这样，我们可以看到社会与国家之间的双向互动作用。虽然这种双向互动作用并不能改变国家作为特殊利益的代表按照统治阶级的需要把社会改造成为它认可的模样。但是，社会生活中的文化思潮、历史传统与生活习俗都会以不同的方式渗透到政治国家的肌理之中，影响并改变它们。

---

① 《马克思恩格斯选集》第 3 卷，人民出版社 2012 年版，第 98 页。

三　国家是一种虚幻的共同体

人作为共同体的存在物，不仅从共同体中获得自身生存与发展的条件，还通过个人的生产与劳动再生产自己生活于其中的共同体本身。共同体的发展经历了自然共同体、国家共同体、自由人联合体三种历史类型。根据马克思的新唯物主义历史观所揭示的人类社会发展的规律，国家共同体是自然共同体解体之后的产物，自由人联合体则是国家共同体解体与消亡之后的产物。在马克思看来，只有到了共产主义社会，共同体才能消解自身代表特殊利益的本质成为真正普遍利益的化身，从而消灭自身的特殊性，成为真正的人的共同体。由此可见，坚持用新唯物主义的历史观来分析共同体的发展逻辑才能明确国家共同体在历史中所处的地位与扮演的角色。就共同体与个人之间的关系而言，马克思根据是否有利于人的解放与进步，推动社会历史向前发展，解放与发展生产力，体现人的价值与尊严把共同体区分为真正的共同体与虚幻的共同体。马克思指出，国家是一种虚幻的共同体。"正是由于特殊利益和共同利益之间的这种矛盾，共同利益才采取**国家**这种与实际的单个利益和全体利益相脱离的独立形式，同时采取虚幻的共同体的形式。"① 因此，国家本质上代表统治阶级的特殊利益，但它凭借自己的统治地位把自己化身为普遍利益的代表，从而维护现存的统治秩序。

国家作为一种虚幻的共同体主要表现在两个方面：第一，在国家中个人自由不能得到真正实现。在国家中社会分裂为统治阶级与被统治阶级两个部分，统治阶级的自由能够凭借其在国家中的经济、政治、文化领域的统治地位得到维护与保证。对于被统治阶级而言，自由是一种虚幻的存在。因为在国家存在的历史时期，社会以阶级对抗的方式获得自身的发展与进步。一个阶级的自由与发展是以社会其他阶级的不自由与不发展为代价的。因此，统治阶级自由的实现必然以

---

① 《马克思恩格斯选集》第 1 卷，人民出版社 2012 年版，第 164 页。

牺牲被统治阶级的自由为条件。迄今为止的人类历史以多数人的不自由为代价换来了作为统治阶级的少数人的相对自由。这既是历史发展的逻辑，也是人类社会真实的历史演变过程。因此，从实现人的自由的角度看，国家实现的是片面的、统治阶级的自由。第二，在国家中人的个性得不到发展。首先，在国家这种共同体中，个人总是隶属于一定的阶级而存在，个人利益无法实现。"单个人所以组成阶级只是因为他们必须为反对另一个阶级进行共同的斗争。"① 由此可见，个人无法摆脱阶级而获得独立的存在与发展，个人利益只有转变为阶级利益才能得到保证，因为单个人的力量根本无法与阶级相抗衡。个人联合为阶级并不是根据自身的内在需要进行的主动选择，而是个人无法摆脱这个阶级的生活条件。其次，隶属于一定阶级的个人，个性得不到发展。隶属于一定阶级的个人不是有个性的个人，而是阶级的个人。人的个性"是由非常明确的阶级关系决定和规定的"②。因而，人的个性总是表现为所属阶级的个性。这样，无论是统治阶级的个人还是被统治阶级的个人，他们都没有个性可言。由此可见，人的个性在国家共同体中是得不到发展的。

既然国家在本质上是一种虚幻的共同体，披着共同利益的外衣维护统治阶级的利益，被统治阶级的个人不仅不能实现自由，也不能发展自身的个性，那么我们是不是就可以直接抛弃这种虚幻的共同体呢？显然不是。马克思所说的国家共同体的虚幻性是相对于自由人联合体这个真实的共同体而言的，国家作为一种虚幻的共同体构成了人类生活与进步的"真实共同体"。说国家是虚幻的共同体是因为它是特殊利益的代表，说国家共同体的真实性是因为它为个人的发展与进步不断创造条件，它是人类历史发展必须经历的共同体形态，具有历史必然性。此外，按照新唯物主义的历史观，国家的发展是一个不断否定与扬弃自我的过程，因而从总体上表现为否定之否定的螺旋上升

---

① 《马克思恩格斯选集》第 1 卷，人民出版社 2012 年版，第 198 页。
② 同上书，第 200 页。

的历史过程。因而到了资本主义社会，国家进入了它的最后阶段，代替资本主义社会的无产阶级专政是进入共产主义社会的过渡阶段。

综上可知，政治国家的本质在于站在统治阶级利益的立场上，支配政治、经济和文化资源，维持现存的统治秩序。马克思的国家观坚持认为国家的本质是维持阶级统治的工具，反对把公共权力当作国家的本质，也反对古典经济学家把国家界定为市民社会的守夜人的观点。马克思指明了政治国家的抽象性质，认为只有从作为特殊性代表的市民社会出发，才能彻底消解政治国家的普遍性质。

四 关于国家本质的争论：工具论与公共权力论

国家是维护阶级统治的工具是马克思主义国家观的根本内容，这与马克思把国家的起源归结为氏族社会的分裂进而引发的阶级矛盾的不可调和是紧密联系在一起的。有什么样的国家起源就有与之适应的国家本质观。马克思对国家本质的界定有着深刻的历史根据，因而实现了在国家本质理解上的深刻革命。马克思对国家的阶级本质的揭示不仅从根本上戳破了黑格尔关于国家是伦理理念的现实，是自由的定在的逻辑泛神论主义，也超越了契约主义对国家本质与起源的认识，第一次揭开国家作为共同利益与普遍利益代表的面具，回归它的特殊利益本质。以此为根据，马克思不仅揭示了国家的历史发展的各种形式的虚幻性质，而且指明了资本主义国家作为资产阶级的统治机器在现代社会的抽象性质及其必然面临的历史命运是被无产阶级政权所取代。马克思认为，资本主义国家必然经过无产阶级专政的过渡复归于社会，进入自由人联合体。因此，对马克思国家本质的理解要放到马克思国家观革命的理论系统之中才能深刻把握他对国家本质界定的重要意义。

在对国家本质的理解上，国内外许多学者都提出了自己的见解，存在以下三种主要分歧。

第一，在国家本质问题上坚持马克思恩格斯的传统理解，即把国家的本质理解为一个阶级对另一个阶级进行统治的工具。这个观点可以在马克思和恩格斯的经典著作中找到较多的论证与说明。在《起源》中恩格斯指出工具论国家观并不局限于现代国家，而是具有普遍的性质。"它照例是最强大的、在经济上占统治地位的阶级的国家，这个阶级借助于国家而在政治上也成为占统治地位的阶级，因而获得了镇压和剥削被压迫阶级的新手段。因此，古希腊罗马时代的国家首先是奴隶主用来镇压奴隶的国家，封建国家是贵族用来镇压农奴和依附农的机关，现代的代议制的国家是资本剥削雇佣劳动的工具。"① "国家是文明社会的概括，它在一切典型的时期毫无例外地都是统治阶级的国家，并且在一切场合在本质上都是镇压被压迫被剥削阶级的机器。"②

第二，在国家的本质问题上坚持公共权力论。即国家在本质上是超越各个阶级的特殊利益的普遍利益。这种观点也可以在马克思恩格斯的经典著作中找到依据。恩格斯在《起源》中指出："国家的本质特征，是和人民大众分离的公共权力。"③ 由此可见，马克思和恩格斯也把国家理解为一种公共权力。于是，对国家的本质是什么就出现了争论。首先是工具主义国家观与公共权力论的冲突。在前者看来，维护统治阶级特殊利益的国家和维护公共利益的国家之间是根本不相容的。如果把国家的本质理解为一种公共权力，那么作为公共权力的国家在自由人联合体中，在共产主义社会里还会存在吗？马克思指出："旧政权的纯属压迫性质的机关予以铲除，而旧政权的合理职能则从僭越和凌驾于社会之上的当局那里夺取过来，归还给社会的承担责任的勤务员。"④ 恩格斯也曾指出："国家真正作为整个社会的代表所采取的第一个行动，即以社会的名义占有生产资料……那时，对人的统治将由对物的管理和对生产过程的领导所代替。"⑤ 由此可见，作为公共权力的国家即使到了共产主义社会还要对物进行管理，对生产过程

---

① 《马克思恩格斯选集》第 4 卷，人民出版社 2012 年版，第 188—189 页。
② 同上书，第 193 页。
③ 同上书，第 132 页。
④ 《马克思恩格斯选集》第 3 卷，人民出版社 2012 年版，第 100 页。
⑤ 同上书，第 668 页。

进行领导，并不会自行消亡。消亡的是国家的阶级属性、政治属性、镇压属性。但是，在氏族社会中也存在公共生活。对氏族社会中的公共生活的协调和管理职能如何认识呢？是公共权力吗？按照恩格斯的说法，氏族社会是一种自然共同体，在氏族中不存在公共权力。由此可见，国家本身具有行使公共权力的职能，但是不能把国家的本质理解为一种公共权力，这样不仅会面临历史的挑战，更是对马克思国家本质理论的故意曲解。国家的公共权力本质论在理论上是不成立的，在实践上是有害的。它消解了国家的阶级属性与历史属性，把国家看作永恒的、不会消亡的实体，这是为统治阶级的阶级统治摇旗呐喊。由此可见，国家的公共权力本质论的实质是把国家当作普遍性的代表，是黑格尔国家观的理论翻版。

第三，主张国家的双重本质。国家既是阶级统治的工具，又是一种公共权力。赵平之认为，在原始社会和未来的共产主义社会，由于国家的阶级性质会随着阶级的消失而消失，因此，国家的本质就是一种公共权力，主要负有管理职责。① 在私有制范围内，由于阶级之间的对立，国家就成为维护阶级统治的工具。② 同样是对国家本质争论的回应，产生了另外一种理论要求即重新界定国家的本质。张传鹤对两种传统的国家本质观进行了反思，指出了各自的合理性和局限性，并试着重新界定了国家的本质，以回应上述冲突。张传鹤认为："国家是人类社会发展到阶级社会以后，在一定地域上，以暴力为后盾，由并非基于血缘关系的一定人群，通过多种方式建立的一种内部利益并不完全均衡的阶级性的社会政治共同体，它的公共权力，既可能被用于公共的目的，也可能被某些个人、公共机关、社会集团、政党操控，沦为狭隘利益的工具。"③ 应该说这种重新界定是作者的一种理论尝试。无论这种尝试本身是否科学，都反映了现代社会的发展对重新认识和理解马克思关于国家本质思想的迫切需要。双重本质论实际上

① 赵平之：《关于国家理论的几个问题》，《马克思主义研究》1984 年第 2 期。
② 唐兴霖：《论国家的层次和职能》，《社会主义研究》1999 年第 3 期。
③ 张传鹤：《传统国家本质理论的反思与重构》，《齐鲁学刊》2006 年第 6 期。

是一种理论的折中主义，它在根本上是对国家的公共权力本质的让步，其结果必然是滑向公共权力本质论。理论不彻底就无法说服人，因为它没有抓住事物的根本。

以上三种关于国家本质的认知反映了我国学术界研究的深度。需要指出的是，我们应该坚持从马克思恩格斯的原著出发，运用正确的理论思维方法，重新完整而准确地理解马克思对国家本质的述说。从形式上看，国家具有普遍利益的形式；从内容上看，国家的本质是特殊利益，而非普遍利益。从外观上看，国家是凌驾于各个阶级之上的公共权力；从实质上看，这种公共权力是为维护特殊利益服务的，是更好地维护特殊利益的手段。因此，国家公共权力的外观并不能掩盖它代表特殊利益的实质。我们反对从公共权力的角度来理解国家的本质，也反对双重国家本质的二元论调。根据社会发展需要对国家的本质做出重新界定，从形式上看，是对马克思国家本质思想的发展，而实际上是未能真正把握这一思想的根本。

第四章

国家的类型与历史演进

马克思对国家类型问题的研究坚持了抽象与具体的统一。所谓抽象，马克思在考察资本主义国家及其本质的基础上，运用从后思索的方法，进一步分析了奴隶制、封建制社会中国家存在的不同形式，执行的不同职能，进而形成关于国家不同类型的抽象。这种抽象是以广泛的具体国家形态的研究为前提的，是对这些研究所具有的普遍性与规律的揭示，因而是在丰富具体基础上的抽象。所谓具体是在马克思揭示关于国家的本质与规律的基础上，在关于国家的普遍性认知的前提下，进一步分析国家存在的不同类型及其特征，形成对某一特殊国家形态的深入剖析。

马克思超越了亚里士多德、孟德斯鸠与黑格尔对国家不同类型的理解，在国家类型划分上实现了一场革命。他坚持从国家的本质及其阶级属性的角度来划分国家的历史类型，这既揭示了经常被掩藏起来的国家的本质与阶级属性，同时也深刻地反映了人类社会历史发展与进步过程中所经历的曲折与斗争。

坚持抽象与具体的统一，首先，马克思划分了国家的不同类型，分析了不同类型的国家之间的历史演进的过程，进而从普遍性的维度揭示了国家历史演进的根本推动力量是生产力的不断进步，直接动力是阶级斗争；国家的历史演进的本质是生产方式的革命，它的具体表现形式是统治阶级的更替。其次，马克思以新唯物主义的历史观为指引，以国家历史演进的基本规律为依据，分析了资本主义国家的形成与发展过程，揭示了资本主义国家的本质，阐释资本主义国家的暂时性质及其历史命运，形成对资本主义国家类型的深度解剖。

第一节　国家分类的依据和不同
结果与马克思的革命

国家在其历史发展过程中呈现的不同形态就表现为国家的类型。因此，可以根据不同的标准把国家划分为不同的类型。马克思对国家类型的划分遵循着他特有的标准，因而也形成了与别人不同的关于国家类型及其历史发展过程的理解。不同的国家类型在其历史发展中具有不同的政权组织形式和国家结构形式，马克思认为取代资本主义国家的无产阶级专政在政体上应该坚持共和制，在国家的结构上应该坚持单一制。

根据不同的标准可以把国家分为不同的类型。历史上的政治学家、哲学家们对国家的类型进行过深入的研究，形成了较为系统的理解，其中的典型代表应该是亚里士多德。他在《政治学》中专门分析过不同类型的政体。亚里士多德根据是否代表共同体的利益把政体的性质区分为好政体与坏政体。又根据统治者人数的多寡把好的政体分为一个人统治的君主制、少数人统治的贵族制度和多数人统治的共和政体；坏的政体也区分为僭主政体、寡头政体和平民政体。除了划分不同的政体类型之外，他还根据自己掌握的大量资料，研究了每一种政体存在的条件、原因，以及政体发生演变的条件和预防办法。亚里士多德这一经典划分为后世的哲学家、政治学家所继承与发展，成为后来划分不同国家类型的主要依据，对西方的政治思想史和当今世界的政治制度产生了广泛而深远的影响。

黑格尔在《法哲学原理》中批判了亚里士多德对国家类型的区分及其根据。"古代把国家区分为君主制、贵族制和民主制，这种区分是以尚未分割的实体性的统一为基础的。这种统一还没有达到它的内部划分，从而也没有达到深度和具体合理性。"① 黑格尔认为这种区分

---

① ［德］黑格尔：《法哲学原理》，商务印书馆 1961 年版，第 287 页。

把国家仍然当作并未分化开来的政治实体，没有把国家理解为一种从政治实体中不断分化与发展的有机体。因而，对于并未分化的政治实体而言，差别只表现为数量上的差别。这种从数量上的差别区分国家类型的观点实际上肯定了国家的内在统一性在于统治者的数量，而不是从国家概念出发论证国家及其发展过程所引起的内部分化和在国家概念上实现的关于国家的内在统一。在黑格尔看来，对国家的理解首先应该从国家的概念出发，分析国家概念在其展开过程中所表现的不同的环节，这些不同的环节正是国家的不同类型，国家在区分为不同的环节之后，重新实现在概念上的一致。费希特肯定了亚里士多德所划分的国家类型的合法性，认为需要增加监察制度用以维持国家中的普遍权利。黑格尔进一步批判了费希特对这种国家类型划分所做的补充，认为这是一种肤浅的观点。因为无论是君主制、贵族制还是民主制都不符合理念的发展，理念也不能在上述三种形式的国家中实现自身。由此可见，黑格尔是从理念的发展及其演变出发来理解国家的本质与存在的不同类型。黑格尔对亚里士多德关于国家类型的区分的批判应当说是深刻的。根据人数的多寡来区分国家类型，不仅没有揭示国家的本质，更没有深刻地指出这些不同类型的国家所包含的具体内容。这种仅仅停留在形式上的区分在黑格尔看来是一种无机的区分，因为它不了解国家内部的有机要素及其相互作用。

孟德斯鸠在《论法的精神》当中把政体分为三种基本类型，即君主制、共和制与专制政体，其中共和制又分为民主制与贵族制两类。他认为共和制最优，因为它能保障人的自由不受侵犯；君主由于受到贵族与其他阶层的制约，权力受到限制，因而只能在一定的限度内保护人的自由；专制制度最坏，因为它凭借个人意志进行任意的决断。在划分了三类不同政体的基础上，孟德斯鸠具体地分析了它们不同的德性原则。他认为美德是民主制的原则，因为民主制是建立在群众的情绪之上，美德正好符合群众的自由意志的合理要求。黑格尔批判地指出，在一个比较发达的社会里，民主政体仅仅依靠统治者的德性是不够的，还需要法律的规范，以团结国家的各个阶层。黑格尔认为孟德斯鸠所坚持的节制德性作为贵族制的原则必然会导致公共利益与私人利益的分裂，这样国家容易堕落成为暴政或者进入无政府状态。黑格尔还进一步分析了君主制的荣誉原则，认为君主制度建立在各种特权与合法的私有权之上，维系国家统一的不是其成员的义务而是荣誉。

　　由此可见，孟德斯鸠关于国家政体的分类受到了黑格尔的重视与肯定。这是因为孟德斯鸠对政体的划分不是根据外在的统治人数的多寡，而是根据每一政体所坚持的伦理精神，这正好符合黑格尔关于国家本质的理解。在黑格尔看来，国家处于绝对精神外化与演绎过程中的伦理阶段，它是一种伦理实体，反映的是一种伦理精神。但是，在黑格尔看来，只有符合现代国家的原则即主观性自由原则的政体才是合理的，离开这个基地来区分政体的好坏是无意义的争论。这样，黑格尔就批判了亚里士多德以公共利益和孟德斯鸠以保护自由为根据所做的关于政体好坏的区分。黑格尔坚持把现代国家理解为主观性自由原则的实体化的表现，仍然没有摆脱他在国家问题上的唯心主义视角。值得肯定的是，他看到了主观性自由是时代的要求，因而也是现代国家要体现与保护的原则与精神，这不能不说黑格尔是一位深刻的政治哲学家。综上可知，孟德斯鸠所区分的国家不同类型及其依据的深刻之处在于它从国家的伦理内容出发，把国家看作不同伦理精神原则的体现，这超越了亚里士多德从外在反思的角度解释不同国家类型的观点。

　　如果说亚里士多德根据国家政权组织形式的不同对国家所做的类型区分具有历史的穿透力，影响至今，孟德斯鸠从不同的伦理精神出发区分国家的类型是对亚里士多德的重大超越，并为黑格尔所赞扬的话，马克思则从经济基础出发，根据国家性质的不同，区分国家的类型，这在根本上超越了亚里士多德的形式区分和孟德斯鸠与黑格尔的伦理精神的划分而切入了国家的本质。在马克思看来，国家属于上层建筑，它总是决定于一定社会的经济基础；作为维护阶级统治的工具，它必然在根本上是统治阶级的国家。因此，根据国家的经济基础以及由此决定的阶级属性的不同，可以把国家的历史发展概括为四种基本类型：奴隶制国家、封建制国家、资本主义国家与无产阶级专政。其中，无产阶级专政这种特殊的国家类型是马克思国家学说的独创，是马克思所揭示的人类社会历史发展规律所论证的代替了资本主义社会之后的新的国家形态，它是实现国家向社会复归的过渡形态。在这一时期，阶级不可避免地要消失，作为维护阶级统治的工具的国家也随之消亡。因此，无产阶级专政的存在就是为了实现国家的消亡，是不断走向消亡的国家。

综上所述，根据不同的标准可以把国家分为不同的类型，马克思坚持从国家的本质及其阶级属性的角度来划分国家的历史类型，超越了以往的划分标准。这既揭示了经常被掩藏起来的国家的本质与阶级属性，同时也深刻地反映了人类社会历史发展与进步过程中所经历的曲折与斗争。此外，马克思对国家类型的划分还指明了国家发展的未来境况。必须承认，马克思关于国家类型的划分破除了亚里士多德的纯粹形式的区分所遮掩的历史的本质，也克服了孟德斯鸠把国家的不同类型理解为伦理原则的局限性，进而从根本上超越了黑格尔把国家理解为"伦理精神的现实"的观点，实现了关于国家类型划分的革命。

第二节　国家的历史演进

国家的历史演进是不同的国家形态按照历史发展的先后顺序的展开过程。国家历史演进的根本动力是生产力的发展与进步，直接动力是阶级斗争。国家历史演进的本质是生产方式的革命，形式表现为统治阶级的更替。按照历史顺序展开的国家类型依次表现为奴隶制国家、封建制国家和资本主义国家。按照马克思国家观的历史规律与理论逻辑的阐释，代替资本主义国家而进入人类社会的是无产阶级专政的国家形式，它表现为一种从资本主义社会向共产主义社会的过渡形态，同时它也是从国家社会向无国家社会的过渡，它的存在目的是追求国家向社会的复归，实现关于国家历史的终结。

一　国家历史演进的内容是从奴隶制国家到农奴制国家到资本主义国家

马克思认为，国家在本质上是由经济基础决定的上层建筑，因而它总是伴随着生产方式的变更而改变自己的类型。马克思在《〈政治经济学批判〉序言》中指出："大体说来，亚细亚的、古希腊罗马的、封建的和现代资产阶级的生产方式可以看做是经济的社会形态演进的几个时代。"① 伴随着这种生产方式变革的是国家形态也或快或慢地跟着发生变革。国家在氏族社会分裂为不同阶级的条件下，由于阶级矛盾的不可调和而诞生以来，经历了三种主要的发展类型，分别是奴隶制国家、封建制国家和资本主义国家，它们分别与古代的、封建的和资本主义的生产方式相对应。每一种具体的国家形态包含着相应的国家制度的内容，同时也投射了在历史发展的不同阶段，人们的生产生活方式、交往形式以及反映这种生产方式的文化形态与观念结构。考察国家类型嬗变的不同阶段的具体内容是马克思国家观的重要组成部分。

奴隶制国家是从氏族社会解体的历史过程中诞生的，它是作为统治阶级的奴隶主阶级镇压与剥削奴隶阶级的手段和工具。奴隶制国家的经济基础是奴隶主对土地与奴隶的占有。在不同的地域，奴隶制国家的产生与具体表现形态也不相同。"现在社会制度和政治制度所赖以建立的阶级对立，已经不再是贵族和平民之间的对立，而是奴隶和自由民之间的对立、被保护民和公民之间的对立了。"② 雅典的奴隶制就是由于生产力与分工的发展、社会交往的不断扩大、商业的繁荣等引起的私有制的出现与发展，社会日益分裂为占有土地的奴隶主阶级、占有财富的工商业奴隶主阶级和被迫出卖自身的奴隶阶级形成的。罗马的奴隶制国家是解决贵族与平民冲突的产物。罗马的贵族占有了原始公社的土地，同时分享了侵略扩张过程中新占领的土地，平

---

① 《马克思恩格斯选集》第2卷，人民出版社2012年版，第3页。
② 《马克思恩格斯选集》第4卷，人民出版社2012年版，第133页。

民一无所有，由此爆发的阶级对立与冲突诞生了罗马的奴隶制国家。因此，罗马的侵略扩张是导致阶级矛盾激化的重要原因。而在东方的亚细亚的生产方式下，私有制发展十分缓慢，土地归国家所有，奴隶主贵族的土地来自国家的恩赐，享有使用权，没有所有权。奴隶主与奴隶阶级的对立始终处于国家控制的范围内。总之，在奴隶制国家中，奴隶主对土地的占有是维持阶级统治的经济形式。

在奴隶制社会里，奴隶主除了占有大量的土地外，同时占有奴隶本身。奴隶不被当作城邦公民来对待，没有人身自由，可以进行交换和买卖。奴隶从事繁重的体力劳动，不占有生产资料，奴隶主阶级则依靠对奴隶的剥削与压迫维持阶级的统治与自身的利益。奴隶阶级与奴隶主阶级的对立是奴隶制国家的主要矛盾。维护奴隶主阶级的政治统治与经济利益的奴隶制国家也分为不同的类型。古代东方社会大多属于君主制的奴隶制国家，古希腊的斯巴达是其典型代表。古罗马时代的奴隶制国家大多属于贵族制的共和制国家，而雅典的奴隶制国家则是民主制共和制。虽然奴隶制国家具有不同的政权组织形式，但根据马克思关于国家类型的划分，它们在本质上都属于奴隶制国家，都以奴隶主阶级对奴隶的经济剥削、政治统治和人身占有为前提，因而在本质上属于剥削性质的国家。

马克思在揭示了奴隶制国家的经济基础与阶级本质的基础上，还指明了奴隶制国家的历史进步意义。奴隶制国家的诞生表明了社会生产力的发展与进步已经超出了氏族社会所能容纳的限度。同时，分工的进步、社会交往的发达、商业的繁荣、战争的胜利等都要求变革氏族社会的职能。因此，奴隶制国家虽然带有残酷的剥削与压迫的性质，但它的产生不仅是生产力发展的结果，具有历史的正当性，同时还是生产力进一步发展的推动力量。恩格斯指出："只有奴隶制才使农业和工业之间的更大规模的分工成为可能，从而使古代世界的繁荣，使希腊文化成为可能。"① 奴隶制国家的诞生，开辟了人类历史的

---

① 《马克思恩格斯选集》第 3 卷，人民出版社 2012 年版，第 560—561 页。

新纪元，人类社会从此进入了一个阶级对立与冲突的历史时期，也进入了一个生产力快速发展的新的社会形态。

在人类社会发展进步的轨道上，取代了奴隶主阶级进行统治的新的国家类型是封建制国家。封建制国家是地主阶级进行统治的工具，它以地主阶级对土地的占有和对农民的剥削为经济基础。在封建制国家中，地主阶级对农民的剥削形式主要表现为地租，这与奴隶制国家相比已经发生了很大的变化。地租在不同的历史发展阶段具有不同的形式，起初是劳役租，农民依靠出卖自身的劳动力为地主阶级从事劳动，这还带有脱胎过来的奴隶劳动的痕迹。随着生产的发展，社会结构的变化，劳役地租逐渐被实物地租所取代。此时的农民享有一定程度的人身自由，可以租种地主阶级的土地，向其缴纳实物地租。到了封建社会的末期，资本主义开始萌芽的时候，社会生产力取得了更大的进步，实物地租开始逐渐转变为货币地租。货币地租代替实物地租是商品经济逐渐发展的结果。除了农村的地主阶级与农民阶级的对立，封建社会的生产关系在城市里还表现为手工作坊主与帮工、学徒之间的对立。

封建制国家实行严格的等级制度，农民处于整个等级结构的最下层。诸侯、官吏、贵族、僧侣、农村的地主和城市的作坊主，都是压在农民与城市学徒之上的若干座大山。"土地占有的等级结构以及与此相联系的武装扈从制度使贵族掌握了支配农奴的权力。"① 因此，封建制国家依赖于农民对地主的依附关系，学徒与帮工对作坊主的依附关系，形成了整个社会对农民阶级的统治。封建制国家中地主阶级不仅从经济上剥削农民的收入、政治上压迫农民阶级，还在文化上实行愚民统治。由于农民阶级所处的社会地位与经济条件，他们不仅没有接受教育的权利与能力，同时地主阶级还会建构一套有利于巩固阶级统治的意识形态的理论与教条，它们通常与宗教、风俗习惯、道德标准联系在一起，成为捆绑在农民阶级身上的又一套枷锁。与那些有形

---

① 《马克思恩格斯选集》第 1 卷，人民出版社 2012 年版，第 149—150 页。

的剥削与压迫相比，无形的文化统治使农民阶级的视野普遍狭隘，观念保守，思想落后，这为巩固地主阶级的统治提供了良好的环境。

马克思是一个辩证的唯物论者，他坚持从历史发展的必然性与辩证性的维度观察历史事物和历史现象，对封建制国家的认识也是如此。他把封建制国家置放于历史发展的长河当中，在指明了它的剥削与压迫的性质与手段之后，马克思还分析了封建制国家相对于奴隶制国家的进步意义。首先，农民阶级对地主阶级的依附关系出现了从完全的人身依附到半人身依附到财产依附的变化，农民与奴隶相比有了更多的人身自由。其次，农民本身不再像奴隶一样不被当作人来看待，社会地位有了一定程度的提升。应当承认，无论是剥削的手段还是剥削的方式都更文明，也更进步了。再次，封建制国家所创造的社会生产力远远高于奴隶制国家，极大地推动了人类社会的进步。最后，封建制国家的生产文明、制度文明都超过了奴隶制国家所做的贡献。

资产阶级取代地主阶级取得统治地位是漫长的社会发展与阶级斗争的结果。资产阶级国家是资本主义社会的上层建筑，是维护资产阶级对无产阶级的政治统治与经济剥削的手段和工具。资产阶级国家的经济基础是资本主义的生产方式，即以雇佣劳动为基础的商品经济。资产阶级国家以资本家无偿占有工人阶级所创造的剩余价值为根本手段，实现资产阶级对整个社会的全面统治。资本家剥削雇佣工人的秘密一直被资产阶级的经济学家所使用的利润与工资概念所隐藏。马克思运用新唯物主义的历史观和辩证法，在深入地研究资本主义社会的经济运行规律的基础上，批判了资产阶级的政治经济学，指明了利润与工资的资产阶级性质。在马克思看来，资本对劳动的剥削建立在劳动力成为商品与货币转化为资本这两个基本前提之上。资本家投入的预付资本用以购买的劳动力能够创造超出劳动力本身价值的价值，这就是资本利润的秘密。马克思反对把它称作利润，而是称作剩余价值。剩余价值是由工人的剩余劳动创造出来的被资本家无偿占有的价值，它揭示了资本家剥削工人的秘密。工资概念在表面上看是每个工人根据自身的劳动获取劳动报酬，因而是平等的，但是它掩盖了资本家无偿占有的剩余劳动是资产阶级财富来源的全部秘密。因此，马克思指出在资本主义社会，劳动处于异化状态，无产阶级劳而不获，资产阶级获而不劳。马克思对资本主义的生产方式进行了深入的研究，指出生产的社会化与生产资料的个人所有制之间的矛盾是资本主义社会无法克服的基本矛盾，因而必须扬弃这种生产方式，变革个人所有制，实行社会所有制或者集体所有制，资本主义的生产方式逐渐被共产主义所取代。这样，马克思就从生产方式所蕴含的内在矛盾出发论证了资产阶级国家的经济基础必然被新的生产方式所取代，因而资产阶级国家也注定随着资本主义生产方式的消灭而走向终结。

马克思指出，资产阶级与无产阶级的对立是资本主义社会的阶级矛盾，这种对立的基础是资本主义社会的生产方式。资产阶级国家对无产阶级的政治统治表现为以民主制与普选权为代表的政治制度。资产阶级的民主制分为议会制民主制和共和制民主制，它在本质上既是维护资产阶级政治统治的手段与工具，也是对资产阶级的共同事务进行管理的组织方式。资产阶级的民主制，无论在内容上还是形式上都为无产阶级获得更广泛的民主与自由提供了条件。但是，这种民主与自由是以维护资产阶级的阶级统治为前提的，离开了这个前提，无产阶级根本没有自由与民主可言。资产阶级的民主的本质就是资产阶级的专政。资产阶级的普选制是按照它的民主制度选举国家机关的一种权利。应当承认资产阶级的普选制在打破封建教会与贵族特权方面所发挥的历史作用，但是，一旦资产阶级取得政权，这种革命的政治制度就转变成为维护资产阶级的统治的工具。恩格斯指出："在现今的国家里，普选制不能而且永远不会提供更多的东西。"① 此外，马克思恩格斯在指明了民主制与普选权的资产阶级性质的基础上，肯定了它对于无产阶级取得政权可能发挥的积极作用。"资产阶级和无产阶级

---

① 《马克思恩格斯文集》第 4 卷，人民出版社 2009 年版，第 193 页。

之间的斗争也只有在共和政体下才能进行到底。"① 因此，共和政体也是无产阶级与资产阶级进行斗争的手段与条件。恩格斯晚年也认识到普选权有利于无产阶级进行阶级斗争，指明普选权为无产阶级创造了新的斗争的手段与条件，并且提供了新的便利。"由于这样有成效地利用普选权，无产阶级的一种崭新的斗争方式就开始发挥作用，并且迅速获得进一步的发展。"② 由此可见，马克思恩格斯对资产阶级的政治制度的考察坚持了辩证的历史观，既指认了它的阶级属性，同时也承认了在特定的社会历史条件下为无产阶级的政治斗争与阶级斗争服务的可能性。但是，马克思恩格斯进一步指出了民主制与普选权为无产阶级进行斗争所能提供的便利并不能超出它的阶级的范围，因而它只能在资产阶级允许的范围内为无产阶级表达意见提供方便，企图通过简单的议会斗争夺取国家政权的办法，是马克思恩格斯坚决反对的。

马克思首先肯定了资产阶级国家打碎封建制的国家机器在人类社会历史上发挥的重大进步作用。同时，还指出资本主义国家促进了生产力的巨大发展与社会的进步，为人类社会的发展不仅提供了新的生产方式、新的社会制度、新的社会组织形式、新的物质与精神文明，还为实现人的最终解放创造了更多的条件。此外，马克思还分析了资本主义国家的局限性及其必然消亡的历史命运，关于这一问题在第五章中会详细展开，这里不再赘述。

综上可知，马克思对国家类型的考察不是从政治科学的视角出发的，不是关于国家类型的政治科学，而是从新唯物主义的历史观出发，坚持辩证的眼光与历史的视角，对国家类型及其历史发展进行哲学反思与历史追问，因而带有丰富的形而上学的色彩。马克思考察国家类型及其演进的目的在于以新唯物主义的世界观为指导，概括与总结人类社会历史发展的基本规律，从而找到理解当代资本主义国家的

---

① 《马克思恩格斯文集》第10卷，人民出版社2009年版，第510页。
② 《马克思恩格斯文集》第4卷，人民出版社2009年版，第545页。

本质及其秘密的钥匙，探索无产阶级解放的条件，最终为实现无产阶级的解放服务。

二 国家历史演进的根本动力是生产力的发展，直接动力是阶级斗争

马克思指明，国家历史演进的内容是从奴隶制国家到封建制国家再到资本主义国家。那么推动国家历史演进的动力有哪些呢？这些不同的因素在国家的历史演进过程中发挥的作用是相同的吗？马克思根据他所揭示的人类社会历史发展的基本规律，对这些问题做出了科学的回答。马克思认为，国家的历史演进是一系列综合因素共同发挥作用的结果，其中生产力的发展是根本动力，阶级斗争是直接动力。此外，马克思恩格斯十分重视暴力的作用，认为暴力是国家历史演进的助产士。

首先，马克思恩格斯从社会结构与历史发展两个方面分析了生产力对历史发展与国家演进的根本推动作用。从社会结构的静态分析看，与黑格尔把国家理解为国家制度的总和相比，马克思把国家理解为整个社会结构的一部分。马克思认为，任何一种社会形态都有自己的独特的社会结构。社会结构包括两个方面的基本内容：作为社会结构的地基的经济基础和立于经济基础之上的上层建筑。经济基础处于社会结构的底层，指的是社会的生产方式，它具体包括该社会的生产力状况以及由此决定的生产关系与交往关系。因此，作为社会结构底层的生产方式仍然是由生产力的水平与发展状况决定的。上层建筑根据不同的内容可以分为政治上层建筑和思想上层建筑。其中，思想上层建筑决定于政治上层建筑，为政治上层建筑与经济基础服务。由此可见，马克思认为生产力的发展水平对整个社会结构起最终决定作用。国家属于政治上层建筑，它由经济基础决定，为经济基础服务，同时决定该社会的思想上层建筑。因此，从社会结构的静态分析看，生产力的发展决定着整个社会状况，也包括政治国家本身。

从历史发展看，马克思指出："社会的物质生产力发展到一定阶

段，便同它们一直在其中运动的现存生产关系或财产关系（这只是生产关系的法律用语）发生矛盾。于是这些关系便由生产力的发展形式变成生产力的桎梏。那时社会革命的时代就到来了。随着经济基础的变更，全部庞大的上层建筑也或慢或快地发生变革。"①当生产力的发展超出了生产关系的范围，经济基础就会发生变革，政治国家也随之或快或慢地发生变革。这样马克思就清楚地描绘了国家的历史演进在根本上是由生产方式的变革引起的。同时，马克思认为社会革命同时还会采取政治斗争、意识形态斗争、阶级冲突等各种附带形式，这些附带形式正是推动国家历史演进的重要力量，也是国家内部不同阶级之间斗争的表现方式。综上可知，无论是从社会结构的静态分析还是从社会形态的历史演进看，生产力的发展都在根本上决定着国家的历史演进。

其次，马克思恩格斯指出阶级斗争是国家历史演进的直接动力。阶级斗争成为国家历史演进的直接动力有两个方面的原因：一方面，阶级斗争根源于社会的基本矛盾，即不同国家形态的阶级矛盾；另一方面，阶级斗争是解决不同国家形态中蕴含的阶级矛盾的根本手段。阶级斗争对社会历史和国家演进所起的推动作用主要表现为加速生产关系的革命以及由此引起的生产力的解放与发展。因此，阶级斗争对国家历史演进的推动作用从根本上是通过变革生产关系，解放和发展生产力进行的，这也再次证明了，国家历史演进的根本动力是生产力的发展。

在社会历史发展的不同时期，即国家历史演进的不同阶段，阶级斗争的表现形式也不尽相同。"至今的一切社会的历史都是在阶级对立中运动的，而这种对立在不同的时代具有不同的形式。"②在奴隶制社会，奴隶主阶级与奴隶阶级的斗争以赤裸裸的暴力斗争作为最主要的表现形式。到了封建社会，阶级斗争的形式就逐渐变得复杂多样，

---

① 《马克思恩格斯选集》第 2 卷，人民出版社 2012 年版，第 2—3 页。
② 《马克思恩格斯选集》第 1 卷，人民出版社 2012 年版，第 420 页。

除了农民起义作为阶级斗争的重要表现形式外，经济斗争的形式也开始出现，比如农民拒绝交租和纳税。到了资产阶级社会，阶级斗争的形式包括政治、经济与意识形态三个不同的层面。其中，经济斗争主要表现为无产阶级的罢工，要求提高工资、改善工作条件等；政治斗争表现为无产阶级要求夺取政权，建立无产阶级专政；意识形态领域的斗争表现为同资产阶级的思想文化、意识形态、价值观念进行斗争，揭示它们的资产阶级性质。政治斗争是阶级斗争的根本手段，也是最高形式，因为它以废除资产阶级的国家政权为根本目的。恩格斯在 1885 年撰写的《路易·波拿巴的雾月十八日》第三版序言中指出："一切历史上的斗争，无论是在政治、宗教、哲学的领域中进行的，还是在其他意识形态领域中进行的，实际上只是或多或少明显地表现了各社会阶级的斗争。"① 由此可见，阶级斗争在阶级社会的历史发展与国家演进中发挥着直接的推动作用。这一点也被马克思恩格斯直接肯定。"将近 40 年来，我们一贯强调阶级斗争，认为它是历史的直接动力，特别是一贯强调资产阶级和无产阶级之间的阶级斗争，认为它是现代社会变革的巨大杠杆。"②

马克思除了把阶级斗争看作国家历史演进的直接动力之外，还指出了阶级斗争的两种可能的结局：使整个社会都受到革命性的改造或者是斗争的双方同归于尽，为新的适应生产力发展要求的生产关系所取代。因此，马克思揭示了阶级斗争在推动历史的发展与国家的演进时，并不表现为阶级斗争胜利的一方取得国家政权，而是斗争的双方同归于尽，国家政权为新的社会阶级所取代。无产阶级与资产阶级的阶级斗争在本质上也是如此，虽然无产阶级需要夺取政权，但是夺取政权的目的是消灭所有的国家政权，实行国家本身的消亡。此外，马克思在 1852 年给魏德迈的信中曾把阶级斗争必然导致无产阶级专政和无产阶级专政的过渡性质当作自己在科学上的伟大贡献，并把它作

① 《马克思恩格斯选集》第 1 卷，人民出版社 2012 年版，第 667 页。
② 《马克思恩格斯选集》第 3 卷，人民出版社 2012 年版，第 739 页。

为区分自己和资产阶级的经济学家和历史学家的理论根据。因此，在马克思的新唯物主义历史观的视野中，阶级斗争是阶级社会历史发展的直接动力，也是国家历史演进的直接动力。

最后，马克思恩格斯认为暴力是国家历史演进的助产士。恩格斯在《反杜林论》中系统地批驳了杜林先生把暴力当作历史的基础和历史发展根本动力的思想，指出杜林为历史发展的现象所迷惑。私有制诞生以前的历史，人类社会的生产力水平极其低下，氏族之间、部落与部落联盟之间为了争夺水源与土地等生产资料，经常爆发血腥的氏族战争与部落斗争。暴力成为维持氏族生存与发展的重要手段。私有制以来的社会历史都是在阶级斗争中不断前进的，阶级斗争的手段主要表现为暴力革命。因此，从表面上看，人类社会历史的演进表现为不断进行暴力革命的历史，其中暴力斗争成为推动历史发展的根本力量。这是历史发展表现出的现象，而不是真正的历史本质。恩格斯指出："暴力仅仅是手段，相反，经济利益才是目的。目的比用来达到目的的手段要具有大得多的'基础性'。"[①] "不是暴力支配经济状况，而是相反，暴力被迫为经济状况服务。"[②] 恩格斯还批判了杜林把暴力当作绝对的坏事的思想，指出暴力在历史中有时还起着革命的作用。马克思认为："暴力是每一个孕育着新社会的旧社会的助产婆。"[③] 恩格斯十分认可马克思的这一思想，指出暴力是社会运动摧毁旧的政治形式的手段与工具。综上可知，马克思恩格斯从根本上反对把暴力当作推动历史发展与国家变革的根本力量的思想，指出暴力在国家的历史演进过程中扮演着重要的角色，它是社会形态更替的助产婆，因而也是国家历史演进的助产士。

综上所述，马克思考察国家的历史演进是从生产力与生产关系的矛盾运动出发的，他把生产力看作推动社会历史发展与国家演进的根本力量。同时，阶级斗争在国家的历史更替中始终发挥着直接的推动

---

① 《马克思恩格斯选集》第3卷，人民出版社2012年版，第539页。
② 同上书，第560页。
③ 《马克思恩格斯选集》第2卷，人民出版社2012年版，第296页。

作用。为了反驳杜林把暴力当作历史发展的基础，实行的对新唯物主义历史观的歪曲，恩格斯在详细地批驳杜林的暴力论的基础上，指明了马克思的暴力观的核心在于承认暴力通常在历史的发展与国家演进过程中发挥着助产士的革命性作用。

三　国家历史演进的本质是生产方式的革命，形式表现为统治阶级的更替

马克思在分析了国家历史演进的内容与动力之后，还揭示了国家历史演进的本质是生产方式的革命。马克思指出，国家历史演进的内容是从奴隶制国家到封建制国家，再到资本主义国家，最后经过无产阶级专政，走向国家的消亡。国家的历史演进在根本上是由于生产力的发展引起的生产力与生产关系的基本矛盾推动的结果。因此，每一种国家形态之间的变革首先表现为已有的国家形态扎根的经济基础从促进生产力的发展的形式变成了阻碍生产力发展的桎梏，因而必须要打破现存的生产关系即经济基础才能不断地适应生产力向前发展的内在要求。"一切历史冲突都根源于生产力和交往形式之间的矛盾。"①这样呈现在我们眼前的历史的发展首先是一个时代的生产力的不断进步以及由此引起的生产关系的调整与变革。由此可见，国家类型的演进在本质上是不同的生产方式的革命。奴隶制国家的诞生是私有制取代原始公有制，奴隶主所有制取代集体所有制的结果；封建制国家代替奴隶制国家是封建社会的生产关系更能适应生产力发展的要求，封建社会的生产关系代替奴隶社会的生产关系即地主阶级的土地所有制取代奴隶主阶级的所有制的结果；资本主义国家战胜封建制国家是资本主义的生产关系取代封建社会的生产关系的产物，是资产阶级的所有制代替封建社会的所有制的结果。生产方式的革命必然导致国家类型的演进，国家历史类型的发展在本质上表现为生产方式的革命，在形式上表现为一个阶级代替另外一个阶级进行统治。

---

① 《马克思恩格斯选集》第 1 卷，人民出版社 2012 年版，第 196 页。

　　每一种生产方式都有与之相适应的政治结构与文化结构。每一种政治结构也都为特定的经济基础服务，是一定的生产方式的反映与表现。因此，当生产方式发生革命的时候，反映一定生产方式的政治结构即国家就会随之发生或快或慢的变革，变革的表现是一种政治结构代替另一种政治结构，一个阶级的统治代替另一个阶级的统治。"一切政治斗争都是阶级斗争，而一切争取解放的阶级斗争，尽管它必然地具有政治的形式（因为一切阶级斗争都是政治斗争），归根到底都是围绕着**经济**解放进行的。"① 由此可见，封建制国家取代奴隶制国家在形式上表现为地主阶级的统治代替奴隶主阶级的统治，根本原因是地主阶级的统治所反映的生产关系及其所包含的社会生产力从根本上超越了奴隶主阶级的统治所反映的生产关系所能容纳的社会生产力。资产阶级国家取代封建制国家也是如此。

　　马克思在指明国家的历史演进在本质上表现为生产方式的革命，形式上表现为统治阶级的更替的基础上，进一步分析了引起生产方式革命的原因和条件。生产方式包括生产力与生产关系两个方面，其中生产力本质上是人的活动能力，生产关系是人的自主活动的条件，生产力与生产关系之间的关系是人的活动能力与人的自主活动条件之间的关系。生产力的发展标志着人的活动能力的进步与发展，因而已有的人的自主活动的条件就不能适应已经发展起来的人的活动能力，这必然要求变革人的自主活动的范围以适应人的活动能力的提高。生产方式的革命在根本上是由于人的活动能力的发展即生产力的革命引起的。马克思指出，衡量生产力发生革命的根本在于生产工具。使用什么样的生产工具从事生产活动不仅决定了生产力与生产关系的发展水平，而且反映了生产所处的历史时代。生产力进步的历史表征为生产工具不断革新的历史。"手推磨产生的是封建主的社会，蒸汽磨产生的是工业资本家的社会。"② 因此，引起生产方式革命的首先是生产工

---

① 《马克思恩格斯选集》第 4 卷，人民出版社 2012 年版，第 257—258 页。
② 《马克思恩格斯选集》第 1 卷，人民出版社 2012 年版，第 222 页。

具的革命以及由此引起的生产力的进步。马克思承认生产力与生产关系的矛盾是人类社会历史的基本矛盾，也是推动国家历史演进的根本力量。那么引起生产方式发生革命的条件是什么呢？马克思指出："无论哪一个社会形态，在它所能容纳的全部生产力发挥出来以前，是决不会灭亡的；而新的更高的生产关系，在它的物质存在条件在旧社会的胎胞里成熟以前，是决不会出现的。"① 由此可见，生产方式发生革命的条件是旧的生产关系再也不能容纳新的发展起来的生产力。只有当生产力与已有的生产关系处于根本对立，不变革旧的生产关系生产力就停滞不前的条件下，生产方式才被迫发生革命，进而引起国家的革命。

综上可知，国家历史演进的本质是生产方式的革命，促进生产方式发生革命的根本在于生产工具的发展引起的生产力的变革；国家历史演进的形式表现为阶级统治的更替。

四 国家的历史演进是必然性与偶然性的统一

国家的历史演进的内容是马克思在揭示了人类社会历史发展的基本规律的基础上，对国家历史发展的不同内容的概括总结。马克思指出，人类社会历史的发展总共经历了四种基本的经济社会形态，它们分别是亚细亚的、古代的、封建的和现代资产阶级的生产方式。亚细亚的生产方式属于原始公社的生产方式，国家还没有产生。与后三种生产方式相对应的是国家历史演进的奴隶制国家、封建制国家、资本主义国家三种类型。那么，是不是每一种生产方式与由这种生产方式所决定的国家类型在每一个民族的历史发展中都要逐一经历并发展呢？换言之，国家的历史演进的内容是不是普遍适用于每一个具体民族发展的历史呢？马克思对此做了否定性的回答。在马克思看来，国家历史演进的内容是普遍性与特殊性、必然性与偶然性的统一。

国家历史演进的普遍性与必然性是指，就人类历史发展的总的过

---

① 《马克思恩格斯选集》第2卷，人民出版社2012年版，第3页。

程而言，就国家历史演进的总内容而言，每一种经济社会形态和由此决定的国家形态都具有普遍性与必然性。人类社会发展的历史与国家演进的历史不可能跳跃任何一种具体的经济社会形态和国家形态。人类社会历史演进的过程表现为从亚细亚到古代的即奴隶社会的生产方式，进一步发展到封建的和资本主义生产方式的逐渐发展与演化的历史过程，次序不能颠倒。因为这种历史发展的过程在根本上是生产力发展的不同阶段。生产力是一个逐渐发展的过程，它的每个阶段都具有历史的必然性，不能跨越。

国家历史演进的特殊性与偶然性是指某一具体国家或者民族在历史发展的某些特定时期可以跨越一种或者几种经济社会形态和国家形态直接进入更高级的社会形态与国家形态。这种跨越是一种偶然性，这与它所处的历史发展阶段和现有的社会生产方式等因素密切相关。正是它所具备的一些特殊条件，使跨越成为可能。因此，马克思承认的某一具体国家可以跨越一种或者几种经济社会形态与国家形态的偶然性与特殊性是以他所分析的国家历史演进的普遍性与必然性为前提的，没有这种历史发展的必然性与普遍性，国家历史演进的偶然性与特殊性就不会存在。

马克思在给俄国女共产主义者查苏利奇的复信中探讨了俄国的农村公社是否可以跨越资本主义的"卡夫丁峡谷"的问题，这实际上包含了马克思关于国家历史演进的必然性与偶然性、普遍性与特殊性相统一的思想。俄国的农村公社虽然受到了来自资本主义生产方式的入侵，但在19世纪80年代仍然在社会生产中占有很大比重。面对这一历史事实，德国历史学家哈特斯特豪森首先肯定了俄国农村公社的原始共产主义的性质，认为可以不必经过资本主义发展的痛苦直接向共产主义社会过渡。哈特斯特豪森的这一思想影响了赫尔岑与车尔尼雪夫斯基。前者认为，俄国的农村公社远胜于资本主义的生产方式，可以从俄国的农村公社直接过渡到共产主义；后者承认了农村公社的生产力水平低下，但是认为可以借助西欧的先进的技术水平与大工业的优秀成果，因而存在跨越资本主义的"卡夫丁峡谷"的可能性。这两种思想都受到了恩格斯的批判。在恩格斯看来，俄国农村公社及其亚细亚的生产方式是落后的生产力的代表，不可能直接实现向共产主义的过渡，也不具备承接资本主义发展取得的先进技术成果的能力。同时，恩格斯指出农民本身不可能承担起向共产主义过渡的历史主体责任，只有无产阶级才能完成这一历史使命。面对民粹派与自由派之间的争论，查苏利奇向马克思咨询这一问题。马克思三易其稿，最终在复信中指出："这种农村公社是俄国社会新生的支点；可是要使它能发挥这种作用，首先必须排除从各方面向它袭来的破坏性影响，然后保证它具备自然发展的正常条件。"① 由此可见，马克思并没有完全排除俄国农村公社跨越资本主义生产方式的可能性，而是指出了实现这种跨越的条件。因此，我们认为马克思在分析生产方式的社会变革与国家的历史演进的过程中坚持了必然性与偶然性、普遍性与特殊性的辩证统一的观点，从而为更深刻地揭示人类社会发展的基本规律，更准确地分析生产方式的变革及条件和国家类型的历史演进提供了理论依据和方法论基础。

综上可知，马克思在国家历史演进的内容上坚持了必然性与偶然性、普遍性与特殊性的统一。同时，这种特殊性与偶然性是以必然性与普遍性为前提的。

第三节　马克思对资本主义国家的批判

对资本主义国家的批判是马克思国家观的重要内容。马克思对资本主义国家的批判不是孤立的，是与他的整个哲学体系联系在一起的，是建立在新唯物主义哲学及其历史观的基础上的。马克思对资本主义国家批判的目的在于指出它的暂时性质，打破资产阶级的历史学家和经济学家关于资本主义国家的意识形态神话。马克思对资本主义国家的批判不是从天国开始的，不是从理论开始的，而是从资本主义

---

① 《马克思恩格斯文集》第3卷，人民出版社2009年版，第590页。

社会的现实出发，从资产阶级诞生的条件和资本主义发展的历史出发。马克思对资本主义国家的批判是建立在社会历史发展规律的基础上的，因而是系统的、科学的批判。马克思并没有仅仅停留在理论批判的层面，而是把理论批判引向社会革命。马克思对资本主义国家批判的重点在于发动无产阶级进行现实的社会革命与政治革命，最终要打碎资产阶级的旧的国家机器，建立无产阶级专政，最终进入到共产主义社会。概括起来，马克思对资本主义国家的批判与革命包括方法、内容和目的三个相互联系的方面。

一　马克思对资本主义国家批判的方法

马克思对资本主义国家批判的方法与他的整个哲学与政治经济学的批判方法是一致的。具体包括：从后思索的方法、历史与逻辑相统一的方法、新唯物主义的辩证法、理论与实践相统一的方法等。马克思的国家观又被称为资本主义国家的批判理论。虽然这种理解与阐释是对马克思国家理论的误解与歪曲，但它同时肯认了这样一个事实，即对资本主义的批判不仅是马克思国家观的主要内容，同时也是马克思形成关于国家起源与本质的革命性认知与理论建构的方法论前提。

马克思指出："人体解剖对于猴体解剖是一把钥匙。"[①] 马克思详细地分析了资本主义社会必然走向灭亡的历史命运，建构在这种经济基础之上的上层建筑，资本主义社会的政治统治形式，也必然会随着经济基础的崩塌而走向历史的终点。借助对资本主义社会的全面分析，马克思运用从后思索的方法，进一步研究了国家历史演进的不同类型，指明了推动它们向前发展的动力，为马克思还原国家历史发展的图景提供了方法论支撑，同时也进一步促使马克思深入地思考国家的历史起源。因而从后思索不仅是一种有效地考察人类社会历史发展过程、探索隐藏在其中的历史规律与秘密的方法，而且为马克思进一步廓清历史发展与国家演进的轮廓、驱散飘浮在历史的天空中的疑

---

① 《马克思恩格斯选集》第 2 卷，人民出版社 2012 年版，第 705 页。

云、找到思考与研究国家起源与本质的突破点提供了方法论依据。

"已经发育的身体比身体的细胞容易研究些。并且，分析经济形式，既不能用显微镜，也不能用化学试剂。二者都必须用抽象力来代替。"① 马克思用来分析资本主义的经济形式的方法不仅适用于经济研究，也适用于一切人文社会科学。用抽象力来代替经验实证的方法对马克思分析国家的起源与发展起到了理论建构的作用。由此可见，马克思从后思索的方法为其国家与历史问题的研究提供了方法论依据，为进一步解剖国家产生过程中的各要素所扮演的角色起到了引领作用。还应指出，马克思在肯定从后思索方法的同时，反对只研究较为发达的形式而忽视其他不发达形式的做法。从后思索只是提供了一种深入探索的突破口。

历史与逻辑相统一的方法是黑格尔的历史哲学与法哲学所采用的分析人类社会历史问题的一个有效方法。黑格尔的问题是用逻辑去改造历史，用历史去迎合逻辑，这样，黑格尔的历史与逻辑相统一的方法就变成了历史服从逻辑，历史学为逻辑学做注脚的方法。因此，马克思全面而系统地批判了黑格尔的历史哲学与法哲学，指明它们的抽象性质。马克思对黑格尔的方法进行了根本的改造。马克思认为，历史与逻辑相统一的方法的根本不在于历史服从逻辑，而是发现历史本身蕴含的逻辑，根据历史的逻辑去分析和研究历史事物与历史现象。因而，逻辑本身体现的是散落在历史过程中的若干历史现象中蕴含的必然性与规律性。历史研究的目的不在于为逻辑学做论证，而是总结与研究这些历史规律本身，运用这些规律来反思历史与纪实，从而在历史规律的指引下指明未来社会的发展方向。因而深刻的历史学不是历史科学，也不是黑格尔式的历史哲学，而是找到研究历史的基本方法与理论，树立正确的历史观，以此为基础研究历史运动发展的规律。

马克思就是这样研究历史的，他以自己确立的新唯物主义历史观

---

① 《资本论》第 1 卷，人民出版社 2004 年版，第 8 页。

为根本出发点，探寻人类社会历史运动发展的基本规律，从而能够深刻地透视资本主义社会所蕴含的历史的必然性逻辑在于，它的先进的生产力必然要突破落后与保守的封建的生产关系，因而为确立资本主义的政治统治扫平一切障碍。然而，资本主义的生产关系所能容纳的生产力也是有限的，当到处开发、到处安家落户、到处建立联系的资本家们按照自己的面貌锻造了一个新的世界的时候，它也锻造了置自身于死地的武器和使用这种武器的人。因此，当资本主义社会的生产关系再也不能容纳它像法术一样呼唤出来的生产力的时候，社会革命的时刻就要到来了。无产阶级取代资产阶级，建立无产阶级专政并最终实现向无阶级社会的过渡，实现人的自由而全面的发展就是马克思的新唯物主义历史观在历史与逻辑相统一的方法论指导下探索出来的历史发展的规律在资本主义时代的理论表现。它的实践表现是无产阶级的世界联合及其运动，具体是第一国际、第二国际、巴黎公社运动、俄国十月革命、中国的民族独立与解放运动。虽然世界范围内的共产主义运动在苏东剧变之后走向了低潮，但是，马克思新唯物主义历史观所探索的历史的发展的必然性逻辑向我们预示着世界范围内的无产阶级运动最终会担当起追求与实现人类解放的责任。"问题本身并不在于资本主义生产的自然规律所引起的社会对抗的发展程度的高低。问题在于这些规律本身，在于这些以铁的必然性发生作用并且正在实现的趋势。"[①] 马克思所发现的历史本身的逻辑正是这种铁的必然性，它昭示着历史发展的未来。

新唯物主义的辩证法是马克思对黑格尔的抽象形态的辩证法进行改造之后建立的合理形态的辩证法。在黑格尔看来，人类社会的历史是一个处于辩证运动的否定之否定的过程，是一个螺旋式上升的过程。应当承认黑格尔的这一认识打破了处于一统天下地位的形而上学对人的世界观的遮蔽，揭示了世界的辩证运动本质。因此，恩格斯在《路德维希·费尔巴哈和德国古典哲学的终结》中指认黑格尔哲学的

---

① 《资本论》第1卷，人民出版社2004年版，第8页。

"真实意义和革命性质，正是在于它彻底否定了关于人的思维和行动的一切结果具有最终性质的看法"①。问题的关键在于，黑格尔所揭示的辩证运动的主体不是现实的生活世界而是抽象的理念世界，"概念的辩证法本身就变成只是现实世界的辩证运动的自觉反映"②。因此，黑格尔辩证法是概念辩证法，它所揭示的辩证运动过程只是概念的自我运动及其不断外化的过程，它用绝对理念的抽象运动代替了现实的人的社会历史的发展过程，因此属于唯心主义的辩证法。

马克思在肯定了黑格尔第一个揭示了辩证法的一般运动形式的基础上强调指出黑格尔辩证法内容的思辨与抽象性质。马克思重新把辩证法的内容转换为现实的事物，重新恢复了辩证法的新唯物主义的世界观。这就重新使黑格尔的神秘的辩证法恢复到它的合理形态。马克思所揭示的合理形态的辩证法不仅消解了黑格尔关于历史的终结和为普鲁士的政权做辩护的合理性，同时也论证了资本主义统治为新的社会形态所取代的历史必然性，因而资本主义社会所建立的理性的王国以及它所倡导的自由、平等、博爱的普世价值都在新唯物主义辩证法面前原形毕露。因此，马克思指出新唯物主义的辩证法是从事物的暂时性及其必然灭亡的视角来考察事物，在对事物的肯定中包含着否定的理解中，坚持批判与革命的方法，打破一切既成的形式。运用这种方法去揭示资本主义统治及其国家的暂时性质必然会引起资产阶级及其代言人的恼怒和恐怖。马克思运用新唯物主义辩证法不仅把人类社会的发展理解为一个辩证运动的过程，同时还在这个运动过程中揭示了每一具体形态的国家与社会存在的合理性及其暂时性，从而为更深入地考察国家的历史演进逻辑提供了方法论依据。

理论与实践的统一，既是一种科学的研究方法，也是任何深刻的理论的必然的追求。"理论只要彻底，就能说服人。所谓彻底，就是抓住事物的根本。"③ 马克思主义理论就是抓住了事物的根本，能够说

---

① 《马克思恩格斯选集》第 4 卷，人民出版社 2012 年版，第 222 页。
② 同上书，第 250 页。
③ 《马克思恩格斯选集》第 1 卷，人民出版社 2012 年版，第 10 页。

服人的理论，因而它必然要求在实践上践行自己的理论。马克思对国家的认识经历了一个从黑格尔主义到借用费尔巴哈的人本学唯物主义和主谓颠倒的方法批判黑格尔法哲学，再到转向政治经济学研究，从市民社会出发揭示政治国家的上层建筑性质的转变过程。马克思的国家观最终要求推翻资本主义的政治统治建立无产阶级专政，最后过渡到人的自由解放的自由人联合体社会。马克思关于政治国家与市民社会关系的解释为近代以来的社会分裂找到了原因和解决问题的办法，并且在根本上超越了黑格尔的用国家来统治市民社会的方案。因此，从理论上来看，马克思系统地分析了理论问题的来龙与去脉，是一个彻底的理论家。但是马克思的理论并不为了解释世界，而是为了改变世界。因此，马克思要不断地使现存世界革命化，实际地反对并改变现存的事物。任何彻底的理论都要求革命的实践。理论为实践提供指导，实践证明理论的深刻与正确。马克思不仅发现了人类社会运动的基本规律是生产力与生产关系，经济基础与上层建筑之间的矛盾运动规律，而且进一步阐释了资本主义社会的特殊运动规律即剩余价值规律。恩格斯认为，发现了这两大规律的马克思是一个伟大的科学家，"但是，这在他身上远不是主要的"[1]。"马克思首先是一个革命家。他毕生的真正使命，就是以这种或那种方式参加推翻资本主义社会及其所建立的国家设施的事业，参加现代无产阶级的解放事业，正是他第一次使现代无产阶级意识到自身的地位和需要，意识到自身解放的条件。斗争是他的生命要素。"[2] 恩格斯在马克思墓前这段言简意赅又感人至深的悼唁无疑为马克思一生做了盖棺论定的评价。马克思是一个科学巨子，更是一个革命斗士。他那深刻地关于无产阶级解放条件的理论与他以身试法，领导无产阶级革命运动的伟大实践融合为一曲生命的交响曲。他的名字将永远镌刻在人类历史上。他的理论以其严谨的逻辑、透彻的分析、革命的结论召唤着现代无产阶级参与解放自

---

[1] 《马克思恩格斯选集》第 3 卷，人民出版社 2012 年版，第 1003 页。

[2] 同上。

己的革命实践。

二 马克思对资本主义国家批判的内容

马克思在坚持上述分析的基本方法的基础上，对资本主义国家进行了系统而又深入的批判。概括起来包括三个方面：首先，分析了资本主义社会的经济基础及其所蕴含的不可克服的内在矛盾，指明建构在其基础上的资本主义国家的暂时性质。其次，论证了资本主义国家的本质是管理资产阶级的共同事务的委员会，揭示了它的剥削与镇压无产阶级的属性，同时具有调节资产阶级内部的矛盾与分歧的功能。最后，马克思批判了资本主义社会的自由、民主、平等的意识形态，破除了它的普世价值的光环，在肯定了它的积极意义的同时，论证了资本主义意识形态的虚伪性。

（一）马克思对资本主义经济基础的分析及其基本矛盾的揭示

马克思对资本主义发展过程的阐释并不是如黑格尔那样从绝对精神出发。黑格尔认为，世界历史的发展是绝对理念的外化，每一历史时期的世界精神都由特定的民族精神来充当。世界精神最早出现在东方的中国和印度，经过希腊世界和罗马世界最终来到了日耳曼世界。世界精神在日耳曼民族达到了它的最终形态。"日耳曼'精神'就是新世界的'精神'。它的目的是要使绝对的'真理'实现为'自由'无限制的自决。"① 日耳曼民族精神的代表就是自由，它是现代世界精神的代表和体现。与黑格尔从精神与天国出发相反，马克思对资本主义国家的考察是从现实的社会关系出发的。

首先，马克思考察了资本主义生产关系形成的历史过程和条件。② 马克思认为，资本主义生产关系的形成需要两个基本条件。第一是丧失客体条件的、作为纯粹主体的劳动能力即可以作为劳动者的自由工人。这种可以自由地出卖劳动力的工人的出现是以一定的历史发展过

---

① ［德］黑格尔：《历史哲学》，王造时译，上海世纪出版集团 2006 年版，第 321 页。
② 《马克思恩格斯文集》第 8 卷，人民出版社 2009 年版，第 148—168 页。

程作为前提的。在这个历史过程中，首先，实现了劳动者与束缚他的土地与地主关系即农奴制关系的解体；其次，实现了劳动者与劳动工具的行会关系的解体；最后，扬弃了自然共同体及其物质基础和行业工会的手工劳动。第二是资本。原始资本的形成过程与上述劳动者实现的分离是同一个历史过程。

其次，马克思考察了资产阶级诞生与资本主义生产关系发展的历史及其展现出来的特征。"从中世纪的农奴中产生了初期城市的城关市民；从这个市民等级中发展出最初的资产阶级分子。"① 资产阶级是一个长期的历史发展过程的产物，它从中世纪的农奴逐渐转变为城关市民，最后发展成为最初的资产阶级分子。最初产生的资产阶级分子从行会中逐渐发展起来，不断地改善生产资料、劳动资料以及劳动工具，变革生产的场所与方式，开始发展出工场手工业。与之相伴随的是分工的细化，作坊内部的分工取代了行业组织之间的分工。随着工业革命的发展，现代大工业取代了工场手工业，资产者代替了工业中的中间等级，中世纪的一切中间等级都被挤到无产阶级的队伍中来了。因此，资产阶级社会的一个典型特征是阶级对立的简单化，即资产阶级与无产阶级的直接对立。

伴随着资产阶级生产关系的不断变革的历史是资产阶级在每一阶段上的政治进展。从封建社会中的被压迫等级经过公社里的自治团体，逐渐发展成为君主国中的第三等级是早期的资产阶级分子的政治地位变革的过程。直到工场手工业时期，资产阶级的势力不断增强，以致开始可以与贵族相抗衡。到了大工业时代，发达的社会生产方式不仅使资产阶级在经济上处于支配地位，政治上也获得了独占统治。

综上所述，资产阶级的诞生与发展，资本主义生产关系的形成与发展，资产阶级在政治上的进展都表现为一个长期的历史发展与演变的结果，其中资本主义生产关系的形成与变革是资产阶级在政治上不断增强地位直到夺取独占的统治的根本原因。资本主义的政治进展是

---

① 《马克思恩格斯选集》第 1 卷，人民出版社 2012 年版，第 401 页。

资本主义生产方式变革的产物，决定于资本主义社会的生产发展的程度与水平。

资本主义取代封建主义，资本主义的生产方式代替封建社会的生产方式取得的巨大进步，马克思在《共产党宣言》中进行了热情的赞扬与讴歌。资产阶级破坏了传统的宗法关系；斩断了封建的羁绊，直接的剥削代替了宗教幻想和政治幻想掩盖的剥削；抹去了职业的神圣光环，变成了雇佣劳动者；撕下了家庭关系温情脉脉的面纱，转变为纯粹的金钱关系；创造了巨大的奇迹；等等。"资产阶级在它的不到一百年的阶级统治中所创造的生产力，比过去一切世代创造的全部生产力还要多，还要大。"① 马克思在充分肯定了资本主义所创造的巨大生产力，推动人类历史不断向前进步的同时，还指出了资产阶级产生这种巨大进步的根本原因在于"资产阶级除非对生产工具，从而对生产关系，从而对全部社会关系不断地进行革命，否则就不能生存下去"②。因此，资产阶级要求不断扩大商品销路，开拓世界市场，发展自由贸易，改进交通工具，发展世界文学，使农村屈服于城市，东方从属于西方等。

马克思在肯定了资产阶级取得的巨大成就的同时，认为资产阶级是历史发展的产物，因而也必然会随着自身不可克服的内在矛盾走向灭亡。首先，资产阶级的生产关系容纳不了自身创造出来的财富与生产力。其次，资产阶级解决经济危机的办法越来越少，直到面对危机无能为力。再次，资产阶级在其发展过程中不仅锻造了置自身于死地的武器，还锻造了使用这种武器的人，即现代工人阶级。因此，资产阶级的生产关系的不可克服的内在矛盾是资本主义社会及其上层建筑必然走向灭亡的根本原因，现代无产阶级是资本主义国家的掘墓人。

（二）资本主义国家是管理资产阶级共同事务的委员会

资本主义的生产关系逐渐取得统治地位的历史过程也是资本主义

---

① 《马克思恩格斯选集》第 1 卷，人民出版社 2012 年版，第 405 页。
② 同上书，第 403 页。

国家不断发展与进步的过程。伴随着资本主义生产关系的不断变革的历史的是资产阶级在每一阶段上的政治进展。从封建社会中的被压迫等级经过公社里的自治团体，逐渐发展成为君主国中的第三等级是早期的资产阶级分子的政治地位变革的过程。直到工场手工业时期，资产阶级的势力不断增强开始可以与贵族相抗衡。到了大工业时代，发达的社会生产方式不仅使资产阶级在经济上处于支配地位，政治上也获得了独占统治。同样，在政治上获得独占统治的资产阶级不仅为资本主义的进一步发展扫平了障碍，还为资本主义的生产关系特别是经济关系提供政策依据、法律保障与制度保障。因此，资本主义的生产关系的发展是资本主义国家得以产生的历史前提与根据，资本主义国家的每一步发展都是资本主义生产关系发展的结果。同时，资本主义国家是资本主义生产关系的政治保障。资本主义国家的暴力机关即军队、警察、监狱都是资本主义的生产方式开疆拓土的强有力的后盾。早期资本主义发展过程中的圈地运动、黑奴贸易、资本主义国家之间的战争、殖民地的掠夺与竞争等都离不开为资本主义生产关系提供保护的资本主义国家。因此，资本主义国家的职能表现为在经济上维持资产阶级对无产阶级的剥削与压迫，在政治上推动资本主义社会的法规与制度的建设，在文化上宣传与推广资本主义的自由、平等、民主等意识形态，目的在于维持资产阶级的共同利益。

　　资本主义国家要不断创造维持统治的社会条件。任何国家都是建筑在一定的社会之上的，国家是管理社会的手段与工具。当国家行使社会管理功能的时候，国家成为了公共利益的代表，是一种表面上凌驾于社会之上的力量。这具体包括对整个资本主义社会进行管理，调节不同部门之间的利益分配，缓和无产阶级与资产阶级之间的社会矛盾，使阶级冲突保持在秩序的范围内。马克思承认资本主义国家具有进行社会管理、提供公共服务的功能，同时还充分肯定了资本主义国家相对于封建的神权国家的进步性，但是，这种执行公共服务、进行社会管理的国家是以它的阶级属性为前提的。因此，马克思认为国家的社会管理功能是以其阶级本质为前提的，在根本上也是为阶级统治服务的。

如果说资本主义社会的生产关系与交换关系构成了这个社会的经济基础，资本主义的国家则是建立在此之上的上层建筑，在根本上是为了维持与保障经济基础不受侵犯与破坏，同时为其不断发展与进步创造条件。前文已经分析论证了资本主义社会的经济基础产生与发展的历史过程，以及在历史发展过程中所发挥的巨大的进步作用，同时，也指出了资本主义社会蕴含的不可克服的基本矛盾，因而必然走向消亡的历史命运。与之相适应，建构在资本主义的生产关系与交换关系之上，体现其意志、保障其利益的政治国家必然会随着资本主义生产关系与交换关系的消灭而走向终结。因此，马克思对资本主义国家批判的根本就是指明它必然灭亡的历史命运。

综上所述，马克思认为资本主义国家不仅是维护资产阶级统治的工具，同时还会承担社会管理与公共服务的功能。但是，执行社会管理职能的资产阶级国家是以维护阶级统治为前提的。同时，马克思指出资产阶级国家必然会伴随着资本主义生产关系的消亡而走向历史的终结。

（三）自由、平等和民主是资产阶级的意识形态

自由、平等与民主是资产阶级文化观的核心要求，它以意识形态的高度体现着资产阶级的历史在场与文化表达。文化本身没有自己独立的历史，它总是特定的生产关系与交换关系的观念表达，总是以社会意识、道德规范的形式，以观念的形态表征现有的生产关系的发展。自由、平等、民主既是处于上升时期的资产阶级用于对抗宗教神权与封建特权的思想武器，又是已经发展起来的、处于统治地位的资产阶级予以坚决执行的意识形态，更是处于下降时期的资产阶级巩固自身的统治地位的文化碉堡。由此可见，文化在历史发展的不同时期扮演着不同的角色，发挥着不同的作用。

马克思对以自由、平等与民主为核心的意识形态观念采取了辩证的态度。从历史演进的角度看，资产阶级的自由、平等观念是荡平封建特权与教会神权的理论武器，在资本主义推翻封建社会的统治建立

自己的政权的历史发展过程中凝聚了力量，也为新的历史时期的到来提供了新的价值观念与生活准则，因而它有着巨大的历史进步意义。自由与平等不仅成为资产阶级夺取政权的宣传口号，而且是资产阶级革命时代的个体生命的文化体验和价值观念更新的参考坐标。因此，应当承认资产阶级的意识形态在历史上所起的巨大的思想解放作用以及在此基础上对生命个体的行为准则、价值观念和生活坐标的引领与改变。同时还应指出，任何意识形态与要求这种意识形态的统治阶级的存在一样，当它丧失历史的合理性与正当性的时候，都不会主动选择退场。阶级统治更替的历史是由血腥的阶级斗争推动的，文化观念与意识形态的更替也离不开文化领域的斗争。自由、平等与民主这种资产阶级的意识形态与资产阶级的存在一样，都会在历史的发展过程中丧失历史的正当性，被抛到历史的垃圾堆里去。

马克思不仅从历史的原则高度指明自由、平等与民主的阶级性与历史性，同时还从它的起源与发展的角度论证了它的依附性质。"商品是天生的平等派"，商品经济的发展，商品交换的顺利进行要具备两个基本前提：第一，市场主体的平等，即在市场上进行交换的主体在地位上的平等。因此，平等是以商品经济为主要经济方式的社会所产生的一种必然要求。以此为基础，平等逐渐上升为资产阶级和资本主义社会的意识形态，成为资本主义社会的代言人。第二，进行交换的双方都是自由的。你有买的自由，我有卖的自由。如果没有自由作为根本的前提，交换根本无法进行，市场秩序就会陷入混乱，商品经济也就无法真正发展起来。资产阶级为了维护自己的利益，实现自己的价值诉求，把自由与平等写在了自己斗争的旗帜上。当他们最终取得政治统治的时候，又进一步把自由与平等写入宪法，成为全社会的价值准则。由此可见，自由与平等的意识形态要求植根于资本主义经济结构的深层土壤之中，它是以商品经济为核心的资本主义的生产方式开出的灿烂花朵。因而当资本主义的生产方式，商品经济在历史上失去合理性的时候，意识形态的花朵失去了成长的养料，便会枯萎。

此外，作为意识形态的自由、平等与民主具有相对独立的性质，它们对资本主义的社会形态与政治结构还会产生一定的影响。这种影响在一定程度上可以规范社会生活与政治生活，调节社会秩序，但它以服从资产阶级的统治利益为界限。应当承认，在特定的条件下，意识形态有时也会超出资产阶级划定的活动范围，但这总是一种偶然现象，不具有普遍意义。

由此可见，自由、平等与民主作为资产阶级的意识形态是资本主义的生产方式发展的结果，属于资本主义社会的思想上层建筑，它与资本主义的国家作为政治上层建筑一样，都决定于资本主义的生产方式与交换方式。马克思在肯定了资产阶级的意识形态的历史进步意义及其合理性的基础上，也论证了它最终丧失合理性的条件与结果，从而指明了它的历史命运。近些年来，引起激烈争论的普世价值问题就是资产阶级的意识形态伴随着全球化的扩张在世界范围内取得统治地位的结果。它把自己打扮成普遍性的模样，似乎这是人类社会应当遵循的共同价值观，似乎它可以超越滋养它的社会土壤，独立地从事活动，似乎它具有超阶级的性质。把资产阶级的意识形态宣传为普世价值的实质是资产阶级文化在全球范围内的侵略与扩张，是把资产阶级的特殊要求当作衡量人类社会历史的价值坐标。因此，我们必须旗帜鲜明地反对这种所谓的普世价值。

三 马克思对资本主义国家批判的目的是实现无产阶级的解放

马克思对资本主义的批判以科学的方法论为前提，以实现无产阶级的解放为根本目的，同时阐述了实现无产阶级解放的条件。

首先，马克思坚持了科学的批判方法，他对资本主义国家的批判是系统的、科学的。马克思运用从后思索的方法、逻辑与历史相统一的方法、新唯物主义的辩证法和理论与实践相统一的方法，在肯定了资本主义对人类社会所做的不可磨灭的伟大贡献及其历史正当性的基础上，不仅指明了资本主义的起源与本质，还论证了它的基本矛盾以及由此引起的为共产主义所取代的不可避免的历史命运。此外，马克思还揭示了资产阶级国家的经济基础是资产阶级的私有制，资本家剥削工人的秘密在于无偿占有剩余劳动。这些批判的成果是以上述科学的方法为前提的。众所周知，对资本主义进行批判，马克思不是第一人，也不是最后一人。空想社会主义者、无政府主义者、资产阶级国家内部的改良主义者都在不同程度上提出了对资本主义生产方式以及建立其上的国家的批判。这些批判不是不了解历史发展的基本规律就是完全忽视了这一规律，因而对资本主义国家的批判不是陷入空想，就是超越历史发展规律，或者是盲目地、刻意地为资本主义国家唱赞歌。因而这些批判并没有走向历史的深处揭示资本主义国家的本质。与他们相比，马克思的批判无疑是最深刻的，也是影响最广的。它发动了改变人类历史命运的无产阶级运动，同时改变了人类社会历史发展的进程。这都得益于马克思所形成的新唯物主义的历史观和以此为基础的各种深刻地分析与解释历史现象与历史事件的方法。由此可见，坚持新唯物主义的历史观，坚持科学地分析问题的方法是马克思对资本主义国家批判的关键。

其次，马克思对资本主义国家批判的目的是实现无产阶级的解放。没有无目的地批判，马克思对资本主义国家的批判并不仅仅以批判为目的，而是为了指明历史发展的未来。恩格斯曾经指出，马克思首先是一个革命家，它的全部理论都是为了实现无产阶级的解放。因而他的全部学说包括对资本主义国家的批判都是为了探索实现无产阶级的解放的条件。马克思已经揭示的实现无产阶级解放的条件具体包括以下几个方面：第一，生产力的快速发展与极大提高。由于社会历史向前发展与国家的历史演进归根结底都是生产力发展起推动作用的结果，同时生产力的发展又表征为人的活动能力的发展与进步，因而不断地解放与发展生产力，变革阻碍生产力发展的生产关系与交往手段，是实现无产阶级解放的根本条件。第二，按照历史发展的基本规律与国家演进的基本规律，要在资本主义社会的生产力超出生产关系的容纳范围的时候及时消灭资产阶级国家，建立无产阶级专政，从而为实现国家的消亡和向无阶级社会的过渡创造条件。第三，要揭示自由、平等与民主等资产阶级意识形态的阶级性与历史局限性，同时在建立无产阶级专政的基础上，废除这些意识形态的阶级性，进而为无产阶级的解放即全人类的解放服务。

最后，实现无产阶级的解放需要发动政治革命与社会革命，领导这场革命的阶级是无产阶级，实现无产阶级解放的途径是发动共产主义运动，建立无产阶级专政，为阶级的消灭与国家的消亡创造条件。马克思所追求的实现无产阶级解放的目标是以对无产阶级的系统阐释为前提的。马克思指出，现代无产阶级首先是伴随着资产阶级的产生而逐渐发展起来的，是大工业发展的产物，它的产生具有历史的必然性。在指出无产阶级的历史必然性的基础上，马克思分析了资本主义社会的阶级状况，指出无产阶级是资本主义社会中最革命的阶级，它代表着社会发展的未来，它是资产阶级和资本主义制度的掘墓人。马克思根据对无产阶级的性质与资本主义生产方式与国家的分析，认为无产阶级必然取代资产阶级，它的历史使命是解放自身的同时解放全人类。马克思对无产阶级寄予厚望是建立在他所揭示的人类社会发展的基本规律之上的。根据这个规律和新唯物主义的历史观，马克思认为资本主义社会内部阶级对立逐渐地简单化，社会日益分裂为两大直接对立的阶级；资本的集中和积聚使得社会的分裂以及无产阶级与资产阶级的对立日益具有普遍的性质和世界的意义；周期性爆发的经济危机是资本主义社会罹患的癌症，而作为统治阶级的资产阶级解决经济危机的办法越来越少，直到再也不能克服这种危机的时候，社会变革的时代就要到来了。由此可见，无产阶级"在社会上已经不算是一个阶级，它已经不被承认是一个阶级，它已经成为现今社会的一切阶级、民族等等的解体的表现"①。马克思在对无产阶级进行深刻的历史剖析的基础上指明，无产阶级只有通过共产主义的运动才能实现自己的目的，这种运动要消灭劳动，消灭旧式的自发形成的分工，"并消灭任何阶级的统治以及这些阶级本身"②。同时马克思指出，无产阶级

---

① 《马克思恩格斯选集》第 1 卷，人民出版社 2012 年版，第 171 页。
② 同上书，第 170—171 页。

所领导的共产主义运动是消灭现存状况的现实的运动。它以生产力的高度发达、社会交往的普遍化与地域历史向世界历史的转变为前提条件。

综上可知，马克思根据新唯物主义的历史观和他确立的分析社会历史问题的基本方法对资本主义社会与国家进行了深度的解剖，找到了一条实现无产阶级解放的道路。同时，马克思还论证了实现无产阶级解放的可能性、条件与现实路径。

第五章

国家的功能

　　国家的功能是马克思国家观的重要组成部分，也是最富争议的部分之一。国内学术界对马克思国家功能的研究经历了从只承认阶级国家的剥削与镇压功能向国家具有政治统治与社会管理两重功能的转变的过程。关于国家功能的划分，国内学术界主要继承了斯大林关于国家的对内与对外双重职能的划分，20 世纪 80 年代以后，通过对这个问题的反思，结合马克思恩格斯的原著，提出了国家具有政治统治与社会管理双重功能的认知。承认国家的双重功能是 20 世纪 80 年代初国内学界在马克思国家功能问题上的一个重大进步，以此为基础出现了关于国家两重功能的根据的探讨。关于国家功能的两重性出现的原因，有人认为这是国家双重本质的必然结果；也有人反对国家的双重本质论，认为国家在本质上是一种公共权力，因而国家的根本功能在于社会管理。由此可见，国家的功能是与国家本质紧密联系在一起的，对国家本质的认知直接影响甚至决定对国家功能的理解。

　　马克思反对国家本质的两重性，认为国家的本质是维护阶级统治的工具，同时承认国家具有社会性，因而具有作为公共权力的一维。以此为根据，马克思指出了国家功能的两重性是政治统治与社会管理，其中社会管理在阶级社会中不可避免地带有阶级的属性。承认公共管理的阶级属性并不能以此消解国家的社会管理功能。因此，马克思关于国家的功能的认识坚持了政治统治与社会管理的统一，其中政治统治是问题的主要方面，反映了国家的性质，而社会管理是问题的次要方面，但同时是不可或缺的一面，既不能用政治统治代替社会管理，也不能用社会管理否定政治统治乃至否定国家的阶级本质。此外，马克思具体指出了国家政治统治的不同方面和社会管理的具体内容，以及它们在国家发展的不同历史阶段的具体表现。

进入近代社会以来，资本主义生产方式取得统治地位，国家在履行政治统治功能的同时，其社会管理的功能在不断增强，如何看待这一历史发展的新变化，是不是如某些哲学家或政治学家所指出的，国家的政治统治功能即其压迫与剥削的属性正在消失，为更加复杂与系统的社会功能所代替。笔者认为，恰恰相反，国家的两重功能在不同的历史阶段承担着不同作用，因而会出现侧重点的变化，这种变化的本质是为了维护阶级统治，巩固国家政权。因此，近代社会以来出现的国家政治统治功能在表面上的削弱，社会管理功能不断增强的现象是国家在发展历史过程中经常出现的现象，它不仅不能消解国家阶级统治的工具的本质以及由此诞生的政治统治的功能，而且是为了更好地巩固阶级统治，社会管理功能的加强是巩固政治统治的手段罢了。

第一节　国家的政治统治与社会管理功能

斯大林所区分的国家的对内职能与对外职能曾长期被奉为对马克思国家功能认识的圭臬，支配和影响着人们对马克思国家功能的理解与阐释。直到现在，我国的政治学教科书仍然坚持着这种划分方法。20 世纪 80 年代以后，学术界通过对斯大林关于国家功能认识的反思，结合马克思恩格斯的经典著作提出了国家具有政治统治与社会管理的双重功能的认识，这破除了斯大林关于国家功能认识的垄断地位，揭示了他的问题所在。马克思认为，国家是维护阶级统治的工具，具有政治统治的功能，同时承担着社会管理的责任，具有社会管理的功能。政治统治的功能包括三个相互联系的方面：国家是镇压被统治阶级的工具和手段；国家制度具有缓和阶级冲突的功能；统治阶级的思想是占统治地位的思想。社会管理的功能也包括相互联系的三个方面：国家权力调节不同阶级之间的利益分配；国家为社会经济发展提供公共服务；国家的文化管理与调节功能。政治统治与社会管理是相互依赖、相互补充的两种不同的国家功能，不能相互取代。

一 斯大林关于国家功能的划分及其后果

斯大林所区分的国家的对内职能与对外职能曾长期被奉为对马克思国家功能认识的圭臬，支配和影响着人们对马克思国家功能的理解与阐释。直到现在，我国的政治学教科书仍然坚持着这种划分方法。"国家的活动表现为两种基本的职能：内部的（主要的）职能是控制多数被剥削者；外部的（非主要的）职能是靠侵略别国领土来扩大本国统治阶级的领土，或者是保护本国的领土不受别国的侵犯。"①

首先，斯大林关于国家的功能的区分是一种外在的反思，并没有深入到国家的本质当中，揭示国家的功能与其本质属性的关系。斯大林认为，国家具有两种功能：一种是针对本国的被统治阶级的镇压功能；另一种是针对别国的功能，即侵略别国的领土或者保护本国不受侵犯。斯大林所分析的两种功能的区别仅仅在于镇压与统治的是本国的阶级还是别的国家。可见，斯大林所做的国家功能的区分只是一种形式的区分，并不涉及国家所承担的各种功能的质的规定性。斯大林根据它们所涉及对象的不同而做的区别，即从量的差别上区分国家的功能的结果是仅仅肯定了国家的阶级统治功能，而完全忽视了国家还具备的社会管理功能。

其次，斯大林对国家功能所做的形式的区分无疑抹杀了国家所承担的社会管理功能。如组织生产、调节社会冲突、维持社会秩序等。也许会有人为斯大林辩护，认为斯大林并没有忽视国家的其他功能，而是强调国家的政治统治功能是根本，其他功能不过是为国家的政治统治功能服务的。笔者不能接受这种辩护。这是因为国家的社会管理

---

① 《斯大林选集》下卷，人民出版社 1979 年版，第 468 页。

功能存在的合法性不在于其为国家的政治统治提供服务，而在于国家本身就需要对社会进行政治、经济、文化、社会等方面的协调、组织与管理。马克思认为，国家是维持阶级统治的工具，国家具有的所有功能，无论是镇压与剥削被统治阶级的政治统治功能，还是组织社会生产、维持社会秩序的社会管理功能，都是为统治阶级服务的，因而不可避免地带有阶级的性质。承认国家功能的阶级性质，是马克思国家功能理论的根本特征。但是，坚决反对用国家功能的阶级性质否定社会管理的必要性的思想。用国家的政治统治功能替代国家的社会管理功能显然是对马克思国家功能理论的阉割，其结果就是社会管理的权力与力量逐渐缩小，阶级斗争的范围逐渐扩大，最后导致阶级斗争代替社会管理，整个社会生活陷入万劫不复的深渊之中。这在苏联和中国的历史上都有过血的教训。

最后，斯大林把国家对内统治当作主要的功能，把防止外国入侵或者侵略外国作为次要的功能显然也不符合马克思的国家功能理论。如果说国家在本质上是维护阶级统治的工具，那么在一定历史时期内，无论是通过国家执行的对内政治统治与阶级压迫的功能还是执行的对外掠夺领土或者保护国家领土不受侵犯的功能，只要能够在根本上保证统治阶级的政治地位，应当说都是国家的主要功能。因此，区分国家功能的主次并不取决于国家所执行的功能的性质，也不取决于执行国家功能所涉及的对象，而是取决于执行什么样的功能可以达到维护阶级统治的根本目的。在历史发展的不同阶段，维持国家的统治所需要执行的手段会有巨大的差异，因此，不能笼统地区分国家的主要功能和次要功能。马克思所揭示的国家的功能建立在他所界定的国家本质是阶级统治的工具的基础上，因而其政治统治功能具有反映国家性质的特征，是问题的主要方面，但这并不是说，政治统治是国家的主要功能。同样，社会管理是国家所执行的重要功能，它贯穿于社会发展的始终，是问题的次要方面，也不意味着它始终是国家的次要功能。关键取决于它们在特定历史条件下所承担的责任。

综上分析，斯大林所区分的国家的对内职能和对外职能并不能反映国家的性质与本质，这无意中遮掩了国家的阶级属性和阶级本质。斯大林完全忽视了国家的社会管理功能，不仅是对马克思国家功能的误解与误释，在实践上也产生了巨大的历史影响，使社会主义国家走了弯路。同时，国家的两重功能就其与国家的本质的关系而言，可以区分为问题的主要方面与次要方面，但不能以此为依据区分国家的主要功能和次要功能。

二 国家的政治统治功能

国家的政治统治功能根源于国家的起源与本质。马克思认为，国家是阶级矛盾不可调和的产物，因而需要国家这种独立于斗争双方的第三方来调和冲突或者维持社会秩序不致陷入崩溃，因为正常的社会秩序是统治阶级利益得以保证的根本前提。同时，国家并不是站在中立的立场上来维持社会秩序，而是选择统治阶级的立场，因为它本质上是统治阶级维持阶级统治的手段与工具。由此可见，国家的政治职能首先表现为镇压被统治阶级，维持现有的统治秩序不受被统治阶级的反抗而有所改变。因为现存的秩序就表现为统治阶级建立起来的符合其统治的利益与需要的秩序，它在本质上是国家的社会结构。按照马克思所揭示社会的静态结构可以知道：现存的社会结构以代表统治阶级的所有制形式所表征的生产关系即经济结构为基础，建立在这个经济结构基础上的是统治阶级的政治国家和思想上层建筑，包括符合他们的统治需要的宗教、哲学、艺术等意识形态的内容。因此，代表统治阶级利益的国家所坚决维护的现存的社会秩序在本质上是统治阶级需要的，代表其根本利益的秩序，也是维护统治阶级对被统治阶级在政治上实行镇压，经济上进行剥削、文化上进行控制与奴役的社会秩序。因而，国家所执行的政治统治职能是以维持统治阶级所建构的社会秩序为前提。

首先，国家是镇压与剥削被统治阶级的手段与工具。马克思认为，私有制以来的人类历史始终伴随着阶级斗争，始终处于阶级斗争的历史发展过程中。"自由民和奴隶、贵族和平民、领主和农奴、行会师傅和帮工，一句话，压迫者和被压迫者，始终处于相互对立的地位，进行不断的、有时隐蔽有时公开的斗争。"① 而维持这种压迫的手段与工具正是国家。奴隶主与自由民对奴隶的剥削是奴隶制国家的基础；维持贵族对平民、领主对农奴、行会师傅对帮工的压迫与剥夺是封建制国家的功能；资产阶级对无产阶级的剥削与镇压是资产阶级国家的本质与功能。阶级社会历史的发展就是国家作为镇压与剥削的手段维持上述阶级统治与阶级对立的过程。国家所行使的政治统治功能即国家代表统治阶级对被统治阶级的剥削与压迫是以国家权力和暴力机关做后盾的。国家权力具有普遍的适用性，用以规范在社会中生活的各阶级的秩序、地位与利益。"构成这种权力的，不仅有武装的人，而且还有物质的附属物，如监狱和各种强制设施。"② 因此，国家执行政治统治功能需要以国家的权力与相对自主性为前提，维持国家权力的效力与执行力的是国家的暴力机关。军队、警察、监狱作为国家权力部门在根本上是为执行国家的政治统治功能和社会管理功能服务的。马克思同时还指出，维持与保障国家权力的除了暴力机关之外，还包括被统治阶级上缴的捐税。"官吏既然掌握着公共权力和征税权，他们就作为社会机关而凌驾于社会之上。"③

　　国家所维持的这种镇压与剥削的功能不仅贯穿于整个阶级社会的历史发展，而且在客观上充当了历史发展与进步的杠杆。正是国家所维持的不公平的社会秩序，使财富积累成为可能，也使少数统治阶级能够凭借自己的统治地位从事精神生产与技术发明活动。这不仅能够实现最初的技术积累、改进生产工具、提高劳动生产率，从而更快速地推动历史的进步，同时也使文化的积累与继承有了可能。因此，从历史发展与进步的视野看，剥削具有历史的正当性，它是在特定的历史条件下实现推动社会生产快速进步的手段，虽然在客观上形成了人对人的剥削、压迫与奴役。马克思曾指出，在私有制范围内，人的活

---

① 《马克思恩格斯选集》第 1 卷，人民出版社 2012 年版，第 400 页。
② 《马克思恩格斯选集》第 4 卷，人民出版社 2012 年版，第 187 页。
③ 同上书，第 188 页。

动具有对抗的性质，一个阶级的发展与进步必然以其他阶级的不发展为代价。因此，我们承认国家在历史发展中所扮演的剥削与压迫的角色，同时还要辩证地对待国家的镇压与剥削的政治统治功能本身。

其次，国家的政治统治功能表现为缓和阶级冲突。根据国家的本质所建构的国家制度是代表统治阶级进行社会统治的工具，具有缓和阶级冲突的功能，并通过缓和阶级冲突更好地、更长久地维持统治阶级的利益。国家是"一种表面上凌驾于社会之上的力量，这种力量应当缓和冲突，把冲突保持在'秩序'的范围以内"。① 国家比较直接缓和阶级冲突的功能通常分为以下两种不同的情况：第一，在社会日益发展起来的阶级对立中，阶级冲突逐渐加剧，直到进入这样一种状态，统治阶级与被统治阶级之间的矛盾已经不可调和，因而必然要爆发革命的时候，国家为了进一步巩固统治阶级的利益，就会通过经济的、政治的、法律的手段给被统治阶级更多的利益和更优越的地位，以便缓和阶级冲突，尽可能地延长现有的阶级统治。这种国家缓和阶级冲突的功能是一种临时的让步，这是统治阶级通过让渡一定的阶级利益达到缓和阶级冲突维持政治统治的目的。第二，在国家发展的例外时期，即国家中各个阶级之间的力量势均力敌，"以致国家权力作为表面上的调停人而暂时得到了对于两个阶级的某种独立性"②。这种国家发展的特殊时期所出现的缓和阶级冲突的功能并不是国家的权宜之计，而是由于相互对立的阶级之间的力量悬殊不大，在国家内部不存在明显处于优势地位和统治地位的阶级，这样国家这个第三方脱离了对统治阶级的依附性，暂时取得了一定的独立性，因而可以暂时作为真正独立的第三方调节阶级矛盾，缓和阶级冲突。恩格斯具体指出了历史上存在的法兰西第一帝国和第二帝国、俾斯麦的德意志帝国等国家作为例证。马克思在《1848 年至 1850 年的法兰西的阶级斗争》中专门分析了法兰西共和国是缓和国内的正统派与奥尔良派之间矛盾

---

① 《马克思恩格斯选集》第 4 卷，人民出版社 2012 年版，第 187 页。
② 同上书，第 189 页。

的工具，同时又是联合起来的正统派与奥尔良派镇压保皇派与无产阶级的工具。因此，"每个集团都只得为反对另一集团的复辟独霸意图而提出共同的统治，即提出资产阶级统治的**共和形式**"①。因此，资产阶级的共和形式表现为资产阶级内部瓜分国家政权的本质，同时也是国家缓和资产阶级内部的阶级冲突的手段。应当承认，这是历史的特殊时期，并且这种时期都不具有稳定的性质，在不断的阶级冲突与对立中，这种所谓的均势不仅不可能长久维持，而且处于相互对立的各个阶级都在想尽办法摆脱这种状态，使自己迅速地成长为处于优势地位的阶级，从而掌握国家权力，最大限度地维持本阶级的利益。由此可见，虽然国家缓和阶级冲突的功能在历史发展的一定时期会凸显出来，在更多的情况下，它以一种隐蔽的方式即通过国家执行各种社会职能缓和阶级冲突，使不同阶级之间的矛盾不致破坏现存的阶级统治和社会秩序。

最后，国家的政治统治功能表现为对社会思想的控制。"统治阶级的思想在每一时代都是占统治地位的思想。"② 马克思不仅指明了国家作为上层建筑所要扎根的经济基础的土壤，同时指明了上层建筑也具有不同的结构。其中，政治上层建筑是上层建筑的底层，它决定着思想上层建筑和各种各样的意识形态。因此，国家的政治统治不仅要通过暴力机关维持对被统治阶级的剥削与镇压的政治秩序，通过缓和阶级冲突维持现存的统治秩序，同时还要通过在思想文化领域的支配地位，为自身的政治统治做合法性论证。国家对社会思想的控制通常表现为以下几个方面：第一，反映统治阶级的思想文化、意识形态在社会各领域中处于支配地位，在社会生活中发挥着引领作用。第二，统治阶级通过思想文化、宗教艺术等手段为自身的统治及其合法性做论证，掩盖阶级剥削与压迫的事实，维持现存的文化秩序。第三，发动文化领域的斗争，打压与限制反映被统治阶级利益与要求的文化艺

---

① 《马克思恩格斯选集》第 1 卷，人民出版社 2012 年版，第 498 页。
② 同上书，第 178 页。

术形式，形成文化上的镇压与奴役。第四，统治阶级"赋予自己的思想以普遍性的形式，把它们描绘成唯一合乎理性的、有普遍意义的思想"①。借用虚幻的普遍性掩盖它所反映的特殊利益的本质，隐藏维护阶级统治的实质。由此可见，政治国家需要通过对被统治阶级进行思想的打压与控制，同时发展反映自身特殊利益的思想文化，实现和维护它的支配地位从而进一步巩固自己的阶级统治。因而，思想与文化的统治是国家执行政治统治功能的重要组成部分。

综上可知，国家政治统治的功能通过镇压与剥削被统治阶级，缓和阶级的矛盾与冲突和对社会思想与文化的控制三个方面体现出来。此外，国家还要通过政治统治的手段维持国家的主权与领土的完整。斯大林把这称作国家的对外职能，本质上，这是国家政治统治功能的延伸。历史上国家的政治统治功能的对外表现除了维持本国领土与主权不受侵犯之外，还会通过侵略与扩张实现政治统治的扩大，这在阶级社会的历史中是一种常见的历史现象。我们反对斯大林把国家的功能分为对内与对外两个部分的形式主义的区分，主张从国家功能与国家本质相联系的视角实现对国家不同功能的理解，从而把维护国家主权的国家功能作为国家政治统治功能的一部分。这既符合马克思本人对国家功能的划分与理解，也更深刻地揭示了国家功能所具有的阶级属性。

三　国家的社会管理功能

国家除了具有政治统治的功能之外，还具有社会管理的功能。如果说国家的政治统治功能是国家本质的延伸，是以国家功能的形式表现的国家本质，因而是由国家的阶级本质决定的；那么社会管理功能则是国家作为一种公共权力的属性的延伸，是公共权力维持社会秩序的表现，是以国家功能的形式表现的国家公共权力的属性，因而国家的社会管理功能根源于国家的公共权力属性。同时，要强调指出公共

---

① 《马克思恩格斯选集》第 1 卷，人民出版社 2012 年版，第 180 页。

权力为国家的本质服务，但并不构成国家的本质。马克思反对把国家的公共权力属性上升为国家的本质属性，根本原因在于它并不反映国家的特殊的质的规定性，它是从社会中诞生并为国家所继承下来的一种属性，用以协调社会关系、维持社会秩序、保障政治统治。

首先，国家要为社会经济发展提供服务与保障。国家是社会的上层建筑，它对经济基础具有反作用。国家所制定的经济政策，坚持的经济制度能够反映生产关系的性质，满足生产关系的需要就能不断地对生产关系的发展产生积极正面的推动作用。按照马克思新唯物主义历史观所揭示的基本原理，生产关系对生产力的发展也会有反作用。当生产关系能够适应生产力的发展时，对生产力起到积极的能动作用，反之，则会阻碍生产力的发展。因此，以生产关系为中介，形成了国家的经济政策与经济制度和生产力之间的互动关系。当前者对生产关系发生积极的反作用时，生产关系也会进一步释放出更多的社会生产力。反之，生产的进步就会受到阻碍。由此可见，国家所制定的经济政策与经济制度不仅要反映和体现现有的生产关系的性质与水平，从而促进生产力的发展与社会的进步，还要不断地对政策与规范进行修正和调整以适应逐渐发展与变革的社会生产力的要求。

国家的社会管理功能具体表现为利用国家权力制定国家制度，形成社会规范，对社会生产与服务进行监督与引导。国家对社会的管理要不断地推动社会生产的发展与进步，从根本上在于不断地推动生产工具的革命，提高劳动生产率，改进社会生产的技术手段，为生产力的进步，从而在维持阶级统治范围内实现生产关系的变革提供条件。只有生产力的发展才能从根本上推动社会的进步，从而为国家实现阶级统治提供更好的经济条件。因此，在一定社会历史时期内，生产力的变革对社会的推动作用也为国家更好地进行政治统治与社会管理提供了便利条件。

马克思在分析《不列颠在印度的统治》时论及了国家组织社会生产的功能。"从远古的时候起一般说来就只有三个政府部门：财政部门，或者说，对内进行掠夺的部门；战争部门，或者说，对外进行掠夺的部门；最后是公共工程部门。"① 马克思认为，修建公共工程在古代的东方社会生产条件下是国家所必须承担的功能，因为东方社会的亚细亚的生产方式始终没有出现新的突破，生产力的水平较低，地域比较辽阔，没有像西方一样产生一种自愿的联合。因而"亚洲的一切政府都不能不执行一种经济职能，即举办公共工程的职能"②。由此可见，国家执行维护经济社会发展的职能是国家社会管理功能的重要组成部分，是国家的经济管理功能。

其次，国家协调与规范社会秩序，调节不同阶级之间的利益分配。国家作为凌驾于社会之上的力量，同时需要承担建构与规范社会秩序的功能。在私有制以来的人类社会的一切历史时期内，社会总是分裂为不同的阶级、阶层和利益集团。由于不同的阶级、阶层和利益集团存在着冲突乃至对立，因而它们在社会交往中必须遵守一定的社会秩序，从而更好地维持各自的利益。否则，社会就陷入了无休止的斗争之中。这些秩序起初是由于生产与社会交往的不断发展而自发形成的。随着国家的产生，这种自发形成的社会规范与秩序首先受到统治阶级的改造，进而在根本上保持统治阶级利益的前提下，实现不同阶层的和平共处与利益分配。然而这里所说的不同阶层与利益集团并不包括处于社会下层的被统治阶级，而是统治阶级内部的利益划分。因为，在一切阶级统治的国家中，被统治阶级的利益首先是为统治阶级服务的，他们的利益以维持自身的肉体生存为界限，进而成为统治阶级奴役的对象。因此，国家在社会中扮演着建构与规范社会秩序的功能，以便更好地促进社会不同阶层之间的交往，实现统治阶级内部的共赢。同时必须指出，这种由国家建构与规范的社会秩序在本质上是维护统治阶级利益，保证政治统治稳定的社会秩序。国家所要建构与规范的社会秩序具体就表现为一个社会的生产关系的结构。其中，生产资料归统治阶级所有，劳动的成果主要的归统治者，一小部分分

---

① 《马克思恩格斯选集》第 1 卷，人民出版社 2012 年版，第 850 页。
② 同上书，第 851 页。

配给被统治者，成为进一步维持现有剥削的手段。因而，一切剥削社会的社会秩序与政治秩序首先表现为维持阶级统治与统治阶级利益的秩序，其次表现为统治阶级内部不同阶层共享政治统治的秩序，最后表现为维持被剥削阶级不致无法生存的，因而必须要保证的经济利益的社会秩序。

由此可见，国家建构与规范社会秩序的过程同时就表现为调节不同阶级之间利益分配的过程。不同阶级之间的利益分配结构就表现为社会的结构与秩序。国家调节不同阶级利益的分配，一是为了进一步巩固自己的统治；二是为了维持统治阶级内部利益分配的合理化，形成统治阶级内部的利益共享。国家调节不同阶级利益的手段包括政治镇压、经济管理和利益让渡。政治镇压主要针对的是被统治阶级，随着统治阶级内部的利益分化有时也会对其他的统治阶级使用政治镇压的手段。经济管理主要针对的是统治阶级内部的利益分配。而利益让渡通常是处于阶级矛盾激化的历史时期，为了维持现存的统治秩序而不得不采取的对被统治阶级的让渡的特殊手段。国家调节不同阶级之间的利益分配是建构与规范社会秩序的手段与形式，同时一个国家的社会秩序的建立离不开国家的暴力机关与权力的普遍性质。这是国家能够执行规范社会秩序，调节不同阶级之间利益分配的保障力量。

再次，随着生产力的发展与社会交往的普遍化而产生的世界交往的日益发达，协调国际关系创造有利的国际环境，促进国家交流与合作，推动经济社会的发展，是现代民族国家的重要功能。新航路的开辟、资本主义生产方式在世界范围内取得统治地位，消灭了地域的生产、地域的历史、地域的文学，使一切都具有了世界的性质。按照现代语言，全球化作为不可阻挡的历史趋势所带来的是不同国家之间日趋广泛的交往与合作。因而现代国家必然要承担促进国家之间的交流与合作，推动经济社会向前发展的功能。通过协调国际关系，妥善处理不同国家之间的分歧，实现利益共享，创造有利的国际环境，营造健康友善的国际形象，是每一个国家都要发挥的作用。因此，国家的社会管理功能也会随着社会历史的不断进步与发展向国外延伸，同时也会根据社会的需要不断地改变国家的角色。

从历史发展的视野看，国家所承担的社会管理功能在不同的历史时期并不是一成不变的。因而前文所指出的关于国家要为社会的经济发展提供服务与保障、协调与规范社会秩序、调节不同阶级之间的利益分配的社会管理功能实际上是对于国家不同历史时期承担的社会管理功能的概括，因而具有抽象的性质。但是这种抽象不是脱离了国家的历史发展的纯粹臆测，而是以国家的历史发展为基础形成的哲学抽象，因而它是以浓缩的形式对国家承担的社会管理功能的概括与提炼。在具体的某一种国家形态中，可能还会承担更多的社会管理功能，这是国家社会管理功能的特殊性，它并不能掩藏已经提炼出来的国家社会管理功能的普遍性方面的价值。因此，笔者反对用国家社会管理功能的普遍性去替代它的特殊性，更反对用特殊性去否定普遍性，这两种对马克思国家社会管理功能思想的理解都是非马克思主义的，也是不科学的。关于国家的历史发展的不同阶段所承担的具体的社会管理功能会在后文中具体分析。

综上所述，承认国家具有政治统治与社会管理的双重功能是扬弃斯大林主义国家观在学术界的统治，重新恢复马克思国家观的地位的结果。马克思认为，国家功能实质上是国家本质及其属性的延续。与之相适应，国家具有政治统治与社会管理的功能，其中政治统治到处以执行某种社会职能为基础，社会管理功能服从国家的政治统治，在本质上是为国家的政治统治服务，因而阶级社会国家的社会管理功能不可避免地带有阶级性。

第二节　国家功能的两重性

国家功能是国家本质及其属性的延续。根据国家是阶级统治的工具产生了国家的政治统治功能，根据国家的社会性产生了国家的社会管理功能。国家的政治统治与社会管理功能之间的关系与国家的阶级性和社会性之间的关系是一致的，并取决于二者之间的关系。

一　国家功能的两重性及其辩证关系

马克思恩格斯运用新唯物主义历史观对古代人类社会的研究材料进行了系统的加工、整理与分析，形成了关于古代社会的发展状况的基本判断。其中，马克思的《历史学笔记》与《人类学笔记》是其重要成果。恩格斯以此为基础，并结合后来提供的古代社会的新资料撰写了《家庭、私有制和国家的起源》这一体现新唯物主义历史观的基本原理的巨著。恩格斯在文中系统地分析了国家的历史起源，指明了国家诞生与发展的基本条件。以古希腊、古罗马和德意志国家的形成为典型，恩格斯系统地阐述了国家起源的经济、社会、文化条件，论证了生产力的发展必然引起的社会分工的发展是导致氏族社会走向分裂的根本原因，以此为基础，社会分裂为不同的阶级，它们由于在社会中处于不同的地位，必然引发的阶级矛盾达到不可调和的程度，国家作为第三方机构用以维持阶级矛盾在秩序的范围内而诞生。由此可见，国家是人类社会发展到一定阶段的产物，是伴随着阶级的产生，阶级矛盾的不可调和而必然产生的维持社会秩序的机构。

恩格斯进一步指出，这种表面上的中立现象并不是国家的本质，因为国家从诞生之日起，就是社会中处于统治地位的阶级维持阶级统治的工具与手段，因此它必然伴随着暴力机构以维持自身的权威。根据马克思恩格斯关于国家起源与本质的认识，我们可以得出两个结论。第一，国家作为一种统治手段，是人类社会生产发展的结果，同时也是生产力发展不够的结果。因此，在阶级社会里，国家的一切权威都是维护统治阶级利益的利器。第二，国家虽然凌驾于社会之上，但根子却扎在社会的深处，它存在的基本条件是社会的分裂，当这种分裂随着历史的发展而成为历史的时候，国家也会进入人类社会的博物馆供人观瞻。根据这两个结论，我们进一步可以推论出国家必然要承担的功能。根据国家的阶级统治工具的本质，必然会得出国家要维持政治统治的功能，具体包括国家是镇压与剥削被统治阶级的手段与工具；承担缓和阶级冲突和对社会思想进行控制的功能。根据国家作为一种公共权力，国家必然要承担为社会的经济发展提供服务与保障、协调与规范社会秩序，调节不同阶级之间的利益分配、协调国际关系创造有利的国家环境，促进国家交流与合作，推动经济社会的发展的功能。要言之，国家的政治统治与社会管理功能是国家的本质属性的延伸。

关于国家本质的双重属性及其辩证关系，学术界一直存在着这样那样的误解。第一，不了解国家的本质的双重属性与国家本质的区别，把二者等同起来，从而引起了关于国家的双重本质的争论。第二，忽视国家的社会管理功能，以政治统治替代社会管理。针对这些问题，笔者在本书的第三章探讨国家的起源与本质的时候，曾经专门论证了国家的阶级统治工具的本质与国家作为一种公共权力的本质属性之间是有根本区别的。前者属于国家的质的规定性，是国家的本质性规定。而作为一种公共权力是国家从社会中继承下来的用以协调社会关系与管理秩序的社会机构。因此，国家的本质和由这种本质派生出来的国家属性是有根本区别的。国家具有两重属性：首先，国家具有阶级性，这是国家的根本属性。国家始终是阶级的伴随物，从国家的阶级性可以分析国家的起源、本质、历史发展与消亡。其次，国家具有社会性，这是国家的重要属性。离开国家的社会性，国家就无法在社会上立足。

那么具体该如何理解国家的社会性呢？"国家作为一种公共权力的决定性因素是物质生活条件对社会管理机构的客观要求。"[1] 社会生活在本质上是以人们的社会实践活动所开辟的物质劳动与精神劳动的总和。按照马克思所揭示的新唯物主义的历史观，国家的社会生活是一个层级结构，其中满足人们的"吃喝住穿"的物质资料的生产活动是社会生活的逻辑前提，同时伴随着这种物质生活资料的生产而产生的是物产生产资料的生产活动。而人的生产与再生产始终与物质资料的生产构成人类社会活动的两大生产。因而，伴随着人的生产而必然

---

[1]　朱光磊：《论国家本质的社会性方面》，《天津社会科学》1992 年第 5 期。

产生的是语言、意识、文化的生产即精神生产活动。由此可见，物质资料的生产活动是全部社会生活的地基，建立在它基础上的是意识的生产。无论是物质生产还是精神生产都需要社会机构的协调、管理，以规范生产的秩序、提高生产的能力。这样，国家就作为一种社会管理机构成为社会的必需品。进而从社会的物质根基上找到了国家必然要具有的社会属性。以此为根据，国家必然有承担社会管理的职能。除了社会的物质生活需要国家调节之外，社会的非阶级关系也离不开国家的管理。国家除了建构一种阶级统治的社会秩序外，还有其他各种各样的社会机构需要管理与协调。如国家内部的不同民族之间的关系、国家内部的伦理关系等。这些社会需要都离不开国家的社会管理功能。

由此可见，国家的社会性是国家属性的重要一面，它与国家的阶级性共同构成了国家属性的两个不同方面。因而"对于一个现实的国家，它的任何一项制度或法规都是阶级性和社会性的双重体现。国家，就是阶级性的社会统治，或社会性的阶级统治"①。

"政治统治到处都是以执行某种社会职能为基础，而且政治统治只有在它执行了它的这种社会职能时才能持续下去。"② 恩格斯一语道破了国家的政治统治与社会管理功能之间的辩证关系：国家的社会管理功能是维护政治统治的前提和基础，离开对社会的管理，政治统治根本无法维持。这是因为任何国家无论拥有多大的国家权力，可以支配多少武装力量，都是从社会中分离出来的，立于社会之上的政治机构。国家得以存续的基础是它所需要协调与管理的社会对象，离开了这个地基，国家就是无根的存在。因此，社会是国家的根本前提。国家对社会的管理是进入文明社会之后的现象，是社会的自我管理的一种异化现象。文明社会之前，社会也需要管理组织，社会的管理者是氏族或者部落的各种社会机构，他们都是自行推选的，维持氏族或者

---

① 朱光磊：《论国家本质的社会性方面》，《天津社会科学》1992 年第 5 期。
② 《马克思恩格斯选集》第 3 卷，人民出版社 2012 年版，第 559—560 页。

部落安全的是氏族社会的全体成员。随着生产力的发展、分工与私有制的出现，国家作为阶级矛盾不可调和的产物开始登上了历史舞台，并改写了人们管理社会的历史。国家作为一种独立于社会各个阶级之上的第三方机构，凭借它的暴力机关维持统治阶级的利益，实行对被统治阶级的剥削与镇压。从此，氏族社会进行社会管理的自组织机构被国家权力与国家机构代替，国家成为行使社会管理功能的主体。

与之相伴随，国家由于是特殊利益的代表，是处于统治地位的阶级进行阶级统治的工具，因而在执行社会管理功能时，不可避免地要受其阶级属性的影响。因此，我们认为国家的社会管理功能不可避免地带有阶级性。需要强调的是，虽然管理社会的主体发生了从社会全体成员向居于统治地位的社会阶级的变化，但是国家并不能消灭社会管理的功能。按照马克思的分析，随着无产阶级夺取政权，资产阶级的国家将为无产阶级的专政所取代，最终实现国家的自行消亡，这样社会的管理机构又从国家解放出来重新回到了社会当中。因此，在共产主义社会里，人们可以自由地参与社会管理。从宏观的历史视野看，社会的管理功能是一直都存在的，它根源于人的社会性以及对这种社会性的协调。国家的社会管理功能是人类历史发展的特殊时期，即国家社会时期的特征。在这一时期，国家作为社会的上层，需要不断代表统治阶级为社会的经济发展提供服务与保障，调节不同阶级之间的利益分配，促进社会思想文化的繁荣与发展。

二　国家功能两重性的历史表现

国家的两重功能在其发展的不同历史阶段发挥着不同的作用。结合国家历史演进的类型，分析国家的功能是马克思关于国家功能的具体性分析，它与马克思对国家功能的历史抽象共同构成了分析国家功能的两个相互关联不可分割的方面。其中，国家功能的抽象分析以国家功能的历史呈现为前提，进行加工整理。而对国家功能的具体解剖离不开马克思形成的国家功能的抽象认知。二者的统一，成为马克思透视国家功能的现象与本质、历史与现实的方法论。

　　奴隶制社会的国家的政治统治是奴隶主阶级为其统治开辟政治、经济与文化的条件。在奴隶制社会，奴隶阶级与奴隶主阶级的矛盾是社会的主要阶级矛盾，因而维持奴隶主阶级的政治统治地位，镇压奴隶阶级和贫民阶级就成为奴隶制国家首要的政治功能，在这一点上，它与奴隶制国家的本质是一致的。在古代的雅典与斯巴达，奴隶主对奴隶的镇压手段是野蛮的和残酷的，如虐待、殴打、动用死刑甚至杀戮，这些都可以免于法律追究。除了对内镇压奴隶与贫民，奴隶制国家还会通过不断地侵略与扩张巩固自己的政治统治地位。这种例子在人类历史上俯拾即是。奴隶制国家除了在政治上对奴隶阶级进行镇压之外，更为残酷的是经济上的剥削与掠夺。如果说政治镇压是残酷的，是对奴隶的自由的限制，那么经济上的掠夺则让奴隶阶级永远处于社会的底层，没有翻身之日。就整个阶级而言，经济的剥削与掠夺对奴隶阶级的生存条件的侵犯大于政治镇压。这不仅为奴隶主阶级的统治提供了经济条件，而且使它取得了经济的独占权。奴隶阶级生存的经济条件，仅仅在于生命的维持与延续。文化上的强制与奴役也是奴隶制国家维护政治统治的重要手段。在奴隶制社会，由于社会生产力水平的总体落后，还不能科学而又系统地解释人与自然的关系，因而自然崇拜、图腾与宗教崇拜结合在一起，成为人们社会生活的重要组成部分，一方面，这可以解释人与自然关系的神秘方面，虽然这种解释本身也是神秘的；另一方面，是奴隶主阶级维持自身统治秩序的永恒性的手段，他们通常把自己打扮成神的化身，或者利用在社会生活中占统治地位的宗教维持政治统治。这样，宗教不仅成为统治阶级维持文化奴役的手段，也是论证自身统治合法性的工具。

　　从氏族社会继承下来的社会管理功能在奴隶制国家中获得了生命的延续。由于奴隶制国家是从氏族社会分裂的基础上建立的第一种国家类型，因而在这种国家中，政治统治功能始终居于统治地位，社会管理处于为政治统治服务的次要位置。在奴隶制社会中，由于社会公共权力处于诞生阶段，人们的公共生活还不发达，社会交往也比较有限，因而国家的社会管理功能主要表现为规范现存的社会秩序。柏拉图在《理想国》中描述了国家执行这种社会管理功能的典范。首先，国家把社会划分为不同的阶层，每一阶层承担各自的社会义务，从而享有与之对应的权利。其次，保障现存的社会秩序不能发生僭越，从而更好地维持奴隶主阶级的统治。再次，推行社会教育功能，为阶级统治提供智力支持与人才保障。实际上，在奴隶制国家的历史上，到处可见的是统治阶级对受教育权的垄断，这在根本上保障了奴隶主阶级的历史优势地位。当然，这种教育的垄断与当时社会的生产发展总体水平、政治统治条件是密切相关的。离开了这些条件抽象地谈论教育就会陷入乌托邦主义，这也是柏拉图的《理想国》被尊为乌托邦主义的鼻祖的重要原因。因此，在社会总体发展水平还很低的条件下，人类历史的进步是以对多数人的剥削为前提，实现的少数人的财富与智力的积累。这不可避免地会导致社会的进一步分裂，同时社会生产的方式也在这种缓慢的智力与财富积累中进行着缓慢的变革。无论它的变革速度有多慢，它总还是在进步，因而不可避免地会导致奴隶主阶级的现有统治秩序的破灭，这样历史的车轮就进入了封建时代。

封建制国家取代奴隶制国家是历史进步的结果，但它并没有改变国家的阶级与剥削性质，只是改变了剥削与镇压的手段与工具。封建制国家的政治统治与奴隶制国家一样，不断地开辟维持阶级统治的政治、经济与文化条件。在政治上，封建制国家代表地主阶级维持对农民阶级的镇压与统治。如果说在奴隶制社会，国家机构还比较简单，因而居于统治地位的政治阶层并不复杂，主要表现为国王或者君主以及宗教领袖和由此分化的贵族阶层。那么在封建制国家中，国家的结构就逐渐地复杂起来。其中，居于统治地位的地主阶级也分化为最高统治者的君主、贵族、各级官吏机构、庄园主与地主。政治阶层的分化，一方面是生产力的发展引起的社会管理事务日渐增加的结果与表现，另一方面也表明了国家统治手段的日趋复杂化、系统化，因而农民阶级进行有组织的反抗也就日趋困难。地主阶级对农民阶级的统治相对于先前的奴隶制国家已经有了很大的进步，在这里主要借助于各种各样的宗法关系与宗法制度对农民阶级进行统治，法律规范作为辅助的手段也逐渐地发展并完善起来，甚至在有些历史时期成为国家治理的主要根据。因此，统治的手段较之奴隶主的残暴与野蛮已经文明了很多，但是各种各样的残酷刑罚也始终伴随着封建制国家的始终。各种各样的极刑与肉体惩罚措施也让人心惊胆寒。至于某些历史时期较为开明，有些历史时期较为严苛，这主要取决于统治者的性情与好恶，因而它并没有改变政治统治的性质。除了对内的镇压，封建制国家还要保障国家主权免遭侵犯，因而也建立与之相应的军事武装。这种暴力机关与奴隶制国家相比，不仅武器更为先进、战术更为进步，组织的方式与管理的水平也有了明显的提高。同时，作为国家履行对外职能的主要依靠，它们有时也要通过对外的侵略扩张，提高君主的威望，以彰显国力。

地主阶级对农民阶级的经济剥削主要通过收取地租实现的。地租在封建社会里也随着生产水平的逐步提高经历了它的历史发展的不同阶段。劳役租、实物租、货币地租先后存在封建社会发展的不同阶段。相比于奴隶制的经济剥削而言，农民阶级有了更多地可以支配的收成，但是与整个封建社会生产水平的快速进步相比较，他们属于这个社会的最下层，他们的劳动成果被建立在现有统治秩序之上的各种官老爷们无偿地掠夺了。因而整个封建制社会都是建立在对农民阶级的经济剥削与政治统治之上的。

此外，对教育的垄断在封建制社会仍然没有被打破，地主阶级掌握着这个社会的教育权以及教育资源的分配权。与之伴随的是居于统治地位的地主阶级内部出现了分化，一部分人专门从事精神生产活动，因而他们在根本上掌握着整个社会的精神财富的支配。他们一方面凭借着自己的垄断地位，为地主阶级的政治国家的镇压与剥削做合法性的辩护，另一方面依附于封建时代的生产关系和宗法关系、宗法制度，炮制出了与之相适应的宗法观念。这种观念曾经在封建社会的发展过程中起了积极的历史进步作用，但是它随着封建社会生产力的发展越来越与历史脱节，成为历史进步的桎梏，直到后来的资本主义的生产关系逐渐地发展与确立起来，它仍然成为社会进步的羁绊，纠缠人们的头脑。因而，这种传统的宗法观念具有某种相对的独立性，它并不亦步亦趋地随着生产的进步与生产关系的变革而改变自身。两千多年的封建制度打在现代的每一个中国人的身上，成为我们追求与实现现代化的过程中的精神枷锁与历史羁绊，清除它的影响需要相当长的历史发展。因而马克思在《路易·波拿巴的雾月十八日》中多次指出："一切已死的先辈们的传统，像梦魇一样纠缠着活人的头脑。"[1] 除了宗法观念，地主阶级继续借用了宗教作为其统治的工具实行对教徒的剥削与奴役。在西方社会历史上，基督教长达数千年的统治，教权与王权的斗争长期伴随着封建社会的历史发展，这也引起了人们的世俗生活与宗教生活的分裂，它的本质是封建社会中日益发展起来的社会分裂的表现。因而，宗教是居于统治地位的社会意识形态。在封建社会内部如果说偶尔从事精神生产的地主阶级也会与从事物质生产的地主阶级之间产生利益的分歧甚至是阶级斗争，这种斗争实际上是地主阶级内部利益分配不均的结果，解决它的手段正是封建制的国家重新制定新的分配规则。此外，当地主阶级与农民阶级之间的矛盾上升为主要矛盾或者农民阶级的反抗威胁地主阶级的政治统治时，这种分裂就会在对农民阶级的联合战斗中实现和解。

伴随着封建国家的政治统治的是逐渐发展和完善起来的社会管理功能。如果说奴隶制国家的社会管理起一种政治统治的辅助作用的话，那么封建制国家的社会管理已经有了极大的发展。不仅需要管理的内容有了明显的增加，而且社会结构的日趋复杂、统治阶级内部的分化也使社会管理的层级出现明显的分化，执行不同功能的具体部门也逐渐增多。但是，无论社会分化为多少不同的阶层，也无论国家结构随着生产的发展与统治的需要如何的细化，都不能改变它的统治性质。因而，封建国家的社会管理功能是其政治统治的进一步延伸。伴随着封建制度的统治的是日益激化的阶级矛盾。同时生产工具的革新，近代以来科学与技术的进步都要求打破教权与王权的统治，资本

---

① 《马克思恩格斯选集》第 1 卷，人民出版社 2012 年版，第 669 页。

主义的生产方式已经悄悄地植根于社会之中，并日渐取得更大的影响与支配力。以文艺复兴为借口而不断繁荣起来的资本主义的文化，自由、平等、民主等形成了广泛的号召，成为近代社会的思想启蒙的重要内容。

在封建社会的胎胞里逐渐发展起来的资本主义，首先在生产方式上取得了竞争的优势，战胜了封建社会。对生产方式的调节与管理是资本主义国家所要执行的最重要的社会管理职能。之所以最重要，是因为人类社会进入资本主义时代以来，已经发生了重大变化。新航路的开辟形成了最初的世界市场，这导致了资本主义的生产与销售都是世界性的了，这不仅打破了空间与地域的界限，而且为资本主义制度——无论是经济的、政治的，还是文化的——不断地向外扩张进而在世界范围内逐渐取得统治地位提供了可能条件。同时，顺应了历史发展潮流的生产关系不仅释放出了巨大的生产力，以至于马克思在《共产党宣言》中感慨，"资产阶级在它的不到一百年的阶级统治中所创造的生产力，比过去一切世代创造的全部生产力还要多，还要大"①，还创造了不断刺激生产力快速增长的经济制度、工业制度、社会规范与社会秩序。这些适应了生产力的发展，并不断推动生产力进步的经济社会制度在本质上是资本主义社会的生产关系的外在表现形式。

在资本主义社会里对生产方式的调节与管理离不开对应的法律制度与国家权力。资本主义的所有制形式并未打破从氏族社会发展起来的私有制，因而资本主义的政治与法律制度的设计与执行在根本上是为了保护私有财产，保护现有的生产关系不受侵犯与改变。这样，资本主义国家在客观上就扮演了规范社会秩序，调节不同阶层的利益分配的角色。资本主义国家除了执行上述职能之外，同时要不断地发展与扩张资本主义文化，这不仅推动了人类社会摆脱封建制度的枷锁与桎梏，为走向更自由的社会提供了思想资源，从而在客观上推动了人

---

① 《马克思恩格斯选集》第 1 卷，人民出版社 2012 年版，第 405 页。

的解放的进程；同时它也不断地为资本主义的政治进行鼓与呼，因而这种资本主义的思想上层建筑只有在适应它的政治上层建筑的需要，同时能够体现并推动社会生产的发展与进步时，才能继续保持自己的生命力。当资本主义的生产方式丧失自己历史发展的合理性时，即资本主义生产的社会化与生产资料的私人占有的矛盾，在资本主义范围内再也无法寻找到解决问题的出路的时候，反映这种生产方式与政治统治的自由、平等与民主的资本主义的文化与意识形态也就丧失了它的土壤，因而势必会走向枯萎。由此可见，资本主义国家所承担的社会管理功能表现在生产方式的调节与管理、法律制度与国家权力的建构和资本主义文化与意识形态的发展与扩张三个相互联系的方面。

为资本主义国家的社会管理功能提供根本保障的是资本主义国家维持的政治统治。这主要表现在对封建制度的反抗与对无产阶级的镇压上。对封建社会的教权与王权的斗争是资产阶级争得统治地位的历史时期所扮演的角色，那时的无产阶级总是作为革命的陪衬而伴随着资产阶级革命历史的全过程。这正像马克思在《路易·波拿巴的雾月十八日》中对无产阶级参与资产阶级的斗争时所概括的那样："每当无产阶级上面的某个社会阶层进入革命动荡时，无产阶级就跟它缔结同盟，从而分享了各个政党依次遭受到的全部失败。"① 资产阶级在取得它的政治统治的时候，革命的同盟被抛在了一边，所有的资产阶级联合起来对无产阶级进行政治的围剿与经济的剥削。因此，资本主义国家的政治统治是以资产阶级的联合对无产阶级实行专政为前提的。这样，资本主义国家就在不断地发展与巩固自己的政治统治的过程中建立了庞大的国家机体。"这个行政权有庞大的官僚机构和军事机构，有复杂而巧妙的国家机器。"② 马克思认为，资本主义建立起来的政权组织严如密网，它"管制、控制、指挥、监视和监护着市民社会——从其最一般的生存形式到个人的私人生活"③。因此，资本主义国家通

---

① 《马克思恩格斯选集》第 1 卷，人民出版社 2012 年版，第 676 页。
② 同上书，第 760 页。
③ 同上书，第 708 页。

过对市民社会的监控，通过对无产阶级的镇压保障自己的统治地位。无产阶级是维持它的统治的前提与基础。

需要指出的是，资本主义的生产方式要求不断强化国家的社会管理功能。伴随着资本生产的全球扩张与资产阶级在全球的统治地位的是资本主义国家的社会管理功能得到了强化，这是资本主义的生产方式所引起的国家功能重要变化。前资本主义国家的对外扩张都不具有历史的必然性，资本主义则不同。"资产阶级除非对生产工具，从而对生产关系，从而对全部社会关系不断地进行革命，否则就不能生存下去。"① 这种不断变革的生产关系必然导致的结果是"不断扩大产品销路的需要，驱使资产阶级奔走于全球各地。它必须到处落户，到处开发，到处建立联系"②。保障资本主义生产关系的政治国家也跟着走向侵略扩张的道路，以满足资本主义生产方式所要求的市场与原材料的需要。因此，在资本主义时代，以资产阶级的政治统治为前提，资产阶级国家的社会管理功能不断得到发展，同时也产生了重要的变革，这种国家社会管理功能的变革根源于资本主义生产方式的对外扩张的本性。

综上可知，国家功能的两重性在它的历史发展与演变过程中呈现出继承与沿革的统一。继承表现为国家政治统治与社会管理功能的继承，沿革表现为政治统治的手段与社会管理内容的沿革。这样，国家的双重功能在历史的发展过程中实现了不断的丰富与发展。但是，按照马克思新唯物主义历史观所揭示的历史发展规律，国家的阶级性随着阶级的消失而逐渐消亡，这样国家作为政治统治的工具也就自行消亡了。作为社会管理的机构在政治国家的消亡以后仍然为社会所必需。这样，在无产阶级专政这个实现从资本主义向共产主义过渡的历史时期内，国家的政治统治功能逐渐走向消亡，而社会管理功能的阶级性也必然随之消失，纯粹的社会管理最终被组织起来的人民所执

---

① 《马克思恩格斯选集》第 1 卷，人民出版社 2012 年版，第 403 页。
② 同上书，第 404 页。

行，它的形式是自我管理。

三 国家功能的历史变化及其本质

马克思恩格斯认为，国家具有政治统治与社会管理的双重功能，这根源于国家的双重属性。那么在不同的社会历史条件下，国家的双重功能所处的地位会发生变化吗？国家的政治统治功能是一直都处于统治地位吗？国家的社会管理功能是在增强还是在减弱？针对这些问题，根据新唯物主义的辩证法，马克思从总体上指明了国家的两重功能所处的地位变化发展的趋势，同时在每一具体的历史条件下，马克思又分析了影响国家的两重功能所处地位发生变化的原因与条件。

恩格斯指出："政治统治到处都是以执行某种社会职能为基础，而且政治统治只有在它执行了它的这种社会职能时才能持续下去。"①这首先表明了国家的社会管理功能的基础性与先在性地位。这不仅是由于国家的社会管理功能是对氏族社会的管理组织、机构与功能的继承与发展，因而具有历史的先在性，而且是因为国家是以社会为基础的，离开了社会，国家政权就失去了根据，因而国家的社会管理功能具有逻辑的先在性。但是，居于先在性地位的社会管理功能在国家作为阶级统治的工具与手段面前，不得不打上阶级性的烙印，为阶级的统治服务，因而丧失了作为社会公共事务的管理部门的纯粹性质。因此，在整个阶级社会中，国家的政治统治功能始终处于强势的地位，这根源于国家的本质。而国家的社会管理功能始终处于为阶级统治服务的弱势地位。但是，历史的发展在不断地增加着国家的社会管理功能所承担的任务的重要性，因而，从国家的历史演进看，国家的社会管理功能在内容上不断丰富与完善，在重要性上也在逐渐地增强，在与国家的政治统治功能的力量对比上也在不断强化。

进入资本主义社会以来，国家需要承担的公共职能有了迅猛的增加，这从根本上超越了国家在封建社会承担的实施兴修水利、组织农

---

① 《马克思恩格斯选集》第3卷，人民出版社2012年版，第559—560页。

业生产与赈灾等社会公共事务的功能。出现这种重大变化的原因在于：资本主义的生产方式的侵略与扩张的本性要求不断地增大国家承担社会管理的能力；生产力的快速发展，资本的积累与集中引起的生产资料的集中，不断地增加了社会的公共性质，人们需要参与的公共生活越来越多，这就必然引起国家的社会管理功能的扩张；还在于统治阶级与被统治阶级之间的力量对比发生的根本变化。在前资本主义时代，国家在政治、经济与文化上都享有独占的地位，垄断着国家的资源使被统治阶级的反抗变得极为困难。而资本主义时代，在政治上所确立的普选权与民主制度为普通民众参与政治生活、表达政治观点提供了某种可能性与条件。经济上的自由竞争的生产与贸易体系似乎也为人们平等地参与经济生活提供了某种原则上的可能性。实际上，这并没有真正地使无产阶级改变被统治的地位与状况，但是与前资本主义时代相比，它为无产阶级联合成为一种力量提供了条件，也使作为被统治阶级的无产阶级在现有的统治秩序内所处的地位与之前的无力反抗相比有了较大的提高，并为改变资本主义政治统治的状况提供了一种可能。

由此可见，国家的政治统治在资本主义时代受到逐渐发展起来的市民社会力量的制约，因而在不断改变着政治统治的手段，与之前简单粗暴、野蛮无序相比，现在有了更为文明的、更易于为人接受的统治方式。国家的社会管理功能在资本主义社会有了极大的发展，不是资产阶级与无产阶级的矛盾与斗争的偶然的激化和资本主义社会里每隔几年就要周期性地爆发一次的经济危机，似乎人们已经遗忘了资产阶级国家作为统治的工具的镇压与剥削性质。承认国家功能在历史发展的不同阶段出现的变化是深入地研究与考察国家的历史发展不同时期的具体特点的结果，因而它是建立在对国家功能的历史考察的基础上的。离开了这一前提，这些结论都失去了值得信赖的根据。但是，仅仅有历史的考察，而缺乏正确地分析问题的方法，显然也不能得出深刻而又科学的结论。马克思在考察国家功能的历史资料的基础上运用了阶级分析的方法与新唯物主义的辩证法才能科学地驾驭这些历史材料，对国家功能在历史发展的不同时期所出现的变化做出深入的分析，从而得出令人信服的结论。

马克思除了考察国家功能的历史发展所展现出来的总趋势外，还具体指出了影响国家的两种功能所处地位发生变化的原因与条件。马克思认为，产生这些具体变化的原因在于特定历史条件下"不同国别内的统治阶级与被统治阶级的力量对比；而阶级力量对比则取决于生产力的发展水平及其决定的劳动分工和劳动方式"①。统治阶级的力量占绝对优势的情况下，国家的政治统治就处于强大的支配地位，而国家的社会管理功能则体现着更为鲜明的统治阶级属性。而被统治阶级力量有所增加，在一定程度上能与统治阶级形成力量相抗衡的时候，国家的政治统治功能的地位就会削弱，社会管理功能的阶级性也会随之削弱，社会管理体现出较多的公共性质。因此，一定历史条件下，统治阶级与被统治阶级之间的阶级力量对比的变化在一定程度上会引起国家两种不同功能的地位波动。而产生阶级量对比变化的根本原因在于生产力的发展水平以及由此决定的劳动方式。"在现代历史中，国家的意志总的说来是由市民社会的不断变化的需要，是由某个阶级的优势地位，归根到底，是由生产力和交换关系的发展决定的。"② 在生产力发展水平较低的历史阶段，国家的政治统治功能更为强势，在新的生产方式所要求的国家政权刚刚取得统治地位时，国家更多地表现为政治与阶级统治的机关。这与这一时期的阶级矛盾尖锐直接相关。随着政权的巩固和生产力发展水平的进步，阶级矛盾已经处于统治阶级可控的范围内，这时，健全与完善对社会的治理通常成为统治阶级更为重视的事务。因此，文明时代人类历史发展的不同时期，国家的政治统治是强些还是弱些，国家的社会管理功能是弱些还是强些，这在根本上取决于特定历史时期的生产条件与统治条件。

由此可见，马克思对国家功能的地位变化的分析不仅参考了历史

---

① 吴英：《对马克思国家理论的再解读》，《史学理论研究》2009 年第 3 期。
② 《马克思恩格斯选集》第 4 卷，人民出版社 2012 年版，第 258 页。

发展的宏观坐标，还结合了具体历史环境中的特定条件。因而，马克思并不笼统地回答国家两种功能的地位问题，而是在原则上指出，国家的政治统治功能是在阶级社会中的根本功能的基础上，分析了历史发展的不同时期，社会管理功能发生的变化及其原因，从而宏观上指出了这种变化的趋势。同时，还建立了衡量这一问题的微观坐标，把特定的条件与特定的历史联系起来，这就使得马克思对这一问题的剖析完整、深刻而又系统、科学。

还应强调：马克思承认国家不同功能在不同历史阶段发挥作用的强弱变化，是以坚持国家的阶级本质为前提的，因而是在维持国家的政治统治的基础上产生的，国家的政治统治功能是其社会管理功能不能替代的，也是其不能逾越的界限。因此，社会管理功能的加强在本质上是巩固政治统治的手段罢了。法国经济学家托马斯·皮凯蒂所著的《21世纪资本论》在考察了英、法、美、德、日五国的经济史后，以翔实的经济材料对比分析表明：在全世界范围内，贫富差距的根源正在由收入的不平等向财富的不平等转移。财富收入的增长率是劳动收入的增长率的两倍以上，这使贫富差距进一步扩大。因此，通过劳动改变自身的社会处境日益变得不可能。而贫富差距以及由此带来的社会公正问题正在成为人类历史的新挑战。且不论皮凯蒂的立场以及他的资本论可能存在的问题，他所揭示的资本主义国家的现实状况表明：国家虽然在资本主义时代，承担更多的公共职能，社会管理功能也在发挥着不可替代的重大作用，这并没有改变资本主义社会中资产阶级的统治力量逐渐增强、无产阶级的地位逐渐下降的历史趋势。因而，国家社会管理功能的增强并不必然削弱国家的政治统治，相反，它根源于阶级统治的需要，是进一步加强政治统治的手段。

第六章

国家的消亡

　　马克思关于国家消亡的理论是他在西方政治哲学史上实现了一场深刻革命的产物。马克思的国家观革命包括相互联系的三个环节：对国家起源的历史考察，认为国家是氏族社会瓦解之后发展起来的阶级矛盾不可调和的产物；以此为基础，马克思进一步指明国家的本质不是"伦理理念的现实"，而是维护阶级统治工具；同时，马克思指出国家必然会随着阶级的消失而消亡。

　　马克思关于国家消亡的理论不同于空想社会主义者和无政府主义者关于取消国家的要求。其根本区别在于：马克思所揭示的国家消亡是建立在他所揭示的人类社会运动发展的一般规律的基础上的。马克思并不一般地取消国家，而是在新唯物主义历史观的指导下，通过考察近代社会出现的市民社会与政治国家的分裂这一重大问题，在探索到资本主义社会运动发展的基本规律的基础上，指出资产阶级的灭亡和无产阶级的胜利是同样不可避免的。因而资产阶级的政治统治必然被无产阶级经过暴力的手段取代，建立无产阶级专政。马克思指出，无产阶级专政是无产阶级实现自我否定与自我扬弃的历史阶段，在这个阶段上，国家的政治属性、镇压属性逐渐地被管理与服务功能取代。

　　此外，马克思还指明了国家消亡的根本原因是生产力的发展，国家消亡的经济基础是共产主义的高度发达，国家不是借助于外力实现的消亡，而是自行消亡的。马克思不仅把无产阶级专政当作国家消亡必经的过渡阶段，还具体分析了无产阶级专政的经济基础是生产资料的社会公有制，它的特殊政治形式是民主共和国，它的未来发展是扬弃自身，回归到自由人联合体。由此可见，马克思关于国家消亡的理论是系统的、科学的，不仅实现了关于国家观的革命，还以实现人的自由而全面发展为目标，指明了人类未来发展的方向是扬弃政治国家，建立自由人联合体。

还要承认，马克思恩格斯健在的时候，他们的国家观就受到了来自左右两个方面的误解。马克思恩格斯去世以后，对马克思关于国家消亡的理论和无产阶级专政的非议、批判与修正甚嚣尘上，甚至成为一种时髦。第二国际理论家的修正，西方马克思主义的批判与辩护，马克思国家观已经过时的论调等，各种声音交织在一起，让人眼花缭乱，无从分辨。这样，马克思国家消亡与无产阶级专政理论的本来面貌就为这些思想所遮蔽和隐藏。澄清马克思关于无产阶级专政与国家消亡理论的逻辑与历史根据，论证它的必然性、可能性与现实性，指出这些批判、修正的问题与不足，分析他们产生误解的原因是重新理解和发现马克思在国家问题上的伟大贡献的重要手段，也是本章所要追求的目标。

第一节　关于马克思国家消亡理论的不同理解

马克思所分析的国家消亡的必然性、途径与结果是他的国家观革命的核心内容之一，也是引起巨大争议的问题。其中影响最大的当数第二国际理论家关于国家的是否应该消亡的争论。此外，德国社会学家库诺对马克思国家消亡的观点存在很大的误解与误释。

一　对马克思国家消亡与无产阶级专政思想的误解与误释

任何一种理论都是有立场的，都是为特定的阶级与社会集团服务的。因而对同一理论形成不同的见解是正常的，但是故意歪曲与误解马克思的国家观是必须要加以反驳与批判的。马克思的国家观不仅遭到了无政府主义者的批判，还遭到了马克思主义阵营内部的歪曲与误解。

　　误解与歪曲马克思关于国家消亡与无产阶级专政的理论在马克思主义形成不久已经开始出现，以巴枯宁为代表的无政府主义者对马克思关于国家消亡与无产阶级专政的思想进行了彻底的否定。无政府主义者同马克思主义一样坚持国家应该消亡，分歧在于实现国家最终消亡的方式与途径。首先，在无政府主义者看来，国家不需要经历无产阶级专政的过渡阶段，在革命胜利以后，应当立即废除。"为了取得正义，为了人对人要富有人情味，就要对等级和物质进行无情的斗争；一定要消灭一切，首先是财产及其无可避免的伴随者——国家。这便是革命的秘密。"① 其次，巴枯宁不了解无产阶级专政的性质与功能，把无产阶级专政理解为集权的共产主义，认为建立无产阶级专政的目的是重新恢复阶级统治本身。"如果有国家，就必然有统治，因而也就有奴役；离开公开的或隐藏的奴役，统治是不可想象的，这就是我们要与国家为敌的原因。"② "马克思的社会主义者们用创造一种集权制的国家取代了他们所设想的国家消亡。"③ 因而他认为无产阶级专政的本质是一场骗局。最后，无政府主义者否定国家是从社会中分化出来的，立于市民社会之上的上层建筑，也否定国家是阶级矛盾不可调和的产物，与之相反，他们认为国家是产生阶级分裂与对立的原因。以此为根据，无政府主义者指责马克思关于国家的起源与国家通过无产阶级专政而逐渐自行消亡的理论是一种历史的假设与空想。此外，巴枯宁还把马克思主义理解为一种经济主义，指责马克思不理解宗教、法律与政治在国家中的作用以及它们对经济的影响。

　　马克思对无政府主义者的歪曲和篡改进行了坚决的批判。"无政府状态——这就是他们的只从各种社会主义体系中剽窃了一些标签的

---

　　① ［德］库诺：《马克思的历史、社会和国家学说》，袁志英译，上海译文出版社2006年版，第337页。

　　② 《马克思恩格斯选集》第3卷，人民出版社2012年版，第339页。

　　③ ［法］列菲弗尔：《论国家——从黑格尔到斯大林和毛泽东》，李青宜等译，重庆出版社1988年版，第160页。

导师巴枯宁的战马。"① 马克思指出，所有的社会主义者都认为无产阶级在达到自己的革命目的以后，无产阶级专政就会消失，政府的职能转变为对物的管理与对生产过程的领导。而同盟则主张"在无产阶级队伍中实行无政府状态，是摧毁集中在剥削者手中的强大的社会力量和政治力量的最可靠手段"②。此外，马克思恩格斯在《社会主义民主同盟和国际工人协会》这篇文章中反对了巴枯宁建立代表组织作为无政府的机关以取消国家权威的做法，认为巴枯宁所主张建立的公社委员会及其各执行委员会所执行的任务离不开某种权力以及社会强制力量，这种权力的本质就是对"威权主义国家"的恢复。马克思的这一批判也为巴枯宁所承认。

无政府主义者对马克思国家观的否定表明他们没有辩证地和历史地理解国家本身。首先，无政府主义者不了解国家的诞生与消亡都是必然的，具有不可避免的性质。不了解国家的本质与演进的历史过程，把现存的资本主义国家当作国家的普遍形态，因而认为国家的剥削与压迫性质是与生俱来的、永恒的，因而是不可能消除的，只有立即废除国家才能实现人的自由。其次，无政府主义者不了解国家的存在与消亡都是有条件的。他们坚持立即废除国家，不承认任何权威，消解了一切国家政权存在的必要性，忽视了国家存在与消亡的条件。"反权威主义者却要求在产生权威的政治国家的各种社会条件消除以前，一举把权威的政治国家废除。"③ 马克思则根据新唯物主义历史观所揭示的人类社会发展规律指出，国家以阶级矛盾的不可调和为产生与存在的条件，以无产阶级专政向无阶级社会的过渡为国家消亡的条件。最后，无政府主义者不了解马克思在国家与社会之间的关系问题上所实现的哲学革命，更不懂得马克思所揭示的国家内部存在的经济、政治、文化等要素之间的辩证关系，因而指责马克思为经济主义。由此可见，无政府主义者在国家问题上一窍不通，他们不仅不理

---

① 《马克思恩格斯全集》第 18 卷，人民出版社 1964 年版，第 53 页。
② 同上。
③ 《马克思恩格斯选集》第 3 卷，人民出版社 2012 年版，第 277 页。

解马克思科学阐明的国家的起源与本质，更缺乏历史与哲学的眼光审视国家消亡的条件。在不同国家观的存在与发展的历史长河中，他们所坚持的立即消灭国家的思想无疑是简单的、粗暴的，与马克思在国家问题上的科学、深刻、丰富相比，他们更像是跳梁小丑。

如果说以巴枯宁为代表的无政府主义者对马克思关于国家消亡与无产阶级专政思想的否定与攻击是肤浅的，那么社会民主党人中的机会主义者对无政府主义的批判本身所做的回应也是不科学的，他们也受到了来自马克思与恩格斯的批判。以拉萨尔为代表的机会主义者并不理解建立无产阶级的革命政权的目的，更不了解无产阶级只有采用暴力与革命的手段才能夺取政权，他们仅仅是用庸人的口吻来敷衍真正的问题本身。

擅长演讲与鼓动的拉萨尔经过两年的努力创立了工人社会主义政党，在第二国际内部影响很大，他的思想被称作"拉萨尔主义"。"为了恢复真实，应该指出，同马克思主义相违背的拉萨尔主义对于马克思主义来说占了上风。"[1] 首先，拉萨尔坚决反对马克思关于国家消亡的观点，认为可以通过国家帮助建立生产合作社，提出了一种与马克思相对立的国家社会主义思想。拉萨尔认为，工人阶级的历史使命不是通过无产阶级革命建立无产阶级专政，最终实现国家的自行消亡，而是应该建立"自由的人民国家"，掌握国家权力，通过国家权力保障人的自由。其次，拉萨尔还主张"铁的工资纪律"，即根据马尔萨斯的人口理论，工人的供给数量总是大于需要的数量，因而发生了工人阶级内部的相互竞争，这就导致工人平均只能得到最低的工资。实际上，马克思已经在《资本论》中的《资本的积累过程》驳斥了马尔萨斯的人口论的资产阶级性质，指出："调节工资的各种规律非常复杂，根据不同的情况，时而这个规律占优势，时而那个规律占优势，所以它们绝对不是铁的，反而是很有弹性的。"[2]

---

① ［法］列菲弗尔：《论国家——从黑格尔到斯大林和毛泽东》，李青宜等译，重庆出版社1988年版，第160—161页。

② 《马克思恩格斯选集》第3卷，人民出版社2012年版，第346页。

恩格斯在 1875 年 3 月 18—28 日给奥·倍倍尔的信中发表了针对德国的两个工人党即爱森纳赫派与拉萨尔派合并的态度。认为，爱森纳赫派应该在理论上与政治上不向拉萨尔派妥协的前提下，在原则健康的基础上进行合并。马克思在 1875 年 5 月 5 日给威·白拉克的信中也表明了与恩格斯相同的观点，并以实际行动批判了德国工人党纲领，指明：

> 德国工人党——至少是当它接受了这个纲领的时候——表明：它对社会主义思想领会得多么肤浅，它不把现存社会（对任何未来社会也是一样）当做现存国家的（对未来社会来说是未来国家的）基础，反而把国家当做一种具有自己的"精神的、道德的、自由的基础"的独立存在物。[①]

马克思批判了他们的人民国家思想，同时指出无产阶级专政是在资本主义和社会主义之间的一个前者转变为后者的革命转变时期。

机会主义者反对无产阶级用暴力革命推翻资产阶级政权，而是主张"缓慢的、平稳的、逐渐的，似乎没有飞跃和风暴，没有革命"[②]。机会主义根本不了解资产阶级国家是不会自行消亡的，必须通过无产阶级的暴力革命才能实现。恩格斯在给倍倍尔的信中针对机会主义者不懂得无政府主义者的问题，不了解革命对于无产阶级和实现国家消亡的重大意义曾专门指出："既然国家只是在斗争中、在革命中用来对敌人实行暴力镇压的一种暂时的设施，那么，说自由的人民国家，就纯粹是无稽之谈了：当无产阶级还**需要**国家的时候，它需要国家不是为了自由，而是为了镇压自己的敌人，一到有可能谈自由的时候，国家本身就不再存在了。"[③] 机会主义者不理解马克思恩格斯关于国家是自行消亡的思想。"对国家'自行消亡'的普遍的、流行的、大众

---

① 《马克思恩格斯选集》第 3 卷，人民出版社 2012 年版，第 372—373 页。
② 《列宁选集》第 3 卷，人民出版社 2012 年版，第 123 页。
③ 《马克思恩格斯选集》第 3 卷，人民出版社 2012 年版，第 348—349 页。

化的（如果能这样说的话）理解，无疑意味着回避革命，甚至是否认革命。"① 列宁在《国家与革命》中分五个方面详细地分析了恩格斯的国家是自行消亡的思想，纠正了机会主义者对国家自行消亡理论的误解。

在马克思与恩格斯的努力下，逐步肃清了无政府主义和拉萨尔主义在国际工人组织中的恶劣影响，重新恢复了马克思主义在国际工人组织中的领导地位。但是，伴随着资本主义国家的快速发展，民主制与普选权的普及，资本主义国家的权力与功能获得了空前的增加。从表面上看，资本主义国家承担着越来越丰富的社会管理职能，这又成为了遮挡在工人阶级面前的面纱，增添了工人运动的障碍。同时在第二国际内部，很多工人阶级政党的领袖都表现出对资产阶级国家的全面控制能力的妥协与退让。因此，否定暴力革命，否定无产阶级专政，否定国家消亡的必然性，主张利用资产阶级国家的制度设计，使无产阶级专政和平地长入资本主义成为一些人歪曲与误解马克思国家观的主要理论表现。其中，对马克思国家观的修正与歪曲最为严重的是伯恩施坦。

伯恩施坦是拉萨尔主义的直接继续，他否认资本主义的经济危机可以动摇资本主义的政治统治与经济结构，以此为根据，他否认了马克思通过无产阶级革命夺取政权的思想，认为："进化胜过革命，经验主义和策略上的考虑和估计胜过革命的浪漫主义。"② 伯恩施坦与拉萨尔一样，认为历史的规律表现为伦理的进步。因此，他主张社会主义可以通过较为缓和的阶级斗争，甚至可以不用阶级斗争和平地长入资本主义。在对国家起源与本质的认识上，伯恩施坦取消了马克思关于国家是阶级斗争不可调和的产物、是维护阶级统治的工具的认知，指出国家是进化的结果，它是超越于各社会阶级及其对立之上的，它并不维护某一特殊阶级的利益，而是一种超阶级的、中性的国家。此

---

① 《列宁全集》第 31 卷，人民出版社 2017 年版，第 16 页。
② ［法］列菲弗尔：《论国家——从黑格尔到斯大林和毛泽东》，李青宜等译，重庆出版社 1988 年版，第 173 页。

外，伯恩施坦反对马克思关于国家消亡的学说，认为国家是我们奋斗的目标，我们应该夺取并加强国家政权而不是摧毁国家政权。

马克思批评伯恩施坦对民族国家的理解还没有达到自由派的水平，因为后者重视从现实世界的国际形势出发来理解民族国家，而伯恩施坦则是纯粹的伦理主义者，他以道德哲学为基础。因此，伯恩施坦不仅是修正主义者，还是一个无力的伦理主义者。社会主义在伯恩施坦那里变成了伦理的、议会制的，因而也是依靠国家的。这种改良主义是软弱无力的。因此，列菲弗尔认为："伯恩斯坦的思想代表着'马克思主义的'思想的一种退化，并同一种严厉而僵化的教条主义形成对称与对立。"①

考茨基是与伯恩施坦的观点相接近的无产阶级领导人之一。他一开始站在左派的立场批判伯恩施坦，但是他的批判总是不得要领，或者故意保留了伯恩施坦对马克思国家观歪曲的核心内容。因此，考茨基是个羞羞答答的伯恩施坦主义者。

考茨基认为，无产阶级可以通过合法斗争和议会选举的道路推翻资本主义的统治，夺取政权。他认为可以通过建立民主政府的手段，人为地改变资本主义生产关系和经济制度，让社会的各个阶层的工人参与民主决策，实现占多数的统治阶级向少数的统治阶级的转变，从而达到消灭阶级本身的目的。此外，考茨基也批判地指出："国家是统治阶级的机关，政府是统治阶级的工具。我们和那些国家社会主义者不同，他们将国家看成是超阶级的、中立的政权，而我们对国家的看法则和无政府主义者不谋而合。不过后者的结论是：要和国家保持距离，不和国家发生任何联系；而我们说，这是不可能的。我们的任务恰恰就是要夺取国家政权，将它从一个有产阶级的机关变为一个无产阶级的机关，从一个压迫的机关变为一个解放的机关。"② 考茨基虽

---

① ［法］列菲弗尔：《论国家——从黑格尔到斯大林和毛泽东》，李青宜等译，重庆出版社 1988 年版，第 174 页。

② ［德］库诺：《马克思的历史、社会和国家学说》，袁志英译，上海译文出版社 2006 年版，第 340 页。

然也批判了无政府主义和国家社会主义的观点，实际上，他坚持认为在夺取国家政权之后，把资本主义生产转变为社会主义生产的条件已经成熟。在他们看来，新的社会主义的经济生产方式不是在资产阶级的经济方式的渐变过程中逐渐地发展而来的，而是借助于无产阶级的国家政权的强制力量得以推行。随着新的社会经济方式的出现，国家也逐渐消亡了，并且不会再次出现。考茨基坚决反对由资产阶级推行的国有化，认为以消灭资本主义的生产为目的，服务于无产阶级政权的国家垄断是值得推行的。这遭到了李卜克内西的反对，他认为："国家以雇主的身份来取代私人，而工人从中一无所获，而国家可加强了它的威力，加强了它的统治力。"①

由此可见，考茨基并不了解无产阶级革命的最终目标与现代的社会生活条件之间的联系，也不理解马克思系统地阐释与分析的无产阶级解放的条件，他仅仅把无产阶级的革命理解为一种消灭资产阶级政权的行动，并不了解无产阶级革命与以往的一切革命的根本不同在于它彻底改变了活动的性质，因而正是由于他对无产阶级革命的一知半解使他走上了一条左右摇摆的道路。一方面，他看到了资本主义社会的新发展为无产阶级参与政治生活提供了可能的条件，因而主张利用这些有利因素，开展无产阶级运动；另一方面，他也懂得无产阶级革命的目标在于推翻资产阶级的政治统治，建立无产阶级政权。因此，他就选择了一条折中的历史道路，并深以为然。在他看来，自己坚持了马克思所提倡的一切从实际出发的优良传统，结合了资本主义发展的新情况，实现了对无产阶级革命理论与实践的新发展。实际上，他的折中主义的选择是对马克思国家观的革命性与创造性的无意歪曲。

此外，社会民主党认为国家是一种维持阶级统治的机关，因而要一方面防止增加国家的权力与威望，另一方面则主张发展自由的人民国家，维持无产阶级的利益。列菲弗尔在分析第二国际理论家对马克

① ［德］库诺:《马克思的历史、社会和国家学说》，袁志英译，上海译文出版社2006年版，第342—343页。

思国家理论的歪曲与误解的时候认为，工人运动中的左翼与右翼的分裂在马克思之前就已经开始。他认为，傅里叶与圣西门之间的争论和后来的布朗基主义与蒲鲁东主义的争论都是第二国际内部争论的前身与发展。

二　库诺对国家消亡理论的误读和误释

亨利希·库诺在《马克思的历史、社会和国家学说》中对马克思的国家观进行了系统的梳理与评析。应当承认，库诺在总体上对马克思的唯物史观、社会历史理论、国家学说有着非常深刻的理解与研究。尤其是他在细致地考察了马克思关于国家问题的思想转变过程的基础上区分了作为政治家的马克思热衷于无产阶级通过暴力革命夺取国家政权，建立社会主义制度，而作为社会学家的马克思则认为工人阶级不能简单地掌握现成的国家机器，并运用它来达到自己的目的，而是要通过无产阶级专政的过渡阶段，经历一个相当漫长的时期实现资本主义向社会主义生产方式的过渡。库诺在比较深刻地理解马克思的同时在国家消亡的问题上也产生了对马克思的误解与误释。

首先，库诺认为马克思的国家观本身存在着自相矛盾。"如果国家真的如马克思所说是社会的一种设施，国家制度是由社会制度所决定的，那么使国家直接为社会弊端负责就是两者之间因果关系的完全颠倒。"① 库诺认为，马克思对国家权威怀有偏见与敌意，这使得作为政治家的马克思与作为社会学家的马克思之间发生了冲突。库诺指出，在1847年批判卡尔·海因岑的《道德化的批判与批判化的道德》中，马克思认为资本主义的国家政权无法维持资本主义社会在财产关系上的不平等。资本主义的社会不公正也不是由资产阶级的政治统治造成的，而是资本主义生产关系发展的结果。因此，在真正地消灭资本主义生产方式的物质条件与社会条件到来之前即使推翻了资产阶级

---

① ［德］库诺：《马克思的历史、社会和国家学说》，袁志英译，上海译文出版社2006年版，第311页。

的政治统治，也只是暂时的胜利。马克思的这一思想被后来的巴黎公社运动证实。而后来的马克思越来越强调资产阶级国家的政治属性，把国家看作寄生的赘瘤，凌驾于资产阶级社会之上的暴力强权，奴役社会的机关。

其次，库诺认为单是对国家的偏见与敌意并不能解释马克思的自相矛盾，真正的原因在于马克思全盘接受了 19 世纪上半叶英、法两国的激进的自由主义政治经济学思想。认为：摆脱了中世纪枷锁的社会已经进入了一个可以自由调节，无须罪恶的国家法的监督的社会，国家甚至已经部分地消亡了，因为"从经济活动的自由发展中自动产生必要的秩序"①。

最后，库诺指责马克思和恩格斯不了解资本主义的新发展已经改变了国家的职能与性质。库诺系统地分析了资本主义制度所发生的新变化及其引起的国家职能与性质的变化。第一，资本主义社会的商品生产与销售方式都出现了巨大的发展，企业的领导权与占有相分离；劳动与雇佣的形式也发生了变化，工资开始由公司与工会协议确定，一部分工人也变成了公职人员。第二，股票与债券业的快速发展在事实上完成了财产占有者与财产的分离。第三，经济生活的变化导致了"全部的经济发展只有在一定的具体的国家立法和管理范围内才得以进行"②。国家从纯粹的防御与统治组织转变为包罗了所有经济活动的巨大框架，即职权国家开始向经济国家与管理国家转变。第四，立法权与行政权的界限逐渐模糊，同时社会意识也发生了变化，从"朕即国家"转变为"我们即国家"。由此，库诺得出结论，国家不像马克思恩格斯所坚持的那样是多余的，而是接受了越来越多的任务不断地扩大国家机器本身。

综上可知，库诺认为马克思关于国家消亡的理论被资本主义国家发展的新的现实以及不断调整的管理职能取代，国家机器不仅不是多

---

① ［德］库诺：《马克思的历史、社会和国家学说》，袁志英译，上海译文出版社 2006 年版，第 313 页。

② 同上书，第 317 页。

余的寄生的赘瘤，而且是必要的、不断地扩张的满足社会需要的组织，这在根本上否认了马克思关于国家消亡的理论。

第二节　无产阶级专政是国家消亡的过渡阶段

马克思恩格斯根据新唯物主义的辩证法与历史观指明了国家消亡的历史必然性，根据无产阶级与资产阶级斗争的实践发展认为，国家的消亡不是一蹴而就的，只有通过无产阶级专政的过渡阶段才能逐步实现国家的消亡。坚持通过无产阶级的暴力革命夺取资产阶级的国家政权，建立无产阶级专政，实现国家职能从政治统治向社会管理的转变，最终逐步地实现国家的自行消亡是区分马克思主义与机会主义和无政府主义的根本依据。马克思恩格斯的无产阶级专政理论经历了一个逐步发展与完善的过程，他们共同认为，无产阶级专政是实现资本主义向共产主义社会的过渡阶段，这个过渡阶段的经济基础是生产资料的社会公有制，基本政治形式是社会共和国，最终实现自我扬弃进入共产主义社会。

一　马克思关于无产阶级专政理论的形成与发展过程

马克思在批判德国工人党的纲领性文件《哥达纲领批判》中指出：

> 在资本主义社会和共产主义社会之间，有一个从前者变为后者的革命转变时期。同这个时期相适应的也有一个政治上的过渡时期，这个时期的国家只能是无产阶级的革命专政。[①]

马克思的无产阶级专政理论在他的国家观中起着举足轻重的作用。马克思在 1852 年给魏德迈的信中曾把阶级斗争必然导致无产阶

---

① 《马克思恩格斯选集》第 3 卷，人民出版社 2012 年版，第 373 页。

级专政和无产阶级专政的过渡性质当作自己在科学上的伟大贡献，并把它作为区分自己和资产阶级的经济学家和历史学家的理论根据。马克思把阶级斗争与无产阶级专政相联系，并把后者当作前者发展的必然结果，无疑科学地揭示了阶级斗争与无产阶级专政的因果联系。列宁把马克思的这一科学理论当作区分马克思主义者和庸俗的小资产者的试金石。"只有承认阶级斗争，**同时也**承认**无产阶级专政**的人，才是马克思主义者。"① 由此可见，准确而科学地理解和阐释马克思的无产阶级专政理论是研究马克思国家观的内在要求。

实际上，马克思关于无产阶级专政的理论经历了一个形成、发展和丰富的过程，它是马克思恩格斯长期地理论钻研和残酷地革命斗争实践的经验概括和提炼，凝结着马克思主义的创始人的心血与智慧。在马克思形成无产阶级专政理论之前，对这一问题的认识通常局限于无产阶级应该夺取政权上。在《德意志意识形态》中马克思认为，每一个力图取得统治地位的阶级都必须要首先夺取政权；在《哲学的贫困》当中，马克思进一步指出工人阶级废除了原来意义上的政权之后要逐渐地消除阶级与阶级对立；在《共产党宣言》中，马克思恩格斯指明，无产阶级夺取政权的手段是暴力革命，统治的形式是夺取资本，不断地增加生产力的总量，创造阶级消灭和国家消亡的条件。只有到了 1850 年，马克思指出："这种专政是达到**消灭一切阶级差别**，达到消灭这些差别所由产生的一切生产关系，达到消灭和这些生产关系相适应的一切社会关系，到达改变由这些社会关系产生出来的一切观念的必然的过渡阶段。"② 在明确使用无产阶级专政的概念与它的历史任务之后，马克思在《路易·波拿巴的雾月十八日》中提出要打碎旧的国家机器才能建立无产阶级专政；在《法兰西内战》中总结了巴黎公社的经验与教训，认为巴黎起义之后所建立的巴黎公社采取的共和国形式是无产阶级专政的政治组织形式。由此，马克思关于无产阶

---

① 《列宁选集》第 3 卷，人民出版社 2012 年版，第 139 页。
② 《马克思恩格斯选集》第 1 卷，人民出版社 2012 年版，第 532 页。

级专政的理论得以丰富与发展。到了 1875 年在德国工人党合并的政治实践中，马克思为了克服拉萨尔派的机会主义观点，进一步明确强调从资本主义向共产主义的发展必须经历一个无产阶级专政的过渡时期，这就打破了机会主义者关于直接进入共产主义的幻想。

二　打碎旧的国家机器，建立无产阶级专政

马克思和恩格斯都认为：暴力在历史上起着革命的作用；"暴力是每一个孕育着新社会的旧社会的助产婆。暴力本身就是一种经济力"①。无产阶级夺取政权需要通过暴力革命，无产阶级专政也离不开暴力的手段。只有通过暴力的手段打碎旧的国家机器才能建立无产阶级的专政，实现从阶级社会向无阶级社会的过渡，为国家的消亡创造条件。

马克思认为，无产阶级专政不是可有可无的，而是实现资本主义向共产主义过渡必须要经历的阶段。建立无产阶级专政的目的在于推翻资产阶级的政治统治，为发展社会主义的经济、政治、文化服务。"工人阶级应当首先掌握有组织的国家政权并依靠这个政权镇压资本家阶级的反抗和按新的方式组织社会。"② 无产阶级专政虽然处于资本主义之后，但它不是资本主义社会和平发展的必然引起的结果，而是要诉诸暴力革命才能实现。马克思说："共产党人不屑于隐瞒自己的观点和意图。他们公开宣布：他们的目的只有用暴力推翻全部现存的社会制度才能达到。"③ 因此，夺取无产阶级政权的主要方式在于暴力革命，当然马克思恩格斯并不完全排除通过和平的方式实现无产阶级专政目的的可能性，但它以特定的社会历史条件作为前提，并不具有普遍的意义。同时，无产阶级专政虽然已经不再是原来意义上的国家了，但是对多数人的民主离不开对少数人的专政。因此，它还需要借用暴力维持社会秩序，实现消灭私有制，消灭阶级最终消亡自己的目

---

① 《马克思恩格斯选集》第 2 卷，人民出版社 2012 年版，第 296 页。
② 《马克思恩格斯选集》第 4 卷，人民出版社 2012 年版，第 558—559 页。
③ 《马克思恩格斯选集》第 1 卷，人民出版社 2012 年版，第 435 页。

标。承认无产阶级专政需要暴力还必须把它和剥削性质的专政区别开来，因为它的主要任务不是镇压和剥削被统治者，而是调节与管理社会。因此，马克思认为维护无产阶级专政也离不开暴力。

马克思认为，无产阶级革命必须打碎资本主义的旧的国家机器，夺取国家政权，建立无产阶级专政。马克思系统地分析了打碎旧的国家机器的原因、手段、内容和结果。打碎旧的国家机器的根本原因在于"国家政权在性质上也越来越变成了资本借以压迫劳动的全国政权，变成了为进行社会奴役而组织起来的社会力量，变成了阶级专制的机器"①。针对国家政权的纯粹压迫性质在每一次革命中越发暴露出来的情况，马克思认为，"这个国家政权只不过是民族躯体上的寄生赘瘤。旧政权的纯属压迫性质的机关予以铲除"②。正是由于旧的资产阶级的国家机器的纯粹压迫性质，马克思认为无产阶级不能简单地利用这个国家机器实现自己的革命目标，维持自己的统治，而是必须摧毁和打碎资产阶级的旧的国家机器，建立适应无产阶级革命需要的无产阶级政权。因此，马克思坚决主张打碎旧的资产阶级的国家机器，铲除它的纯粹压迫性质的机关，改造旧政权的合理职能。关于打碎旧的国家机器的手段，马克思非常明确地指出依靠和使用暴力，因为暴力是实现无产阶级革命的唯一真实有效的手段。任何一个阶级的统治都不会主动放弃自己的统治权，资产阶级也不例外。关于需要打碎哪些国家机器，巴黎公社的无产阶级革命实践给马克思提供了分析的依据。马克思区分了两种不同性质的国家政权：中央集权的国家政权连同它的常备军和官僚机构是这个社会上最丑恶的东西，具有纯粹压迫的性质因而必须要坚决废除；旧政权的合理职能需要归还给社会机体。由此可见，马克思对资产阶级国家政权的否定是一种辩证的否定，因而是用扬弃的态度对待资产阶级的政治统治，它与无政府主义者取消一切形式的国家政权有着根本的区别。打碎旧的资产阶级国家

---

① 《马克思恩格斯选集》第 3 卷，人民出版社 2012 年版，第 96 页。
② 同上书，第 100 页。

机器之后呢？根据巴黎公社的政治实践，废除旧官僚代之以人民选举出来的公务员，无论职务高低，他们享有同等的工资；废除旧的行政、司法、教育等方面的官僚机构代之以普选产生的人民担任，并可以随时撤换；废除常备军代之以人民的武装。总之一句话，用无产阶级的社会共和国代替资产阶级专政。

三　无产阶级专政的经济基础是生产资料的社会公有制、国家形式是社会共和国

马克思在系统地分析了通过无产阶级革命建立无产阶级专政的原因、手段、目的之后，还进一步深入地分析了无产阶级专政的国家形式与具体内容。

首先，无产阶级专政不同于在此之前的一切国家。在无产阶级专政条件下，旧的纯粹压迫性质的资产阶级的国家机器已经被打碎，代之以无产阶级的政权，它仍然具有国家的性质，因为无产阶级不仅需要国家机器镇压资产阶级的反抗，还需要利用国家的公共权力为经济发展、社会进步服务，创造实现国家完全消亡的条件。无产阶级专政的首要条件就是无产阶级的军队。工人阶级必须在战场上争取自己的权利。同时，马克思指出无产阶级专政已经不是原来意义的国家了。这包括两个方面的意思：第一，无产阶级专政虽然也是一种阶级专政，但专政的内容与对象发生了根本变化。以往一切的阶级专政都是作为统治阶级的少数人利用国家机器及其暴力机关为了维护少数人的利益而进行的对处于被统治阶级地位的多数人的专政。无产阶级专政是一种新型的专政，它是代表统治阶级的多数对被统治阶级的少数的镇压，具体来讲是为了防止资产阶级的暴力反抗。实行专政的机构是革命的武装群众。第二，无产阶级专政虽然仍然是一种国家，由于它处于逐渐向国家消亡的过渡阶段，因而它又不是原来意义的国家。处于过渡阶段的无产阶级专政必然带有较为复杂的性质，因为它必然保留着它所脱胎的那个旧社会的痕迹，由于刚刚打碎资产阶级的旧的国家机器，对社会的改造，人的阶级意识转变都需要一个相当长的历史

时期，在这个时期内，无产阶级专政所表现出来的镇压性质越来越少，社会管理与公共服务职能逐渐地突出并逐渐成为它的唯一任务。这样无产阶级专政存在的目的就在于废除无产阶级专政，消灭阶级与阶级对立存在的条件，实现向无阶级社会的过渡，最终实现国家的自行消亡。因而无产阶级专政就同时表现为两个方面，一方面它是处于逐渐消亡状态的国家，另一方面它是"组织成为统治阶级的无产阶级"。

其次，无产阶级专政应当不断地扩大民主直到消灭民主本身。马克思恩格斯在《共产党宣言》中指出，"工人革命的第一步就是使无产阶级上升为统治阶级，争得民主"①。由此可见，无产阶级革命所要建立的过渡性质的无产阶级专政首先要争得民主。无产阶级的专政之所以要争得民主，是因为它的无产阶级性质。无产阶级的民主与资产阶级的民主有着根本的不同，无产阶级的民主是多数人的民主对少数人的专政，资产阶级的民主是假民主，因为它本质上是为资产阶级的统治的合法性辩护，是作为统治阶级的资产阶级内部的民主。无产阶级专政是民主与专政的统一，民主是广泛的、普遍的多数人的民主；专政是少数的对旧的统治阶级的反抗的专政。因此，无产阶级的专政同时就是无产阶级的民主。马克思在《法兰西内战》中还具体指出了维持无产阶级民主的措施。如废除常备军代之以人民的武装，实行普选等。虽然马克思认为无产阶级专政要争得民主，但并没有停留在追求民主这一历史阶段，因为无产阶级专政所要争得民主的目的是实行最普遍的民主，因而也就是消灭民主本身。当民主在每一个人身上都得到体现的时候，民主本身就成为多余的了。

再次，无产阶级专政所建立的国家也是一种上层建筑，它的经济基础是生产资料的社会公有制。关于无产阶级专政时期的经济基础的设想早在《共产党宣言》中已经涉及。马克思指出，工人阶级在取得政治权利之后，要利用自己的统治夺取资产阶级的全部资产，"把一

---

① 《马克思恩格斯选集》第 1 卷，人民出版社 2012 年版，第 421 页。

切生产工具集中在国家即组织成为统治阶级的无产阶级手里，并且尽可能快地增加生产力的总量"①。此时的马克思对未来无产阶级专政的设想还仅仅是一种理论上的规划与预测。马克思运用新唯物主义历史观的基本原理和对社会结构的分析，认为在无产阶级专政这一历史时期，无产阶级首先要占有生产资料作为维持自身的统治的经济基础。同时，要不断巩固与扩大生产力，推动社会的进步，变革旧的生产关系。马克思同时认为，实现上述目标还离不开对资本主义的生产关系的改造与干涉。恩格斯在分析无产阶级专政的经济基础时指出："**无产阶级将取得国家政权，并且首先把生产资料变为国家财产。**"② 因此，建立无产阶级专政的第一任务在于巩固经济基础。只有建立在稳定的经济基础之上，无产阶级专政才能有效地施展自己的政治抱负。

最后，无产阶级专政的国家形式是社会共和国，特殊政治形式是民主共和国。马克思关于无产阶级专政的国家形式问题存在着理论预测与实践分析两个不同的部分。在无产阶级的革命实践为资产阶级作嫁衣裳的时期，马克思就曾经分析过，无产阶级应该建立社会共和国。1848 年二月革命胜利之后，无产阶级建立了"社会共和国"，但它的不可避免的历史命运在于很快被资产阶级夺取领导权。虽然马克思对无产阶级专政时期的国家形式有过理论预测，但并没有提出统一的关于无产阶级专政的国家形式的教条主义要求，而是根据无产阶级革命的实践进行具体的分析。在巴黎起义取得胜利之后，马克思把无产阶级建立的巴黎公社当作无产阶级专政的国家形式，当作"帝国的直接对立物"，是无产阶级要求建立的"社会共和国"的毫不含糊的形式，"实质上是工人阶级的政府"③。

巴黎公社作为无产阶级专政的代表所建立的社会共和国采取了以下措施维护无产阶级专政。第一，废除资产阶级的国家政权，因为它是维持对劳动者剥削与奴役的手段与工具。第二，公社颁布的第一法

① 《马克思恩格斯选集》第 1 卷，人民出版社 2012 年版，第 421 页。
② 《马克思恩格斯选集》第 3 卷，人民出版社 2012 年版，第 668 页。
③ 同上书，第 102 页。

令是废除常备军，建立人民的武装作为镇压资产阶级的反抗，维持无产阶级专政，维持社会秩序的社会强力。第三，采取一系列政治措施，建立无产阶级的政权组织，代替资产阶级的纯粹剥削与压迫性质的政权。如实行无产阶级的普选制，免除警察的政治职能，转变为对公社负责的工作人员等。第四，公社不仅是立法机关也是行政机关，代替了资产阶级的议会机构。第五，宣布国家与教会分离，铲除剥削阶级的精神压迫力量，建立不受教会与国家干涉的教育机构。第六，改造旧的国家机关的合理职能为公社服务。马克思高度评价了巴黎公社所采取的一系列措施，认为公社奠定了真正民主制的基础。由此可见，经历了巴黎公社的伟大壮举之后，马克思更加坚定地认为，无产阶级专政应该采取社会共和国的政治形式。因为，它首先是无产阶级在自己的革命实践中探索出来的无产阶级专政的国家形式，符合工人阶级的需要与要求。其次是公社的伟大实践及其颁布的各种措施充分体现了它的无产阶级专政的性质以及它追求无产阶级解放的伟大目标，公社是无产阶级发现的"可以使劳动在经济上获得解放的政治形式"①。再次是公社所建立的社会共和国在实践上取得了很大的成效，并赢得了各个被剥削阶级的欢迎与支持。

关于无产阶级专政的国家形式的探索除了巴黎公社提供的社会共和国之外，恩格斯在《1891年社会民主党纲领草案批判》中指出"我们的党和工人阶级只有在民主共和国这种形式下，才能取得统治。民主共和国甚至是无产阶级专政的特殊形式，法国大革命已经证明了这一点"②。恩格斯的这一论断主要针对的是德国党内的机会主义者主张和平进入社会主义，不敢公开表达建立民主共和国的要求的问题。恩格斯这一论断结合了当时德国社会工人运动的实际情况，认为议会制共和国是资本主义社会的最发达的形式，无产阶级革命的最近目标可以先建立共和国，以此为基础改造共和国的内容，把议会制共和国

---

① 《马克思恩格斯选集》第3卷，人民出版社2012年版，第102页。
② 《马克思恩格斯选集》第4卷，人民出版社2012年版，第294页。

改造成为无产阶级服务的政权组织形式。因而，应当承认恩格斯是一个伟大的实践唯物主义者，他能根据不同的历史条件、社会条件，灵活地选择革命的手段，坚定地领导无产阶级革命，建立适宜的无产阶级专政的国家形式。恩格斯把民主共和国作为无产阶级专政的特殊形式与马克思的关于社会共和国的政治形式并不冲突。如果说马克思认为社会共和国是无产阶级专政的一般形式，是巴黎公社的伟大实践所证明的形式，那么恩格斯的民主共和国就是特殊形式，是与具体的工人运动的条件相结合的形式，二者在根本上是一致的。这同时也表明，马克思恩格斯关于无产阶级专政及其政治形式的考察不是提供一般的教条与公式，而是提供可供参考的方法与基本内容，随着社会历史条件的变化，无产阶级运动的形式的变化，无产阶级专政的形式也会有新的发展，这不仅是可能的而且是必然的，是符合马克思恩格斯分析社会历史问题所坚持的新唯物主义的基本原理的。

此外，还必须指出，无产阶级专政不是无产阶级革命的最终目标，它是实现向共产主义过渡的必经的历史阶段。在这个阶段上，无产阶级首先应该建立巩固的经济基础，不断地解放与发展生产力，为实现人的解放创造生产力条件。同时，要完善社会管理的职能，提高社会管理的效率，为实现向无阶级社会的过渡提供管理经验。马克思明确指出无产阶级专政的过渡性质，因此必须实现扬弃无产阶级专政，最终向自由人联合体的发展，实现无产阶级解放人类社会的伟大目标。

综上所述，马克思不仅把无产阶级专政当作国家消亡必经的过渡阶段，还具体分析了无产阶级专政的经济基础是生产资料的社会公有制，无产阶级专政的国家形式是巴黎公社开创的社会共和国，它的特殊政治形式是民主共和国，它的未来发展是扬弃自身，回归到自由人联合体。由此可见，马克思关于国家消亡的理论是系统的、科学的，不仅实现了关于国家观的革命，还以实现人的自由而全面发展为目标，指明了人类未来发展的方向是扬弃政治国家，建立自由人联合体。

第三节　国家消亡具有历史必然性

马克思国家观的革命性表现之一就是认为国家在经历了其历史演化与变革之后，经过无产阶级专政而逐渐消亡。马克思关于国家消亡的认识也经历了一个不断丰富与发展的过程，它与国家起源、国家本质构成了有内在逻辑承继关系的三个环节，是紧密地联系在一起的，不能孤立地看待。马克思在指明了国家消亡的历史必然性的基础上认为：国家消亡的根本原因是生产力的发展所引起的生产力与生产关系的矛盾运动；经济基础是共产主义经济的高度发达；国家消亡的前提条件是阶级的消失；国家消亡的方式是自行消亡。因此，马克思关于国家消亡的必然性的理解是科学的、系统的、深刻的。

一　国家消亡的根本原因是生产力的发展

（一）马克思关于国家消亡理论的概述

首先，马克思恩格斯根据新唯物主义的辩证法认为国家消亡具有历史的必然性。"完美的社会、完美的'国家'是只有在幻想中才能存在的东西；相反，一切依次更替的历史状态都只是人类社会由低级到高级的无穷发展进程中的暂时阶段。"① 因此，对每一现存国家的认识要从它的暂时性与必然灭亡的角度来理解。国家是历史发展到一定阶段的产物，也必然在历史的长河中走向消亡，这是不可移易的辩证规律。如果说马克思理解与认识关于国家的这个辩证规律，指明它消亡的必然性是两千多年来人类智慧发展的结晶，因而可以称作一个伟大的辩证法家，那么，分析国家消亡的原因，阐明国家消亡的一般条件，论证国家消亡的方式则可以称作一个伟大得多的政治哲学家。

其次，马克思关于国家消亡的理论是伴随着国际共产主义运动与实践，无产阶级与资产阶级的现实的斗争过程而逐渐地丰富与发展起

① 《马克思恩格斯选集》第4卷，人民出版社2012年版，第223页。

来的。早在 19 世纪 40 年代马克思写作的批判蒲鲁东的《哲学的贫困》和马克思恩格斯合著的《共产党宣言》中就已经明确指出："劳动阶级在发展进程中将创造一个消除阶级和阶级对抗的联合体来代替旧的市民社会；从此再不会有原来意义的政权了。"① 50 年代他们指明了国家消亡的前提条件是阶级的消失。"废除国家只有作为废除阶级的必然结果才有意义，随着阶级的废除，自然就没有必要用一个阶级的有组织的力量去镇压其他阶级了。"② 后来恩格斯在《反杜林论》中又进一步完善了上述观点认为国家随着阶级而消亡的形式表现为对人的统治转变为对物的管理和对生产过程的领导。这样，马克思关于国家消亡的理论才有了更丰富的内容和更强的说服力。

最后，马克思关于国家消亡的理论是建立在他对国家的起源与本质的科学考察的基础上的，是马克思的国家观在西方政治哲学史上实现了一场深刻的革命的产物。马克思的国家观革命包括相互联系的三个环节：对国家起源的历史考察，认为国家是氏族社会瓦解之后发展起来的阶级矛盾不可调和的产物；以此为基础，马克思进一步指明国家的本质不是"伦理理念的现实"，而是维护阶级统治工具；因此，国家必然会随着阶级的消失而消亡。

（二）生产力与生产关系的矛盾运动是推动国家不断改变自己的形式并最终走向消亡的根本原因与推动力量

马克思的国家观以马克思所实现的哲学革命为前提和基础。马克思的国家观在根本上与马克思的历史观是一致的，是历史观在政治国家问题上的理论表达，是运用新唯物主义的历史观对国家的起源、本质与发展过程的科学解释。离开马克思的历史观来理解国家观不仅必然会产生困惑与不解，而且会陷入唯心主义甚至是旧唯物主义的泥淖之中不能自拔。新唯物主义历史观的根本内容在于它发现了人类社会历史发展的最一般规律即生产力与生产关系、经济基础与上层建筑之

---

① 《马克思恩格斯选集》第 1 卷，人民出版社 2012 年版，第 275 页。
② 《马克思恩格斯全集》第 10 卷，人民出版社 1998 年版，第 418 页。

间的矛盾运动规律。

马克思无论是对国家起源的考察还是对国家发展演变过程的阐释，对国家消亡的必然性的论证都是从新唯物主义历史观所揭示的生产力与生产关系的矛盾运动出发的。

首先，马克思认为国家是社会发展到一定阶段的产物，一定阶段具体表现为原始的氏族社会由于生产力的发展与进步而引起的阶级分化与对抗。是不是存在着阶级的矛盾与对抗就会诞生国家呢？当然不是。马克思指明了国家起源的限定性条件在于阶级矛盾的不可调和。阶级矛盾的产生与激化的原因有很多，从归根结底的意义上来看，生产力的发展引起的私有财产的分化是其根本原因。马克思在分析雅典国家的起源的时候曾经详细地分析了生产力的发展所引起的社会分裂与国家的诞生。

其次，马克思认为国家的发展与演进过程是生产力与生产关系矛盾运动的必然结果。"一切历史冲突都根源于生产力和交往形式之间的矛盾。"[①] 马克思还补充说，由于广泛的国际交往所引起的竞争，也可能引起较不发达的国家发生矛盾。在《德意志意识形态》中，马克思从一定时期的社会结构与政治结构同生产之间的联系出发，分析了三种古代的所有制形式：部落所有制，古典古代的公社所有制和国家所有制，封建的或等级的所有制。这三种所有制形式实际上对应了三种不同的经济社会形态，建立在这种所有制形式和经济社会形态之上的是不同的政治国家形式。从奴隶制到封建制到资本主义的雇佣劳动制是文明时代国家演进的三种基本形式，同时也是三种不同的剥削方式。因而马克思认为，国家演进与发展的基础是经济的社会形态的进步，它在根本上表现为生产力所推动的生产关系作为社会的经济结构的变迁。因而，社会的生产力在归根结底的意义上决定和推动了国家类型的演进与发展。

最后，生产力的发展是推动国家走向消亡的最终力量。生产力的

---

① 《马克思恩格斯选集》第 1 卷，人民出版社 2012 年版，第 196 页。

发展与进步必然引起的阶级分裂与斗争和国家的产生与发展最终引向了以阶级的消失为条件的国家的消亡。马克思认为，阶级斗争是私有制条件下推动社会历史进步的主要原因。"至今的一切社会的历史都是在阶级对立中运动的，而这种对立在不同的时代具有不同的形式。"① 国家起源于阶级斗争的不可调和，国家的历史演进表现为阶级斗争发展的不同阶段。在肯定了阶级斗争的历史推动作用的基础上，马克思指出："阶级斗争必然导致无产阶级专政；这个专政不过是达到消灭一切阶级和进入无阶级社会的过渡……"② 资产阶级社会日益分裂为两大直接对立的阶级：资产阶级与无产阶级。无产阶级的历史使命是要实现人类的自由而全面的发展，因而需要首先夺取资产阶级的国家政权，建立无产阶级专政。无产阶级专政的本质是一个从资本主义到共产主义的过渡时期。无产阶级取得政权首先把生产资料变为国家财产，从而消灭无产阶级本身，进而消灭一切阶级对立与冲突，同时也会消灭国家。因而无产阶级专政是向无阶级社会即自由人联合体的过渡阶段。无产阶级的存在本身就表明了阶级社会历史的终结，无产阶级只有解放全人类才能实现自身的解放，无产阶级的解放和人类社会的最终解放，结束人类社会的史前时期，进入真正的人的历史时期是同一个历史过程。

综上可知：生产力与生产关系的矛盾运动是推动国家不断改变自己的形式并最终走向消亡的根本原因与推动力量。

二　国家完全消亡的基础是共产主义的高度发达

马克思在分析了人类社会发展的基本规律的基础上指明了共产主义代替资本主义的必然性与可能性路径。马克思在揭示了社会主义的科学性的基础上，分析了共产主义发展的两个不同阶段，认为国家完全消亡的基础是共产主义的高度发达。

---

① 《马克思恩格斯选集》第 1 卷，人民出版社 2012 年版，第 420 页。
② 《马克思恩格斯文集》第 10 卷，人民出版社 2009 年版，第 106 页。

恩格斯在《社会主义从空想到科学的发展》中指出："唯物主义历史观和通过剩余价值揭开资本主义生产的秘密，都应当归功于马克思。由于这两个发现，社会主义变成了科学。"① 科学社会主义从根本上超越了空想社会主义，成为人类社会发展的未来，也是无产阶级专政扬弃自身所要实现的目标。按照马克思的理解：社会主义取代资本主义需要经历无产阶级专政的过渡。马克思把扬弃了无产阶级专政的未来社会划分为两个时期：共产主义的低级阶段和共产主义的高级阶段。

马克思认为，共产主义的低级阶段"是刚刚从资本主义社会中**产生出来的**，因此，它在各方面，在经济、道德和精神方面都还带着它脱胎出来的那个旧社会的痕迹"②。在这一阶段，生产资料的私人性质已为社会所取代；每个劳动者需要完成社会必需的一部分劳动以换取与之相当的生活资料。分配也是在完成社会的必须扣除之后实行按劳分配。这在拉萨尔看来是一种公平的分配。马克思批评"在这里**平等的权利**按照原则仍然是**资产阶级权利**"③，因为"它默认，劳动者的不同等的个人天赋，从而不同等的工作能力，是天然特权。**所以就它的内容来讲，它像一切权力一样是一种不平等的权利**"④。因此，马克思认为，在共产主义的第一阶段不能完全克服资产阶级的法权，因此国家正在消亡，还没有完全消亡，因为已经没有了需要镇压的阶级，但是还要国家保卫生产资料的公有制，劳动与分配的平等。

共产主义的高级阶段即完全的共产主义阶段，消除了分工的自发状态，脑力劳动与体力劳动的对立随之消失，劳动成为人的生活的第一需要，"社会才能在自己的旗帜上写上：各尽所能，按需分配"⑤。因此，共产主义的高级阶段克服了低级阶段仍然存在的资产阶级法

---

① 《马克思恩格斯选集》第 3 卷，人民出版社 2012 年版，第 797 页。
② 同上书，第 363 页。
③ 同上。
④ 同上书，第 364 页。
⑤ 同上书，第 365 页。

权，实现了真正的权利平等。社会中再也不会有剥削的可能，国家就完全成为多余的了。由此可见，只有随着共产主义低级阶段向高级阶段的过渡才能真正地消除不公平现象，实现人的自由而全面的发展，最终导致国家的消亡。

列宁在马克思分析的基础上，对共产主义的低级阶段和高级阶段进行了更为详细的解读。首先，他批判了资产阶级的庸俗学者们把马克思的共产主义社会当作乌托邦的思想，对马克思的共产主义社会的理解进行了有力的辩护。其次，列宁把马克思所说的共产主义的低级阶段称作社会主义社会，他认为社会主义和共产主义之间在政治上和在科学上都会有比较明显的差别。政治上，在前一时期，允许存在资产阶级法权甚至允许存在没有资产阶级的资产阶级国家；在经济上，武装工人则有可能在一天之内完成监督生产与分配和计算劳动产品的工作。由此可见，列宁看到了上层建筑在变革自己的历史形式时所具有的滞后性质。

在共产主义的高级阶段，经济上表现为单一的全民所有制；国家已经消亡，社会组织代替国家进行自我管理与自我约束；人们的思想觉悟也有了极大的提高，劳动成为人们的第一需要，历史进入了真正人的时期。

三　国家伴随着阶级的消失而逐渐消亡

马克思已经指明，国家消亡具有历史的必然性，实现消亡的基础是共产主义的高度发达。具体来说，国家是如何消亡的呢，它的条件是什么？恩格斯在《反杜林论》中给出了比较具体的描述。"**无产阶级将取得国家政权，并且首先把生产资料变为国家财产**。但是这样一来，它就消灭了作为无产阶级的自身，消灭了一切阶级差别和阶级对立，也消灭了作为国家的国家。"① 由此可见，国家是随着阶级的消失而逐渐消亡的，阶级的消亡是国家消亡的前提条件。

---

① 《马克思恩格斯选集》第 3 卷，人民出版社 2012 年版，第 668 页。

马克思所揭示的人类社会发展的历史过程表明，国家是始终伴随着阶级的历史事物。从历史起源看，阶级先于国家而产生，它是生产力发展到一定阶段引起的社会分化的结果。阶级是一个经济概念，它表征着社会上处于相同或相似的地位，拥有共同的利益的一些集团，它们凭借自己在经济社会结构中的地位，占有其他社会集团的劳动。国家是随着社会的阶级分化，阶级斗争的不可调和而诞生的一种维持社会不致解体的力量，它在表面上可以调和不同阶级的利益，在本质上是处于优势地位或者统治地位的阶级的利益的代表。因而国家总是一定阶级的国家，它在根本上为统治阶级服务，是维护阶级统治的工具。从国家的历史发展看，国家的历史更替表现为统治阶级的历史更替。阶级斗争是国家发展与更替的推动力量。当阶级消失的时候，国家无可避免地要消失，因为"当不再有需要加以镇压的社会阶级的时候，当阶级统治和根源于至今的生产无政府状态的个体生存斗争已被消除，而由此二者产生的冲突和极端行动也随着被消除了的时候，就不再有什么需要镇压的了，也就不再需要国家这种特殊的镇压力量了"①。

马克思指出，阶级的消失是国家消亡的条件，那么阶级在什么条件下才会消失呢？马克思恩格斯认为，社会划分为不同的阶级的现象是生产力取得一定程度的发展而又不足够发达的结果。"剥削阶级和被剥削阶级、统治阶级和被压迫阶级之间的到现在为止的一切历史对立，都可以从人的劳动的这种相对不发展的生产率中得到说明。"② 因此，马克思认为阶级对抗在本质上表现为生产力发展水平低下的结果。因此，生产力发展的不足是阶级存在的条件，当这个条件被人类社会历史的进步取消的时候，阶级就不存在了。"社会阶级的消灭是以生产高度发展的阶段为前提的，在这个阶段上，某一特殊的社会阶级对生产资料和产品的占有，从而对政治统治、教育垄断和精神领导

---

① 《马克思恩格斯选集》第 3 卷，人民出版社 2012 年版，第 668 页。
② 同上书，第 562 页。

地位的占有，不仅成为多余的，而且在经济上、政治上和精神上成为发展的障碍。"① 综上可知，无论是国家随着阶级的消失而消亡还是国家消亡的基础是共产主义的高度发达，在根本上都取决于生产力的发展阶段与水平。生产力发展水平越高，个人越从历史上存在的不同的共同体之中解放出来，直到最后从阶级与国家这个最大的政治共同体中解放出来成为自由人联合体的成员。这样，人与人之间的联合就从被迫转变为自愿，人的个性与自由才能在自由人联合体中真正地发展起来。

应当强调，阶级的消失、国家的消亡并不是单纯的可以通过生产力的发展就可以直接实现的。实际上，这是一个复杂的、系统的工程，生产力的高度发展只是实现这个系统工程的最根本的前提和推动力量。除了生产力的发展之外，还需要社会组织的健全与发展，社会交往的普遍化，人的道德思想水平的提高与完善等各个方面的不断进步与提高。同时还要指出，阶级的消失和国家的消亡，共产主义社会的实现是一个漫长的历史过程，人的不断进步与发展伴随始终，因而这既是我们不断努力奋斗的崇高理想，也是我们从现在做起，不断坚持变革的社会历史运动。至于庸俗的资产阶级学者对阶级与国家消亡的拒斥，对共产主义的歪曲除了阶级利益和阶级立场是他们摆脱不了的紧箍咒之外，实现这一目标所需要的漫长而遥远的过程也是他们产生质疑的重要原因。无产阶级和坚定的共产主义者都是伟大的理想主义者，也是持之以恒的实践派，他们在实际地反对并改变现存事物，使现存世界革命化的历史发展过程中逐渐地向共产主义的目标迈进。

四　国家是自行消亡的

马克思科学地论证了国家消亡的基础是共产主义的高度发达，国家随着阶级的消失而逐渐消亡，但是关于国家如何达到消亡这个阶段引起了第二国际理论家的争论。恩格斯指出："国家不是'被废除'

---

① 《马克思恩格斯选集》第3卷，人民出版社2012年版，第669—670页。

的，**它是自行消亡的。**"① 这意味着国家的消亡不是人为因素干预的结果，也不是外力强制的结果，从根本上说，它是生产力与生产关系的矛盾运动推动的结果，因而国家的消亡是自身包含的内在矛盾发展的结果。列宁指出，恩格斯关于国家消亡的论断体现了国家消亡的过程的渐进性与自发性的统一。渐进性表明国家消亡不是一下子实现的，而是一个漫长的逐渐实现的过程；自发性表明国家的消亡是其自然出现的结果，没有人为的干预。马克思恩格斯关于国家自行消亡的观点与无政府主义者主张立即废除国家和机会主义者怀疑国家消亡的态度是截然不同的。他们是在新唯物主义历史观的指引下，科学地分析人类历史发展的基本规律的基础上阐明的国家消亡的原因、条件、过程和结果，因而是系统的、丰富的、科学的。这样就划清了马克思的国家消亡理论与无政府主义者和机会主义者的界限。

马克思承认国家是自行消亡的，这里的国家特指从资本主义社会向共产主义社会过渡的无产阶级专政的国家。马克思明确指出，一切剥削阶级的国家都不会消亡，更不会自行消亡，只是不断地进行更替罢了，具体表现为新的剥削阶级代替旧的阶级的统治。引起剥削阶级国家被新的国家取代的直接原因是国家内部的不同阶级与阶层之间的阶级斗争，根本原因在于处于统治地位的阶级已经丧失了历史的合理性与正当性，它的统治所代表的社会生产关系已经不能够容纳这个社会所能创造出来的生产力。无产阶级专政的国家与一切剥削阶级的国家的根本不同在于，它并不代表某一特殊社会集团的利益，它的存在是为了取消国家的剥削与镇压性质。"如果说无产阶级在反对资产阶级的斗争中一定要联合为阶级，通过革命使自己成为统治阶级，并以统治阶级的资格用暴力消灭旧的生产关系，那么它在消灭这种生产关系的同时，也就消灭了阶级对立的存在条件，消灭了阶级本身的存在条件，从而消灭了它自己这个阶级的统治。"② 因此，"自行消亡"的

---

① 《马克思恩格斯选集》第 3 卷，人民出版社 2012 年版，第 668 页。
② 《马克思恩格斯选集》第 1 卷，人民出版社 2012 年版，第 422 页。

只能是无产阶级专政的社会主义国家，而不是泛指一切国家和国家的一切形态。无产阶级专政不断为国家消亡创造和准备条件，国家消亡是无产阶级的自觉选择，而不像一切剥削阶级的国家一样都是在阶级斗争作用下，被迫地退出历史的舞台。这同时也证明了无产阶级的历史使命不在于取得政权维持无产阶级的特殊利益，而在于为国家消亡创造条件，最终实现人类的解放。

第七章

马克思国家观的当代意义

马克思在"新世界观"指导下实现的国家观革命不仅科学地回答了国家的历史起源与本质，分析了国家的不同类型及其历史演进，指出了国家功能的两重性及其根据，同时马克思还具体论证了国家走向消亡的可能性、必然性以及现实性，从而在根本上超越了黑格尔关于国家是"伦理理念的现实"的认识，打破了关于资产阶级国家及其统治的永恒性的迷梦，指出，扬弃资产阶级的政治统治的是无产阶级专政，进而实现从资本主义社会向共产主义社会的过渡。伴随着这种过渡的是国家存在的条件的逐步消失，重新回归于它所诞生的社会之中。因此，马克思的国家观以自己的革命性见解回答了自近代以来出现的并为黑格尔所确认的关于市民社会与政治国家分裂的时代问题，为未来社会的发展指明了方向。

马克思国家观的革命性见解以及它所要求采取的革命性的行动并不总是为人们所理解。因此，从马克思公开表达自己的见解的时候起，关于这些革命性见解以及它们必然要求采取的革命行动就遭到了各种各样的有意或者无意的误解与歪曲。这其中有无政府主义者关于取消国家权威的激进认识，以此否定无产阶级专政的必要性与可能性，这消解了马克思国家观的科学性以及马克思主义理论的科学价值。还有第二国际内部的机会主义者和修正主义者对马克思国家理论的歪曲甚至是反动，他们打着在新的时代与历史条件下调整革命的手段与策略的旗号，行阉割马克思主义革命性之实。马克思的革命的国家观是在同各种抽象认识与错误思潮的斗争中诞生的，因而也必然在与各种各样的误解与歪曲的斗争中实现理论的传播与发展。

马克思亲自指导了国际工人协会同无政府主义者即巴枯宁、布朗基、蒲鲁东之流作坚决的斗争，并取得了胜利。恩格斯则亲自领导第二国际同各种机会主义者作斗争，有效地遏制了机会主义者的气焰。恩格斯逝世以后，第二国际内部出现了以倍倍尔和卡尔·李卜克内西、罗莎·卢森堡等为代表的左派坚持捍卫马克思关于国家理论的革命性见解，捍卫阶级斗争与无产阶级专政的理论，同"中派"机会主义者考茨基与"右派"修正主义者伯恩施坦进行了坚决的斗争。随着俄国革命的爆发，列宁与左派一起在第二国际内部坚持斗争，同时也与俄国国内的机会主义者进行论战。继承马克思恩格斯衣钵的列宁在国内领导了十月革命的胜利，建立了世界上第一个无产阶级政权，这沉重地打击了各种关于马克思国家观的歪曲与误解。

"二战"以后，斯大林主义逐渐成为马克思国家理论与实践的代表遭到了西方马克思主义的抨击；20世纪70年代以后，关于马克思国家观的争论重新回到了理论热点的位置。阿尔都塞的弟子，希腊学者普兰查斯坚持从结构主义的角度解读马克思的国家观，同以密利本德为代表的工具主义的国家观发生了激烈争论。与之伴随的是，战后的多元主义、福利国家理论着重从国家的经济职能与社会职能出发，消解了马克思所揭示的国家的阶级本质与国家的镇压与剥削功能。

在新的历史条件下，重新反思这些思潮对国家本质的遮蔽，揭示它们对马克思国家观的误解与歪曲，恢复马克思国家观的本来面目，重新坚持马克思国家观的革命性本色并从这种革命性出发，回应资本主义国家的新发展对马克思国家观提出的新挑战，为资本主义的发展困境提供马克思主义的方案，并为社会主义的中国不断提供国家建设的思想养料与资源是马克思国家观之当代存在的重大意义。

第一节 马克思国家观的理论意义

马克思国家观的理论价值首先在于它关于国家的革命性认识，以此为根据回应无政府主义者和修正主义者的歪曲与误解，澄清马克思国家观的革命本质。同时，在 20 世纪 70 年代以后出现的西方马克思主义者关于马克思国家观的争论需要根据马克思国家观的革命性质予以回应与剖析，揭示它们的本质。此外，马克思主张国家具有相对的自主性，反对夸大马克思对国家自主性的认识，反对以国家的相对自主性为依据消解国家的阶级本质与对经济基础的依附性质，进而放大国家的权力与功能的认识。马克思国家观不仅没有过时，而且对资本主义世界出现的新变化有着更为深刻的解释力，因而以资本主义的新发展为借口论证马克思国家观已经过时的观点是意识形态的偏见。

一　工具主义与结构主义之争

马克思国家观从诞生之日起就受到了来自各方的误解、歪曲与质疑。马克思的国家理论正是在与各种误解、歪曲、质疑与批判的斗争中不断地阐释它的革命性意义。马克思的国家观在经受了与无政府主义、机会主义、修正主义的系统论战之后，在苏联建立社会主义政权之后，进入了研究与讨论的低潮。直到"二战"以后，人们开始反思斯大林主义的国家观与马克思的关系，形成了一个批判马克思主义国家观的热潮。在中国，改革开放以后也开始反思斯大林主义对马克思国家观的误解与伤害，重新理解马克思国家观的革命性内容，形成了对斯大林主义的反思与批判，这有利于澄清马克思国家观的本来面目。在西方表现为重新考察马克思国家观的内容，出现了一系列关于马克思国家观的争论。其中，20 世纪 60—70 年代出现的普兰查斯与密利本德关于马克思国家观的争论就是其中的重要内容。

（一）普兰查斯的结构主义国家观

普兰查斯是希腊学者，跟随阿尔都塞求学，因而受到他的"结构主义马克思主义"的影响与启发，对马克思的国家观进行了系统的分析，被称作结构主义的国家观。普兰查斯所使用的结构主义的分析方法起源于 20 世纪初西方学者提出的"体系论"与"结构论"思想。瑞士语言学家索绪尔最早把结构主义应用于语言学研究，提出了"整体的价值决定于它的部分，部分的价值决定于它们在整体中的地位"①
的思想。结构主义重视对事物的整体性研究，认为事物的本质隐藏在
各要素之间的联系所构成的整体性结构之中。"事物的真正本质不在
于事物本身，而在于我们在各种事物之间的构造。"② 这种强调事物的
结构对本质的决定性意义的结构主义思潮在本质上是一种研究问题的
方法论，因而法国的人类学家列维－施特劳斯运用这种方法提出了结
构主义的人类学，而阿尔都塞则运用它来分析马克思主义理论，认为
马克思的思想经历了从意识形态向科学的结构性转变的过程。普兰查
斯就是在这股思潮和导师阿尔都塞的影响下，选择了结构主义的方法
来分析马克思的国家观。

　　普兰查斯同他的导师阿尔都塞一样，认为马克思没有系统地提出
关于国家的理论。他在借用了阿尔都塞的基本概念与表达的基础上，
坚持从社会结构的角度解读国家。普兰查斯认为，一个社会的生产方
式分为经济、政治与意识形态三个不同的层面，其中经济层面决定着
整个生产方式的性质，国家属于生产方式的政治层面。按照结构主义
的方法，他认为国家的功能取决于政治与经济和意识形态之间的关
系，同时受这种关系的制约。普兰查斯进一步指出，在一个社会中存
在几种不同的生产方式，其中有一种处于支配地位的生产方式决定了
这个社会的形态。根据这种认识，我们可以推论，在一个社会中居于
支配地位的生产方式的经济结构决定了社会的性质。而国家作为社会
的政治层面同样受制于这种经济结构。

　　为了克服第二国际理论家曾经把马克思的哲学和国家观理解为一
种"经济决定论"的误解，他选择了阿尔都塞的著名论断"多元决
定"解读马克思的国家观。以"多元决定"为基础，普兰查斯把国
家理解为一种社会形态各要素的调和因素，用以平衡经济因素的决定

---

　　① ［瑞士］索绪尔：《普通语言学教程》，高名凯译，商务印书馆 1980 年版，第 78
页。

　　② ［英］特伦斯·霍克斯：《结构主义和符号学》，瞿铁鹏译，上海译文出版社 1987
年版，第 8 页。

作用。他认为国家通过它的结构功能保持社会形态的内在统一性，维持社会的正常活动的组织形式。这样，他取消了经济因素在国家内部各要素之间的基础地位以及由此产生的决定性影响，同时也取消了国家的特殊性质。普兰查斯在承认了"多元决定"的基础上指出，国家在保持社会的统一性时，体现为社会中各个因素矛盾集中的结构。因此，他在《当代资本主义中的阶级》中认为：国家不是自为地存在的工具实体，而是力量平衡的凝聚。这样，普兰查斯通过国家对多元因素与矛盾的调节，建构了自身在社会生活的各个因素中的决定性作用。由此可见，虽然普兰查斯承认了生产方式对社会形态的最终决定作用，但是在社会形态中，国家成为调和社会要素的工具，具有决定性的作用。这样就彰显了它对马克思的经济基础决定上层建筑理论的误解。这种误解本身是资本主义社会的新发展对马克思的传统国家观提出的一种挑战的妥协。普兰查斯一方面肯认了马克思指出的经济基础的决定作用，但在另一方面，即在上层建筑领域，他确定了国家的决定性作用。普兰查斯国家观中的内在张力与矛盾是其妥协性的表现。

普兰查斯在研究资本主义国家的功能的基础上揭露了资本主义国家的虚伪性。普兰查斯认为，国家的不同职能表现为权力关系的不同方面，其中国家的经济职能与意识形态职能决定于国家的政治职能的"多元决定"。普兰查斯认为，资本主义国家表面上代表大众的普遍利益，因而是自由与平等的，没有建立起资产阶级的政治统治，但实质上，资本主义国家是由一个霸权阶级领导的，这个阶级"一方面代表人民国家的共同利益，同时又维护统治阶级的特殊地位"①。他认为，资本主义国家的政治统治职能处于决定性地位，因而可以通过经济的让步巩固政治的统治。普兰查斯一方面指责资本主义国家的阶级统治的本质，另一方面认为国家是一种调和因素，是力量平衡的凝聚，这

---

① 李青宜：《"新马克思主义"的"政治分析"国家理论》，《马克思主义与现实》1994 年第 2 期。

体现了他思想当中的矛盾的方面。普兰查斯同第二国际的修正主义者和机会主义者一样，也认为社会主义的实现需要通过民主的手段。他指出，实现社会主义一方面依靠在国家机构内部的合法斗争，另一方面，依赖于广泛的群众斗争引起的阶级力量的变化。这同他对资本主义国家的批判的调和性质在根本上是一致的。

综上所述，普兰查斯借用阿尔都塞的"多元决定"思想，把马克思的国家理解为一种调和社会生产方式的各要素的平衡力量，同时借助结构主义的研究方法把社会与国家理解为一种具备内在层级的结构支撑。这无疑是对马克思国家观的本质与革命性质的曲解。在马克思看来，国家作为社会的上层建筑从根本上取决于社会的生产方式。国家作为一种表面上的凌驾于社会之上的力量在本质上是社会中居于统治地位的阶级利益的代表，因而它在根本上是受统治阶级的利益支配的。马克思也承认国家的社会管理功能，但是不能把马克思所承认的社会管理功能理解为一种社会生产方式的调和力量。应当承认，普兰查斯看到了资本主义国家的阶级统治的本质，这是对马克思国家观的继承，但是屈服于资本主义的社会发展的现实，害怕斗争与革命，主张走和平斗争的道路实现社会主义的认识与马克思恩格斯是背道而驰的。马克思恩格斯明确指出，只有通过暴力革命夺取政权，经过无产阶级专政这个阶段才能逐渐实现阶级的消失和国家的消亡。普兰查斯这一观点是对资产阶级专政的妥协，缺乏彻底的革命性。

（二）密利本德工具主义国家观

拉尔夫·密利本德是英国著名的政治学家，他坚持从马克思所揭示的国家的本质是阶级统治的工具这一观点解读国家理论，成为工具主义国家观的主要代表。在工具主义者看来，国家在本质上是维护阶级统治的工具；资本主义国家本质上表现为资产阶级凭借自己的对社会生产资料的占有形成对整个社会的统治的强制性工具；这样资本主义就是在劳资关系的对抗中不断向前发展的社会。因而他们认为"在马克思主义的机构中，资本主义社会的'统治阶级'是拥有生产资料的阶级，它由于被赋予的经济权力的关系，能够利用国家，把国家当做统治社会的工具"①。因此，以密利本德为代表的工具主义的国家观重视阶级斗争与政治斗争，强调从国家作为阶级统治的工具的角度来理解国家的政策、功能与权力。

在密利本德看来，资本主义国家总是执行有利于资产阶级的政策的原因在于，国家根本逃离不了资产阶级施加的外部压力。密利本德指出："这是一种私人通过对集中的工业、商业和财政资源的控制而对政府和国家施加无所不及和持久的压力。"② 而多元主义用政府对实业界的压制来论证国家与资产阶级的疏离是站不住脚的，因为从结果来看，这种压制并不总是奏效，而政府的政策又离不开企业的认可与支持。同时，资产阶级凭借雄厚的财力在政治上可以干预和影响议会选举；在意识形态领域，他们把持着大众传媒，通过对媒体的控制形塑资产阶级的意识形态。在资产阶级掌握的全面的社会资源当中，高校也不能幸免。高校教师以各种顾问、智库的形式成为实业公司的一员。因此，密利本德通过经验主义的方法对资本主义国家与资产阶级的关系进行了系统的带有实证性质的考察，得出了国家是资产阶级的统治工具的结论。

密利本德认为，马克思关于经济基础决定上层建筑的理论结构很容易引起误解，即把国家看作被决定的、不自主的方面，而基础则是主动的、决定性的方面，从而被认为是"经济决定论"。而普兰查斯所改造的结构的决定并没有根本改变这一局面，而是陷入了一种"结构决定主义"，并且普兰查斯所强调的经济基础的最终决定作用与结构的多元决定之间存在着一定的矛盾之处。密利本德认为，马克思所指出的经济基础的决定作用实际上是经济作为一种"普照的光"在社会中发挥着最初的决定作用。以此为根据，国家在经济发挥最初的决定作用之后，能够保留相对的自主性，同时也可以克服"经济决定论"的困扰。

---

① ［英］密利本德：《资本主义社会的国家》，沈汉、陈祖洲、蔡玲译，商务印书馆1997年版，第22页。
② 同上书，第150页。

　　密利本德强调的国家的相对自主性理论是对马克思国家观的继承与发展。密利本德坚持国家是统治阶级的工具，但是这并不影响国家的相对自主性。原因在于："国家诚然是一个阶级的国家，是统治阶级的国家。但是，当它作为一个阶级的国家而行动的话，必须拥有这种高度的自主与独立。"① 因此，密利本德指出，国家发挥政治统治的作用正是以它的相对自主性为前提，并依赖于这种自主性开展相对独立的政治活动。密利本德认为，国家在调节统治阶级内部阶级利益冲突和缓和阶级矛盾的时候最能够证明国家的相对自主性。马克思把资本主义国家理解为管理资产阶级共同事务的委员会就表明了国家执行缓和阶级冲突与统治阶级的利益冲突时所发挥的自主权。在肯定了国家具有相对自主性的基础上，密利本德指出了它的具体表现。第一，国家并不总是统治阶级的利益的代表，有时也会伤害资本家的利益。第二，他在分析现实的资本主义国家的政策的基础上，认为资本主义国家执行着社会改良的职能，这需要国家的独立性作为保障。密利本德还具体分析了资本主义国家的相对自主性的表现。他认为官僚与资产阶级之间的既相互分离又相互联结的关系保证了国家的相对自主性，为国家自主地处理社会公共事务提供了空间。这具体表现为：第一，官僚并不总是由资产阶级构成的。第二，官僚与资产阶级之间分享共同的意识形态，因而能够从根本上保证统治阶级的利益。

　　由此可见，密利本德首先肯认了国家作为阶级统治工具的本质，并结合资本主义国家的经验现实给予了充分的证明；同时他从马克思揭示的经济基础与上层建筑的关系出发，在强调经济的决定作用的同时，强调国家具有相对自主性，并具体分析了它的原因与表现。密利本德在一定程度上克服了所谓的普兰查斯的结构决定的弊端，同时以改造的方式保卫了马克思的经济基础与上层建筑的辩证关系解剖国家与社会关系的手段。密利本德强调的以经济决定为基础的国家的相对

---

　　① ［英］密利本德：《马克思主义与政治学》，黄子都译，商务印书馆1984年版，第79页。

自主性是对马克思国家观的合理的发展，同时运用国家的相对自主性理论能更有效地分析资本主义国家出现的国家功能更为完善与强大的社会现实。

（三）普兰查斯与密利本德之争

普兰查斯与密利本德的争论主要有两次，争论的媒介是《新左翼评论》和《经济与社会》等左翼期刊。第一次争论的时间是 1969 年至 1970 年，争论的焦点是方法论与国家自主性。普兰查斯首先在《资本主义国家的问题》中系统地批判了密利本德经验主义分析的方法论。他认为密利本德通过对资本主义国家的经验分析，"把社会阶级和集团还原为人与人之间的关系，把国家还原为组成国家机构的不同集团成员之间的关系，最后把社会阶级和国家之间的关系还原为构成社会集团和国家机构的个体之间的私人关系"① 的方法缺少理论分析，具有人本主义的倾向。应当说，普兰查斯的批判是合理的，他指出了密利本德在论证上的缺陷在于陷于经验分析，缺乏理论论证。与普兰查斯的结构主义分析相比，密利本德的理论显得更平民化。普兰查斯认为，密利本德从国家机构的成员与资产阶级之间的关系出发分析国家的相对自主性的理论是肤浅的，并没有找到它的真正根源，因而必然会重新陷入关于国家的简单工具论。

针对普兰查斯的批判，密利本德在 1970 年的《资本主义国家——对尼克斯·普兰查斯的答复》做出了回应。密利本德首先为自己的国家自主性理论进行了辩护。"我的这种分析试图说明客观关系的发生与阶级的起源有关，但并不是说完全由成员的动机所决定的。"② 同时，密利本德指责普兰查斯用体系的客观关系代替现实的阶级统治，陷入了一种抽象的"结构决定论"。密利本德认为，普兰查斯对他的国家自主性理论的批判是无效的，因为他误解了自己的观点，同时密利本德认为普兰查斯的国家自主性理论由于不承认社会精

---

① Nicos Poulantzas, "The Problem of Capitalist State", *New Left Review*, No. 58, 1969.

② Ralph Miliband, "Reply to Nicos Poulantzas", *New Left Review*, No. 59, 1970.

英与官僚体系的政治统治而仅仅进行结构的抽象分析，因而并没有摆脱"简单工具论"。此外，密利本德还具体分析了普兰查斯对波拿巴主义国家的理解。他认为，普兰查斯受制于结构主义的分析方法，虽然承认了波拿巴主义国家的均势在资本主义社会只是一种例外，"但是他更愿意从中看出马克思的理论分析而不是历史分析"①。

　　针对密利本德的回复与反批判，普兰查斯并没有立即回应。而1973 年普兰查斯的新著《政治权利与社会阶级》发表，密利本德又进一步批判了普兰查斯的方法论问题、国家自主性等。密利本德坚持认为，普兰查斯的结构主义的分析方法限制了他对国家自主性的具体分析，而且仅仅停留在一种抽象的肯定上，因而并不能够回答关于国家自主性的具体问题。比如，国家的自主性在什么时候较强，什么时候较弱。因此，密利本德认为普兰查斯从结构主义的角度肯定的国家的自主性并不能够真正地克服"经济决定论"的困境。"他把经济主义从前门赶走，但是化了装的经济主义却又从后门出现。"② 除了指责普兰查斯国家自主性的虚幻性之外，密利本德还批判了普兰查斯关于波拿巴主义国家消解资产阶级国家民主制度存在价值的思想。

　　1976 年普兰查斯在《资本主义国家——对密利本德和拉克劳的答复》中对自己进行了辩护。首先，他承认自己具有某种程度的"唯理主义倾向"，因而早期的理论存在一定的抽象化的问题，但他同时指出经验分析并不能取代理论分析。其次，他并不接受拉克劳与密利本德对他缺乏人本主义的指责，而是认为结构主义本身就是以人本主义的对立面出现的。再次，关于对他国家自主性的理论的批判，普兰查斯进行了辩护。普兰查斯认为，从结构主义的方法出发所论证的国家的相对自主性是深刻的，因为它把国家相对自主性的分析建构在对资本主义国家的"不稳定平衡"的基础上，这种"不稳定平衡"则深刻地揭示了资本主义社会中出现的政治与经济的独立与分离的趋势。

---

① 范春燕：《普兰查斯国家理论研究》，中国社会科学出版社 2015 年版，第 149 页。

② Ralph Miliband，"*Poulantzas and the Capitalist State*"，New Left Review, No. 82，1973.

此外，普兰查斯同时指出国家的自主性的具体形式取决于阶级斗争不同时期的力量对比。

普兰查斯与密利本德两场争论都是在马克思国家观的框架下进行的，都没有超出马克思国家观的范围。二者的争论在本质上是研究方法的争论，因此他们都从各自的方面发展与完善了马克思的国家观。但是，普兰查斯取消无产阶级专政的思想是对马克思的国家观的一种背离。他们都承认国家的相对自主性，这是对马克思国家相对自主性理论的一种新发展。二者的观点从某种程度上具有互补性。密利本德从经验主义的角度所论证的国家的阶级本质是对马克思国家本质思想的一种补充论证；普兰查斯从结构主义对国家自主性的论证是对资本主义国家出现的政治与经济分离的社会现实的肯认，因而是对马克思所批判的资本主义国家的一种延伸论证。要言之，工具主义与结构主义之争的本质是在马克思国家观的框架下实现的对马克思国家理论的补充论证，虽然这种论证存在一定的片面性，但是它为进一步揭示资本主义国家的本质与秘密，为进一步有效地分析资本主义社会出现的国家权力与功能不断强化的社会现实提供了新的手段，提高了分析问题的针对性。

二　从国家的相对自主性到自足的自主性

国家的相对自主性是资本主义国家在其当代发展中日渐引起重视的重要问题。随着"国家垄断资本主义"的总危机理论被抛弃，理论界开始转向探索国家的自主性理论来解释资本主义国家与资产阶级之间的关系。对这一问题进行具体分析的有普兰查斯的结构主义国家观、密利本德的工具主义的国家观、奥菲的自主性理论、杰索普的"策略关系"国家理论和回归国家学派。他们从各自的视角论证了国家的自主性的来源、表现，形成了对马克思国家相对自主性理论的继承与发展以及歪曲和误解。因此，梳理这些不同流派的国家自主性理论的内容，厘定它们与马克思国家自主性理论的关系，澄清马克思国家自主性理论的内容与特征不仅是必要的，而且是迫切的。

　　普兰查斯在坚持结构主义分析方法的基础上分析了国家的相对自主性。首先他认为资本主义国家的自主性是相对的，不是绝对的。他坚持从经济基础与上层建筑的辩证关系出发，肯定经济基础的决定性作用。但是，与马克思所强调的上层建筑的相对独立性以及它对经济基础的反作用而使国家具有相对的自主性不同，普兰查斯认为，资本主义国家的上层建筑内部的政治因素与经济因素的分离是国家自主性得以产生的根源。因此，在普兰查斯看来，国家的自主性仅仅存在于资本主义国家，在其他生产方式范围内由于没有出现上层建筑范围内的政治与经济的分离这种历史现象，国家仅仅表现为统治阶级的工具，而不具有相对的自主性。以此为根据，他认为资本主义国家的政治利益高于经济利益。这一方面表现为国家可以暂时的牺牲经济利益维持资产阶级的政治统治，保存现有的统治秩序；另一方面，国家并不直接地维护资产阶级的每一具体的经济利益，而是通过一系列的途径，特别是在保持统治秩序的基础上，保障统治阶级的经济利益。由此可见，普兰查斯的国家自主性理论是在承认生产方式的最终决定作用的基础上分析的国家的相对自主性。这遭到了密利本德的否定与指责，他认为这种国家自主性的论证是抽象的，缺乏实践的维度与人本的立场。需要强调的是，普兰查斯所论证的国家的自主性理论与马克思关于国家的相对自主性有着根本的差别。普兰查斯的国家的自主性在本质上是把国家理解为调节阶级矛盾与冲突，实现阶级利益凝聚的公共权力，它是以承认资产阶级统治的合法性为前提展开的对资本主义国家功能的分析。因而，这与马克思从国家的阶级本质出发来阐释国家的相对自主性的观点是有根本区别的。普兰查斯所分析国家的相对自主性虽然在根本上承认了生产方式的最终决定作用，但是在对资本主义国家的具体的历史分析中，他把生产的决定作用抛到了一边，更加重视国家的"多元决定"与相对自主性，这形成了他的国家观中不可避免的内在张力。从这个意义上说，密利本德对他的国家自主性理论的诘难是有道理的。

　　与普兰查斯的结构主义方法不同，密利本德则运用经验主义的方法具体论证了国家自主性产生的原因与具体表现。在密利本德看来，国家有时也会伤害资本家的利益；资本主义国家执行着社会改良的职能，这需要国家的独立性作为保障。密利本德认为，官僚与资产阶级之间的既相互分离又相互联结的关系保证了国家的相对自主性，这为国家自主地处理社会公共事务提供了空间。密利本德认为，官僚并不总是由资产阶级构成；官僚与资产阶级之间分享共同的意识形态，因而能够根本上保证统治阶级的利益。由此可见，密利本德从马克思揭示的经济基础与上层建筑的关系出发，在强调经济的决定作用的同时，也十分重视国家的相对自主性，并具体分析了它产生的原因与表现。这在一定程度上克服了所谓的普兰查斯的结构决定的弊端。密利本德强调的以经济决定为基础的国家的相对自主性是对马克思国家观的合理发展，同时运用国家的相对自主性理论能更有效地分析资本主义国家出现的国家功能更为完善与强大的社会现实。

在普兰查斯提出国家的自主性理论并产生广泛影响之后[①]，对资本主义国家的自主性的考察就引起了更多学者的关注，法兰克福学派成员奥菲也提出了自己独到的见解。奥菲认为国家研究的对象应该是对官僚结构与组织的分析。"国家相对自主性来源于资本主义国家的官僚制模式，也就是精英自身利益和资本积累之间的特殊关系。"[②] 以此为基础，奥菲认为国家功能主要表现为调节资本主义社会的阶级矛盾。他具体指出，国家的自主性是建立在资本主义国家的三种选择机制的基础之上的。首先，从国家中剔除不利于资本主义统治的经济、政治的方案与政策，即资本主义国家的消极选择。其次，以消极选择

---

① 关于国家自主性，一般认为普兰查斯是最早提出的，并做出了系统的分析。范春燕在其《普兰查斯国家理论研究》中指出，普兰查斯并不是国家自主性概念的最早提出者，他继承并改造了导师阿尔都塞的国家自主性理论。笔者不能同意范春燕的见解。因为，阿尔都塞的国家自主性虽然重视从社会结构出发，从多元决定的角度理解国家的相对独立性，但是在本质上它是对马克思关于国家的相对独立性的具体阐释和演绎，并不具备独特的意涵。普兰查斯不同，他提出的国家自主性是对马克思的国家自主性的根本改造，仅仅特指资本主义国家经济与政治的分裂而产生的国家的相对自主性。因此，在我看来，把普兰查斯当作国家自主性理论的首创者是合适的。

② 范春燕：《普兰查斯国家理论研究》，中国社会科学出版社2015年版，第164页。

为基础，选择有利于整个统治集团利益的方案与政策，剔除服务于单个资本家利益的政策，即积极选择。最后，从积极选择获取的方案中筛选那些能够掩饰政策的阶级性质，从而赋予国家以独立的外观的政策。因此，在奥菲看来，国家的相对自主性表现为国家并不直接代表某一具体资本家的利益，而是通过积极选择与掩饰选择保障国家的独立性的外观的基础上，实施维持资产阶级利益的政策与方案。实际上，奥菲的国家自主性是对资本主义国家政策选择的细致入微的分析，它弥补了马克思恩格斯的宏大叙事的表述方式所带来的细节分析不足的遗憾。奥菲的这种分析揭露了资本主义国家的阶级统治的本质，具有很强的说服力。

如果说普兰查斯、密利本德与奥菲都是对国家观的政治分析，资本逻辑学派则从生产的客观需要的视角来分析国家，因而可以称作对马克思国家观的经济解读。资本逻辑学派主要根据马克思的《资本论》和《1857—1858 年经济学手稿》中对资本主义经济规律的认知与分析为基础，分析国家相对于资本逻辑的自主性。以赫施为代表的资本逻辑学派从资本的积累的需要出发，认为国家所执行的调节经济基础的功能是国家相对自主性的表现。同时，他们认为国家的主要功能在于满足资本的需要，为资本积累服务。由于对国家的分析方法、国家自主性产生的原因与表现的不同理解，出现了奥菲与赫施在国家观问题上的争论。应当承认，资本逻辑学派抓住了马克思国家功能的经济分析功能，强调国家调节经济运行与资本积累时展现的国家的相对自主性是对马克思国家观的进一步推进，是以经济分析的视角透视的马克思的国家自主性。奥菲与赫施的争论是马克思国家观不同分析视角的争论，因而具有互相补充的性质。但是，他们都是从国家的功能角度对马克思国家观的理解，这不可避免地造成了国家功能与其阶级本质的分裂。虽然，奥菲在一定程度上指出了国家调节阶级冲突的功能，但是这并没有把对国家功能的分析建立在国家本质的基础上，因而，他们共同消解了国家的阶级本质。

杰索普在其"策略关系"国家理论中提出要超越国家的相对自主

性，这与他的国家观要超越"资本理论"与"阶级理论"的观点在根本上是一致的。杰索普分析了马克思主义传统中的两种不同的国家相对自主性的理解。一种是在分析波拿巴主义时提出的在特殊的历史条件下即阶级均势的条件下出现的国家的相对自主性；另一种是与经济决定相对立的概念，他认为是抽象的，因而是要被放弃的。杰索普认为，对国家的相对自主性作抽象的分析是不能成立的，它必须建立在对具体历史时期中出现的特定的国家的分析上才是有效的。杰索普认为，抽象的国家自主性的分析存在着不可克服的内在矛盾即国家的"自主性"与"相对性"之间的矛盾。他认为承认国家的自主性必然消解它的相对性，而承认相对性，任何国家都不会具有真正的自主。他批判国家的相对自主性由于存在上述矛盾，并未真正克服"经济决定论"。杰索普主张消解国家的相对性，实现国家真正的自主性，因而他认为必须否定经济的最终决定作用或者像密利本德所改造的最初决定作用，建构一种经济与政治之间相互影响、相互改造的关系。但是，主张国家的真正自主性的杰索普并不赞成"国家中心主义"对国家自主性的放大，而是认为国家是一种策略平台，建立在这种策略平台基础上对阶级关系与国家策略进行评估，才能准确展现国家的功能。由此可见，杰索普把国家的相对自主性发展成为了国家的真正自主性，实现这种发展的基础在于对国家性与自主性内在矛盾的批判。实际上，杰索普通过对国家相对自主性理论的剖析与批判为其"策略关系"国家理论扫清了障碍。从表面上看，杰索普是要克服"资本理论"与"阶级理论"国家观之间的矛盾，克服国家的"自主性"与"相对性"之间的矛盾，本质上，是以此为依据否定了国家是阶级统治的工具的本质主义国家观，是对马克思关于国家本质与国家功能的辩证关系的否定。从理论来源上看，他在一定程度上继承了第二国际以来特别是西方马克思主义者在国家观问题上重功能轻本质、割裂国家的本质与国家功能之间的辩证关系的论证思路；在实践根源上看，它是对资本主义国家战后不断增强的社会管理功能的具体分析。杰索普与工具主义和结构主义的国家观不同，他通过对国家自主性的分析得出的结论是对资本主义国家合法性的辩护与论证，是通过国家功能的分析进而把国家界定为一种公共权力。这样，不仅否定了国家的阶级本质，在一定程度上实现了对资本主义国家永恒性的辩护。工具主义和结构主义者虽然也承认国家的自主性，但是，他们共同认为国家的自主性是相对的，并且他们具体论证了资本主义国家与资产阶级之间的互动关系，因而是建立在阶级分析基础上的对国家相对自主性的承认。

回归国家学派反对西方马克思主义者"以社会为中心"的国家观，主张"以国家为中心"分析经济与政治的关系，认为国家具有自足的自主性并不依赖于经济的最终决定。回归国家学派的代表人物斯考切波，系统批判了马克思主义理论家用生产方式的决定作用和国家调和阶级冲突的功能对国家的理论分析。"到目前为止，事实上所有的马克思主义者都还简单地假定，国家形式与活动的变化对应于生产方式的形式与变化，国家统治者不可能反对支配阶级的基本利益。"[①]在斯考切波看来，国家是"一套以执行权威为首，并或多或少是由执行权威加以良性协调的行政、政策和军事组织"[②]。因而，与社会的认可与支持相比，统治集团的默认与支持在维持国家的统治秩序上具有更重要的作用。因此，斯考切波对国家的界定消解了国家的阶级性。回归国家学派坚持国家与社会的二分，认为只有把国家与社会相脱离即政治与经济相脱离，国家才能成为"真正的历史主体"，实现国家自足的自主性。同时，他们认为国家的自主性并不像普兰查斯和阿尔都塞所理解的那样是一种结构机制，而是仅仅把它当作一种策略和手段。这不仅取消了马克思对社会结构的分析框架，而且仅仅从策略与手段的角度解读国家的自主性与功能，无疑是一种意识形态的偏见。由此可见，回归国家学派颠覆了从社会来解释国家的理论分析路径，主张以国家为中心，坚持国家自足的自主性管理与调节社会，这无疑

---

①　[美]西达·斯考切波：《国家与社会革命》，何俊志、王学东译，上海世纪出版集团2007年版，第29页。

②　同上书，第30页。

具有一种反历史主义的倾向。他们从国家的当下出发，不仅不承认国家的历史起源与发展，而且仅仅把国家理解为一种调节与管理社会的工具，这种消解了国家的阶级本质的认识无疑是浅薄的。此外，回归国家学派强调的用国家来调控与管理社会在历史上黑格尔曾开过类似的药方，但是与黑格尔关于国家制度、国家的历史发展的深刻性相比，他们是拙劣的模仿者。

综上所述，西方马克思主义的国家观在马克思主义的框架内具体展开了关于资本主义国家的本质与功能的分析，强调了国家的相对自主性理论，总体上并未否定国家作为阶级统治的工具这一马克思所揭示的国家的本质。但是，他们对国家的功能的过分重视以及对国家自主性的过度强调，虽然反映了资本主义国家在新的时代展现出的特征，但是，无疑他们都具有一定程度的妥协性质。随着杰索普对国家自主性理论的否定，也就彻底割裂了马克思所揭示的国家的本质与国家的功能之间的辩证关系，从而把对资本主义国家的哲学追问与实践变革转变为实证研究与合法性论证。这不仅彻底割掉了马克思国家观的革命性，而且开启了现代西方国家理论研究的新的转向。回归国家学派就是在这一思路的指引下，把国家的功能上升到国家理论的本体论地位，从而在承认资本主义国家制度合法性的前提下，考察国家执行与制定的具体策略，论证国家的自主性与绝对性。这不仅离马克思所实现的国家观革命越来越远，而且彻底阉割了马克思关于无产阶级专政和共产主义革命的理论。

三　马克思国家观并未过时

马克思国家观所遇到的各种各样的歪曲与误解有一个共同的理论前提，即它们都把马克思的国家观与现存的国家制度相对比，认为马克思国家观已经过时了。第二国际中的机会主义者与修正主义者认为，可以利用资产阶级的民主制度直接向共产主义过渡，因而不需要无产阶级的暴力革命，也不需要无产阶级专政。因此，他们实际上反对国家的消亡，主张资本主义和平地长入社会主义。西方马克思主义者虽然肯定了资产阶级国家的阶级统治的本质，但他们更看重国家的相对自主性，因此，他们认为马克思对国家的功能的认识与分析是不合时宜的。杰索普和回归国家学派则直接认定马克思的国家观对资本主义社会已经丧失了解释力，他们重新确立解释资本主义国家的原则在于从国家的功能出发，分析国家所执行的具体策略，从而实现对资本主义制度的不断改良，论证资本主义国家制度的合法性。上述三股后马克思主义国家观的潮流的共同点就是否认马克思国家观的革命性，认为它已经部分丧失或者完全丧失了对现代国家制度的分析与解释能力。因而或者主张修正与改造马克思主义国家观，引导它积极与资本主义的政治统治相适应；或者直接否定它的当代存在价值，用新的实证研究与关于国家的策略的理论取而代之。马克思的国家观真的像他们所预测或者期盼的那样已经成了博物馆的"青铜器"与"旧纺车"了吗？答案显然是否定的。

马克思国家观的系统性、科学性与革命性不仅提供了分析与认识国家的起源与本质、类型与功能、演进与消亡的必然性逻辑，还具体分析了资本主义国家的基本矛盾与历史发展趋向，从而为透视现代资本主义制度的本质提供了深刻的历史方案与哲学视角。因此，以资本主义社会的新发展所出现的新的社会条件为理由，认为马克思国家观已经不合时宜的思想是缺乏说服力的。这不仅是因为马克思国家观所揭示的关于国家理论的历史必然性逻辑在支配着关于国家的一系列根本性认知，还因为资本主义国家的新发展并没有超出马克思国家观的解释范围，资产阶级革命并没有改变迄今为止的一切活动的性质，资本主义国家制度并没有真正地实现对现存社会制度的根本超越，实现人类的自由解放，相反，它仍然是社会中处于统治地位的阶级的利益的代表，是特殊利益统治普遍利益，特殊性统治普遍性的工具，因而人类社会的异化不仅没有被扬弃，而且有了更进一步的发展。由此可见，马克思国家观对资本主义社会的新发展不仅具有深刻的解释力，而且以其彻底的革命性找到了扬弃资本主义国家制度的新的路径，论证了从资本主义社会向共产主义社会过渡的条件、途径和必然性，从而为实现人的解放的宏伟目标提供了科学的依据。

首先，马克思恩格斯以及他们的继承者列宁针锋相对地批判了无政府主义者、机会主义者和修正主义者。马克思主义经典作家对这些歪曲与误解旗帜鲜明地表示反对，不仅在反驳这些歪曲与误解中进一步澄清了马克思国家观的理论轮廓，而且深刻地展示了马克思国家观的革命性以及它必然带来的革命性结果。这些反驳进一步证明了马克思国家观以其科学性与革命性所揭示的关于国家演进的规律，关于资本主义制度的基本矛盾和必然被历史的新发展所扬弃的历史命运不仅合乎逻辑，也合乎历史。关于马克思国家观所遇到的上述歪曲与误解和马克思主义经典作家和继承人们对他们的反驳与批判已经在国家消亡这一章进行了较为系统的分析与阐释，这里不再重复。

其次，西方马克思主义者对国家功能的系统研究与分析是对马克思国家观的进一步发展，他们提出的国家相对自主性理论是对马克思国家自主性理论的误解。首先需要指出的是马克思并没有使用"自主性"这个词，阿尔都塞是最早用国家的自主性来理解马克思和恩格斯关于上层建筑对经济基础的反作用的哲学家。在马克思与恩格斯那里，他们更多的是用国家的独立性来描绘上述内容。在阿尔都塞看来，马克思已经给我们提供了链条的两端，并告诉我们在这两端之间进行探索：一端是，（经济）生产方式起着最终的决定作用；另一端是，上层建筑和它的特殊效能具有相对自主性。由此可见，阿尔都塞对马克思的国家相对独立性理论的理解坚持了结构主义的原则。

马克思关于国家的独立性或者自主性的内容主要包括两个方面：第一是指马克思所揭示的社会内部的层级结构中，作为政治上层建筑的国家对经济基础的反作用。这是马克思所揭示的国家的自主性的普遍性方面，它适用于国家存在的所有历史类型。"总的说来，经济运动会为自己开辟道路，但是它也必定要经受它自己所确立的并且具有相对独立性的政治运动的反作用。"① 第二是指马克思在分析波拿巴主

---

① 《马克思恩格斯选集》第 4 卷，人民出版社 2012 年版，第 609 页。

义的国家的时候所揭示的资本主义国家在"例外"的情况下所出现的国家相对统治阶级的独立性。恩格斯在《家庭、私有制和国家的起源》中曾专门分析过,当处于相互对立与冲突的阶级中任何一方都不能取得政治的独占权的时候,国家就表现为一种凌驾于社会之上的力量,获得了相对于不同阶级的某种独立性。他指出"17 世纪和 18 世纪的专制君主制,就是这样,它使贵族和市民等级彼此保持平衡;法兰西第一帝国特别是第二帝国的波拿巴主义,也是这样"①。因此,马克思恩格斯关于国家自主性的认识是从政治上层建筑对经济基础的反作用和在阶级均势的条件下国家与阶级之间的关系两个角度展开的分析。这种分析的特征在于坚持了国家的阶级本质与历史起源,同时把国家理解为一种具有相对独立性的政治上层建筑,这深刻地揭示了国家与社会之间的辩证关系,因而反对"回归国家学派"论证的国家的自足的自主性和杰索普坚持的对国家的自主性的消解两种错误倾向。

此外,马克思所坚持的国家的相对自主性是与他的阶级斗争理论、无产阶级专政理论和国家消亡思想紧密联系在一起的。离开对马克思国家观的系统理解与把握,仅仅抓住马克思对国家的功能与国家的相对自主性的认识这一点而不及其余,必然会对马克思国家观产生误解与误释。普兰查斯就是这样。他虽然深刻地分析了资本主义国家自主性产生的根源在于政治与经济的分离这一历史现象,但是,由于他不了解马克思的无产阶级专政和国家消亡理论,因而他首先把国家的相对自主性看作资本主义社会特有的历史现象,同时由于借助于国家的相对自主性来分析现当代资本主义国家出现的新发展,从而存在轻视国家的阶级本质,消解无产阶级的历史与使命的倾向,这就必然导致了他反对无产阶级革命与无产阶级专政,从而走上了修正马克思国家观的道路。除了普兰查斯之外,西方马克思主义中的密利本德、奥菲、资本逻辑学派都犯有类似的错误。因而,西方马克思主义学派总体上犯有重功能、轻本质,甚至为现存资本主义合法性辩护的错

---

① 《马克思恩格斯选集》第 4 卷,人民出版社 2012 年版,第 189 页。

误，丧失了马克思国家观的革命性。由此可见，马克思的国家相对自主性理论是深刻的、辩证的，也是科学的，并没有过时。它不仅没有丧失对资本主义国家的解释力，而且以其革命性的认识要求彻底地改造资本主义的国家，实现人类社会从阶级社会向无阶级社会的过渡，最终实现人的自由而全面的发展。

第二节　马克思国家观的实践意义

马克思国家观本身是革命的国家观，这表现在它的理论基础是新唯物主义的世界观，它的实践导向是打碎资产阶级的旧的国家机器，建立无产阶级专政，实现国家的自行消亡。马克思国家观和阶级斗争理论一起，自诞生以来，唤醒了无产阶级的阶级意识，要求不断地使现存世界革命化，实际地反对并改变现有的资产阶级的统治。因而马克思恩格斯亲自组织国际工人协会和第二国际，领导工人阶级反对资产阶级的斗争。其中法国巴黎的工人起义，建立了世界上第一个无产阶级性质的政权——巴黎公社，受到了马克思恩格斯的高度赞扬。马克思恩格斯逝世以后，列宁扛起革命的旗帜，领导了俄国十月革命的胜利，建立了世界上第一个社会主义国家，从此改变了世界的面貌。在俄国十月革命胜利的影响下，中国也开始了一条探索社会主义的发展道路，并在 1956 年建立了社会主义制度。由此可见，建立在哲学革命基础上的马克思国家观的革命改变了世界历史的航程。20 世纪90 年代发生的苏东剧变为马克思主义特别是它的国家观蒙上了阴影，一时之间，资本主义国家弹冠相庆，"历史终结论"甚嚣尘上。资本主义国家与社会取得的新的发展与进步，国家功能的扩张，国家权力的增长的社会现实也为马克思的国家观提出了新的课题。因此，马克思国家观过时论成为西方学界的主流认识。中国在改革开放以来的强势崛起，给社会主义带来了希望，马克思国家观在当代中国应当发挥什么样的作用，具有什么样的价值，值得我们深入地思考。

根据我国的社会实践和基本国情，分析马克思国家观在当代中国所具有的实践价值是马克思国家观研究的题中应有之义。根据马克思所揭示的国家的本质与功能，经济基础与上层建筑之间的关系和国家消亡的学说，结合我国改革开放四十多年来所取得的重大成就，从四个方面具体分析了马克思国家观在我国的社会主义现代化建设的历史时期，在实现中华民族伟大复兴的中国梦的历史征程中所能提供的理论指导与历史借鉴。

一　社会主义国家的本质是维护无产阶级及其同盟者的利益

按照马克思所揭示的人类社会历史发展的基本规律和国家历史演进的必然性，从资本主义转向共产主义必然要经历一个无产阶级专政的过渡时期。在这个过渡时期中，不断地摆脱传统观念与意识形态和社会组织形式对人们的制约，创造阶级消失与国家消亡的条件。马克思在《哥达纲领批判》中把共产主义社会分为两个阶段：共产主义的低级阶段和共产主义的高级阶段。马克思认为，在共产主义的低级阶段还不能完全摆脱它所脱胎的社会的历史痕迹，因而必然带有传统的社会的影响。"它在各方面，在经济、道德和精神方面都还带着它脱胎出来的那个旧社会的痕迹。"[1] 列宁在继承马克思思想的基础上，把共产主义的低级阶段称作社会主义阶段。他认为在社会主义阶段，允许资产阶级的法权的存在，因而整体上来看，社会主义阶段高于过渡时期的无产阶级专政，但是仍然没有实现人的真正解放。由此可见，马克思恩格斯以及列宁都是把共产主义的实现当作一个漫长的社会历史不断发展与变革的过程。

根据这个基本认识，邓小平结合我国进行社会主义建设的基本国情——生产力落后，新中国刚刚脱胎于两千多年的封建统治，落后的思想文化传统仍然是我国实现发展的巨大障碍——提出了社会主义初级阶段理论。邓小平认为，在社会主义的初级阶段，我国的主要矛盾是落后的社会生产力不能满足人民群众的物质文化生活的需要。因

---

[1] 《马克思恩格斯选集》第 3 卷，人民出版社 2012 年版，第 363 页。

此，我们必须不断地解放与发展生产力，变革落后的生产关系，为社会的快速发展与进步创造条件。同时，邓小平指出了当前这个历史时期的最大的国情就是我国处于并将长期处于社会主义的初级阶段。根据对我国主要矛盾与基本国情的认识，制定了对内改革、对外开放的战略部署，实现了中国的快速发展，取得了举世瞩目的成就，并为落后国家建设与发展社会主义提供了新的经验，树立了榜样。应当承认，邓小平根据马克思的无产阶级专政理论和共产主义理论并结合我国的基本国情与主要矛盾实现了对马克思主义国家理论的创新与发展。这被称作当代中国的马克思主义，是当代中国运用和发展马克思主义的伟大历史实践及其理论经验的概括与总结。因此，在这个理论的指导下，我们要不断地坚持与发展马克思的国家观。

在社会主义初级阶段的中国，我们必须毫不动摇地坚持无产阶级的专政，这是邓小平提出的四项基本原则的重要内容之一。因而，无产阶级是我们事业的领导阶级，中国共产党作为无产阶级的先锋队，是我们事业的领导核心，必须毫不动摇地坚持。这既是中国革命、建设与发展的不同历史阶段的实践经验的总结，又是马克思国家观中重要的可供借鉴的理论资源。"工人阶级这样组织成为政党是必要的，为的是要保证社会革命获得胜利和实现这一革命的最终目标——消灭阶级。"① 我们的执政党是无产阶级的政党，我们必须毫不动摇地巩固与发展无产阶级的利益。无产阶级的利益代表并反映着全国各族人民的共同利益，是中国普遍利益的代表。社会主义初级阶段的中国和以前作为特殊利益代表的国家有着根本的不同，她并不是少数无产阶级对多数其他阶级的专政，而是多数无产阶级对少数敌对分子与分裂势力的专政。因此，在社会主义的初级阶段，阶级斗争已经基本消灭，它在一定范围内仍然存在，并在特殊的历史条件下有被激化的风险。因此，在社会主义的初级阶段，解放与发展社会生产力，不断地改善与提高人民的生活水平是马克思国家观的内在要求。

---

① 《马克思恩格斯全集》第 33 卷，人民出版社 1973 年版，第 524 页。

考察中国改革开放四十多年来的历史，经济社会生活已经发生了巨大的变化，社会出现了新的分化，处于不同社会地位的人们并没有均等的分享改革开放的红利。伴随着经济高速发展的是贫富差距不断扩大的事实，邓小平设计的先富带动后富的蓝图正在面临既得利益集团的抵制与不配合，进一步全面深化改革，调节社会收入分配，实现共同富裕的目标任重而道远。面对国内的重重困难和国际上的各种复杂局势，坚持马克思主义基本立场和基本观点，分析与解决我国社会发展过程中出现的新情况、新问题，保证无产阶级的领导地位，坚持始终代表最广大人民群众的根本利益的基本方向是现代中国必须始终坚持的基本准则。

二　转变国家职能：从管理到服务

马克思反对国家本质的两重性，认为国家的本质是维护阶级统治的工具，同时承认国家具有社会性，因而具有作为公共权力的一维。以此为根据，马克思指出了国家功能的两重性是政治统治与社会管理，其中社会管理在阶级社会中不可避免地带有阶级的属性。马克思同时强调，承认公共管理的阶级属性并不能以此消解国家的社会管理功能。由此可见，马克思关于国家的功能的认识坚持了政治统治与社会管理的统一。其中政治统治是问题的主要方面，反映了国家的性质，而社会管理是问题的次要方面，但同时是不可或缺的一面，既不能用政治统治代替社会管理，也不能用社会管理否定政治统治乃至否定国家的阶级本质。在分析了国家功能的两重性及其地位之后，马克思结合国家发展的不同历史阶段，指出国家两种功能在某一特定历史时期出现强弱变化的原因在于生产力的发展水平以及由此决定的劳动方式引起的统治阶级与被统治阶级之间的阶级力量对比的变化。"在现代历史中，国家的意志总的说来是由市民社会的不断变化的需要，是由某个阶级的优势地位，归根到底，是由生产力和交换关系的发展决定的。"[①] 特别是历史进入了资本

---

① 《马克思恩格斯选集》第4卷，人民出版社2012年版，第258页。

主义时代，国家的社会管理功能明显地得到增加，这根源于资本主义生产方式的侵略与扩张的本性和资本主义国家的统治秩序得以建立采取的民主制度。由此可见，马克思不仅从宏观上论证了社会的生产方式在根本上决定了国家不同功能所处的不同地位，而且具体指出了国家功能历史发展的趋势在于国家的社会管理功能在内容上不断丰富与完善，在重要性上也在逐渐增强，与国家的政治统治功能的力量对比也在不断强化。

按照马克思所揭示的国家功能的发展趋势以及生产方式对国家功能的决定作用的理论逻辑，在社会主义初级阶段的中国，国家同时呈现出政治统治与社会管理两个方面的功能。在改革开放以前，国家的政治统治功能居于主导地位，随着改革开放的发展，国家的社会管理功能逐渐发展起来，居于越来越重要的地位。中华人民共和国成立初期，国家的功能在政治统治上表现为：一方面，需要不断地增强国防能力建设，以便适应从资本主义全面统治的世界中建立与发展社会主义政治制度的需要，从而在根本上为新中国的建立提供和平的国际环境，保障社会主义国家的政权的独立存在。因此，我们选择了站在社会主义一边的外交战略。另一方面，社会主义国家制度的建立在实践上消灭了存在了两千多年的封建制度以及维持这种政治制度的阶级对立关系，同时，我国采取的消灭官僚资产阶级，改造民族资产阶级的社会主义改造的政策，使得我们必须依靠无产阶级及其坚定的同盟者，同时不断发展壮大无产阶级队伍，建立与巩固社会主义政权，保证这些已经被消灭的阶级不再死灰复燃。这样，就必然需要重视国家的政治统治功能。与之同时，新中国刚刚建立时期，上百年的被资本主义和帝国主义国家的侵略与掠夺的历史，以及几十年的战乱，导致我国的社会状况是百废待兴，工农业生产落后，社会生产力水平不高，因而社会的交往与流通也很不发达，帝国主义对红色政权的封锁与包围限制了中国实现生产力的跨越与发展。因而，在这样的时代环境与历史背景下，我国的社会管理功能还不发达，管理水平有限。这在根本上取决于当时我国的生产力发展水平与社会交往状况。由此可见，中华人民共和国成立初期，一方面，生产力与社会交往的落后，限制了社会公共交往和公共生活的发育，进而影响了国家的社会管理功能的发展与壮大。另一方面，国家保卫政权与社会主义制度的需要，客观上加强了政治统治的功能，弱化了社会管理。因而在改革开放之前，国家功能整体上表现为重政治统治，轻社会管理的特点。

随着改革开放的快速推进，社会生产力的迅速提高，国内交往逐渐繁荣与发展起来，与之相伴随的是社会的公共生活与公共管理和服务的需要不断增加，这不仅考验着我国的计划经济时代的政府管理模式，也刺激着民间的自我管理、自我服务的各种社会组织的蓬勃发展。到目前为止，我国的社会公共组织已经有了快速的发展，这不仅表现在数量上的快速增长，也体现在他们的管理与服务水平的大幅度提高。而国家也在不断地转变政府职能，从计划经济时代的制定者、管理者与监督者的身份转变为社会主义市场经济的服务部门。这就要求，各级政府部门要增强服务意识，提高服务能力，按照市场规则办事，不能或者减少行政干预，从而在实践中不断提高公共服务的能力与水平。同时，还要提高管理水平，在市场竞争法则不能展示优越性的地方，政府的监管职能就显得尤为重要。因此，伴随着社会主义市场经济的建立与发展，社会交往与公共管理需要的普遍增加，政府的政治统治职能不断受到削弱，阶级镇压功能在特殊条件下仍然发挥着重要作用，但在多数条件下，被日常的社会管理功能取代，政府的职能也从管理为主转向服务为主。

政府职能不仅需要这样的转变，而且这种转变具有历史的必然性，符合生产力的发展与社会交往的增加必然引起的社会管理功能的增强，政治统治功能削弱的趋势。但是，这种反映着历史必然性的政府职能的转变是不是意味着国家的政治统治功能被取消了呢？答案是否定的。首先，从人类社会历史发展的总体趋势看，特别是进入资本主义时代以来，随着生产力的迅速提高带来的是社会管理功能的快速发展。因而在我国开放以后的快速发展的历史时期内，转变政府职能，加强社会管理与公共服务的职能是符合历史发展的趋势与规律的，这体现的是历史的必然逻辑。其次，国家社会管理与公共服务职能的增强意味着国家政治统治功能的削弱，即国家的社会治理模式从以阶级斗争和阶级镇压与政治统治为主转变为社会的管理者和服务者，是社会进步的表现。这也表明了我国社会内部阶级力量对比发生的明显变化，即作为统治阶级的无产阶级已经成为多数，而被统治与镇压的对象成为社会中极少的一部分。再次，国家的社会管理与服务能力的提升并不意味着国家的政治统治功能的消失，而是在社会不断发展与进步的条件下，逐渐居于次要位置，起着辅助的作用。同时，这也不意味着国家与阶级斗争成为多余的了。我国的阶级斗争虽然从整体上已经消灭，但是在一定范围内还是存在的，并且在特定条件下还有被激化的可能。因而国家的阶级本质并没有完全消失，而是处于不断消失的历史发展过程中，这具有历史的必然性，但是这需要一个漫长的历史过程。因此，一方面要反对用社会管理与服务功能取消或者代替政治统治的功能，另一方面还要不断地创造阶级与国家消亡的条件，改进与完善社会管理水平，推动社会进步，体现社会主义国家的优越性。

三　政治体制改革与经济体制改革要配套进行

马克思运用新唯物主义的历史观揭示了社会生活的结构。一个社会的生产方式是这个社会的经济基础，建立在这个基础之上的是受其决定并反映其内在要求的政治上层建筑与思想上层建筑，其中思想上层建筑决定于政治上层建筑并为政治上层建筑服务。根据社会生活的内部结构，马克思进一步分析了历史发展与演进的基本规律与矛盾。认为历史发展的规律与矛盾不仅是社会历史与国家发展演进的根本动力，同时也规定着一个健康的社会生活是什么样的。

根据马克思所揭示的经济基础与上层建筑之间的辩证关系的原理，一个健康的社会生活应当是经济基础与上层建筑之间保持着良性的互动，上层建筑在根本上为经济基础服务，并不断地为生产关系的稳定或者发展提供条件。改革开放以来，我国社会生产力快速发展过程不仅要求不断地变革旧的生产关系以及由此决定的各种各样的社会关系为生产力的发展不断创造条件，同时，生产关系的快速调整与变革也要求建筑在其上的政治上层建筑即国家与政府的组织或快或慢地发生变革，不断地割除阻碍发展与释放生产力的政策、法规、制度，从而为更好地推动生产力的发展创造条件。因此，在不断地解放与发展生产力的时代背景下，经济制度改革是生产关系中的核心内容，它在根本上决定了分配制度变革以及政治制度、文化制度的改革。经济制度改革是我国改革开放以来社会变革的根本与核心。我国的经济制度改革经历了从清一色的国有经济与集体经济到把私有制经济当作国有经济和集体经济的重要补充，再到"以公有制为主体多种所有制经济共同发展"的变革过程。与经济制度变革直接相适应的是我国的收入分配制度的配套改革。我国的收入分配制度改革经历了从改革开放的初期的"效率优先"到后来的"效率优先，兼顾公平"再到现在的"效率优先，更加注重公平"的变化过程。这一变革既在根本上反映了我国的生产力的发展程度的变化，也体现了我国经济制度的变革的历史过程。除了收入分配制度的变革，我国还变革了经济发展的基本模型，即从计划经济模式开始转向社会主义市场经济模式。我国在1992 年开始提出建立社会主义市场经济制度，经过了这么多年的建设与发展，我国的社会主义市场经济建设已经基本完成，并为生产力的发展、人们生活水平的提高、社会的进步提供了根本的动力。由此可见，生产力的发展必然要求变革生产关系，而生产关系的变革一方面促进了生产力的发展，另一方面要求上层建筑发生变革，以反映生产关系的内容。

我国的经济制度的改革一方面表现为生产关系的变革，极大地释放了社会主义社会的生产力，取得了举世瞩目的成就，另一方面它必然要求上层建筑发生变革，以更好地反映我国的基本经济制度，促进生产力的发展。因此，在我国的基本经济制度与经济模式发生巨大转变，与之相伴随，收入分配制度也在生产力发展的不同阶段进行了多次改革的情况下，转变政府职能，政治制度进行配套改革不仅是马克思所揭示的社会结构与社会历史发展规律的根本要求，也是更好地保护与肯定改革开放的巨大成果，进一步释放生产的活力和人民的发展的热情与动力的重要手段。因此，政治制度改革必须要跟上经济制度变革的步伐，更好地为经济发展提供政策、制度支持。需要强调的是，政治制度改革并不像经济制度改革那样，能够在短时间内释放社会的生产力，对推动生产发展与社会进步有立竿见影的效果，相反，它必须经历一系列中间环节的作用，最终推动社会进步。

政治制度改革并不是任意的，它必须始终遵循这样几个基本原则。第一，政治制度改革在根本上体现与反映经济制度改革的内容与成果，并为生产的发展与社会的进步服务。政治制度改革在根本上是经济制度改革的必然要求，因而只有反映和体现经济制度改革的内容与要求，才能顺应经济发展的要求，为经济发展提供支持。第二，政治制度改革必须牢牢坚持社会主义的基本政治制度不动摇。历史证明，只有社会主义才能救中国，只有改革开放才能发展中国，因此，社会主义制度是我们始终必须坚持的基本政治制度。在政治改革的过程中要保持清醒的认识，始终注意防范自由主义的思潮和左派思潮以及复古思潮的影响，始终同这些社会思潮进行论战与斗争。第三，政治制度改革要始终在中国共产党的领导下进行，才能保证我国的人民民主专政的国家本质。中国共产党是工人阶级的先锋队，中国共产党的执政地位是中国近代以来的历史和人民选择的结果。坚持中国共产党的领导是保证中国特色社会主义制度的政治保障。因此，我国的政治制度改革的目标在于建立一个适应我国经济社会发展水平，保证人民公平有序地参与政治生活的中国特色社会主义政治制度体系，它以人民民主专政的国体为核心，以人民代表大会制度为根本政治制度，以政治协商、民族区域自治和基层群众自治为基本政治制度。同时，在政治改革的过程中要始终反对借助政治体制改革否定党的领导，否定社会主义制度，从而为自由主义、左派和复古主义开辟道路的历史虚无主义思潮。

四 社会主义国家应该不断创造国家消亡的条件

在马克思的新唯物主义历史观的视野里，国家的产生是社会历史发展到一定阶段的产物，因而它必然随着社会历史的发展而走向灭亡。这是辩证的革命的国家观，因为它否定和消解了一切为现存的社会制度和国家存在做辩护的意识形态，指出了国家历史演进的条件、动力、可能与现实。而马克思对国家消亡的分析则是这种辩证的革命性的彻底表现。马克思认为，国家必然走向消亡，这不仅是辩证法的逻辑要求，也是历史观的重要内容。国家走向消亡的路径是经过无产阶级专政的过渡时期，实现从资本主义向共产主义社会的转变。在这个过渡时期内，不断地创造阶级消失与国家消亡的条件。由此可见，无产阶级专政的历史任务在于不断地解放与发展生产力，变革落后的、遗留下来的、旧的资本主义社会的生产关系，消灭资产阶级的特殊统治，建立社会共和国，为无产阶级和人类的解放创造条件。

在国家消亡问题上，社会主义初级阶段的中国既要坚持原则的坚定性，又要把握策略的灵活性。原则的坚定性就是必须坚持不断地解放与发展生产力，为实现国家的消亡创造生产力等物质条件，以此为基础，不断地变革以生产关系为核心的社会关系，使之适应社会进步的需要，直到达到国家的阶级统治功能的逐步消失，社会管理取代它的政治统治成为根本的功能，实现国家向社会的复归。马克思所揭示的历史规律与基本的原则是不容挑战的。策略的灵活性是指，马克思并没有一般的规定具体国家实现国家消亡必须采取的统一行动，而是从内容上与原则上指出了实现国家消亡需要具备的条件，因此，我们要结合我国的历史发展阶段与基本国情，探索适合我国现实发展道路的具体措施，解放与发展生产力。最早的西方马克思主义者卢卡奇在《历史与阶级意识》中指出"正统马克思主义并不意味着无批判地接受马克思研究的结果。它不是对这个或那个论点的'信仰'，也不是对某本'圣'书的注解。恰恰相反，马克思主义问题中的正统仅仅是指方法"①。卢卡奇反驳各种社会思潮对马克思的误解时提出的对马克思的方法即新唯物主义的辩证法的重视无疑成为我们进行社会主义建设所要坚持的方法论。我们进行社会主义建设，建立无产阶级专政就是要坚持新唯物主义的辩证法，把马克思所揭示的基本原理与我国的基本国情相结合，坚持从我国的基本国情出发，在马克思所揭示的历史发展规律的指导下进行社会主义建设，同时不断地探索建设与发展无产阶级专政，创造国家消亡的条件的具体措施。

马克思所揭示的无产阶级专政的历史使命为我国的社会主义建设与发展提出了任务与要求。我国经过新民主主义革命和社会主义改造的胜利完成，在 1956 年底，基本建成了社会主义制度，进入了一个无产阶级领导的社会主义国家的行列。改革开放之前由于没有建设与发展社会主义制度的经验，走了很多的弯路，改革开放之后，坚持实事求是的思想路线，逐步探索出了一条适合我国基本国情的社会主义建设与发展的道路，并在经济建设上取得了巨大的成就。因此，在落后的经济与制度基础上建设社会主义，不仅给我们提出了巨大的理论创新的要求，在实践上我们也经历了重重考验。历史证明，改革开放以来，对我国国情的判断与选择的道路是基本正确的，这为丰富与发展马克思关于社会主义建设与国家的理论提供了实践依据。我国处于并将长期处于社会主义的初级阶段是根据我国发展的现实境况提出的理论总结，这是马克思主义关于落后国家建设与发展社会主义制度的理论创新。但是，马克思所揭示的历史的必然逻辑与国家消亡的条件并没有失效，相反，改革开放的伟大历史实践为进一步探索国家的消亡的现实条件提供了依据。

在社会主义初级阶段的中国，在一个落后的发展中的大国，坚持人民民主专政，坚持无产阶级的领导地位，改革与发展现有的生产关系与社会制度，为解放与发展生产力，提高综合国力和改善人民生活

---

① ［匈］卢卡奇：《历史与阶级意识》，杜章智等译，商务印书馆 1999 年版，第 47—48 页。

水平服务，不仅是现阶段我国社会发展的重要任务，也是为实现国家的消亡创造的必备的历史条件。因此，在进行社会主义建设与发展的历史时期内，我们既要脚踏实地地干好现阶段的历史向我们提出的任务，即解放与发展社会生产力，提高社会主义中国的综合国力，改善人民的生活，使我国尽快建成小康社会并逐步实现向中等发达国家的过渡；又要仰望星空，坚持共产主义的远大理想与宏伟目标，不断创造条件，为人类的解放积累历史的条件。按照这个基本原则，我国现阶段的主要目标与任务仍然是不断地解放与发展社会生产力，凸显社会主义制度的优越性，首先实现对资本主义国家制度的超越，形成社会主义国家的影响力与号召力。我国改革开放的辉煌成果无疑为世界上的落后国家实现现代化提供了借鉴，因而关于"中国道路""中国模式"的讨论成为热点话题。因此，我们要有社会主义的制度自信，中国特色社会主义的道路自信和中华民族的文化自信，开创一条新的社会发展道路，它不仅进一步反映与证明了马克思国家观的科学性，而且以其革命性探索出了一条具有世界意义的"中国道路"。

综上所述，无论是马克思国家观在理论上遭到的无政府主义、机会主义和修正主义的挑战与歪曲，西方马克思主义和后马克思主义的误读与误释，还是实践上遭到的"苏东剧变"的沉痛打击，都没有磨灭马克思国家观的生命力与解释力。中国共产党领导的人民民主专政的社会主义国家正在坚持马克思国家观的基础上不断探索发展社会生产的新举措，创造国家消亡的必要条件，从而以实践的方式复活马克思的国家观。

参考文献

经典著作

《马克思恩格斯文集》第 1、2、3、4、8、10 卷，人民出版社 2009 年版。

《马克思恩格斯选集》第 1—4 卷，人民出版社 2012 年版。

《马克思恩格斯选集》第 2 卷，人民出版社 1956 年版。

《马克思恩格斯全集》第 1 卷，人民出版社 1956 年版。

《马克思恩格斯全集》第 3 卷，人民出版社 2002 年版。

《马克思恩格斯全集》第 4 卷，人民出版社 1956 年版。

《马克思恩格斯全集》第 7 卷，人民出版社 1965 年版。

《马克思恩格斯全集》第 18 卷，人民出版社 1964 年版。

《马克思恩格斯全集》第 23 卷，人民出版社 1972 年版。

《马克思恩格斯全集》第 33 卷，人民出版社 1973 年版。

《马克思恩格斯全集》第 34 卷，人民出版社 1972 年版。

《资本论》第 1、3 卷，人民出版社 2004 年版。

《列宁选集》第 1—4 卷，人民出版社 2012 年版。

《斯大林选集》下卷，人民出版社 1979 年版。

《马克思早期政治著作选》（影印本），中国政法大学出版社 2003
　　年版。

译文著作

［古希腊］柏拉图：《理想国》，郭斌和、张竹明译，商务印书馆 1986

年版。

［古希腊］《亚里士多德全集》第 9 卷，苗力田编，中国人民大学出
版社 1994 年版。

［古希腊］亚里士多德：《政治学》，吴寿彭译，商务印书馆 1981
年版。

［古罗马］奥古斯丁：《上帝之城》，庄陶、陈维振译，复旦大学出版
社 2011 年版。

［古罗马］西塞罗：《国家篇、法律篇》，沈叔平、苏力译，商务印书
馆 2002 年版。

［英］霍布斯：《利维坦》，黎思复、黎廷弼译，商务印书馆 1985
年版。

［英］洛克：《政府论》下篇，叶启芳、瞿菊农译，商务印书馆 1964
年版。

［英］穆勒：《功利主义》，唐钺译，商务印书馆 1957 年版。

［英］鲍桑葵：《关于国家的哲学理论》，汪淑钧译，商务印书馆 1995
年版。

［英］M. I. 芬利：《古代世界的政治》，晏绍祥、黄洋译，商务印书
馆 2013 年版。

［英］L. T. 霍布豪斯：《形而上学的国家论》，汪淑钧译，商务印书
馆 1997 年版。

［英］麦克莱伦：《马克思传》，王珍译，中国人民大学出版社 2006
年版。

［英］拉尔夫·密利本德：《资本主义社会的国家》，沈汉、陈祖洲、
蔡玲译，商务印书馆 1997 年版。

［英］拉尔夫·密利本德：《马克思主义与政治学》，黄子都译，商务
印书馆 1984 年版。

［英］弗里德里希·冯·哈耶克：《自由秩序原理》，邓正来译，生
活·读书·新知三联书店 1997 年版。

［英］佩里·安德森：《当代西方马克思主义》，余文烈译，东方出版

社 1989 年版。

［英］佩里·安德森：《思想的谱系——西方思潮左与右》，袁银传、
曹荣湘等译，社会科学文献出版社 2010 年版。

［英］佩里·安德森：《后现代性的起源》，紫辰、合章译，中国社会
科学出版社 2008 年版。

［英］戴维·米勒编：《开放的思想和社会——波普尔思想精粹》，张
之沧译，江苏人民出版社 2000 年版。

［英］J. B. 伯里：《思想自由史》，周颖如译，商务印书馆 2012 年版。

［英］特伦斯·霍克斯：《结构主义和符号学》，瞿铁鹏译，上海译文
出版社 1987 年版。

［英］帕特里克·邓利维、布伦登·奥利里：《国家理论：自由民主
的政治学》，欧阳景根等译，浙江人民出版社 2007 年版。

［英］G. A. 科恩：《卡尔·马克思的历史理论——一种辩护》，段忠
桥译，高等教育出版社 2008 年版。

［英］亚当·斯威夫特：《政治哲学导论》，萧韶译，江苏人民出版社
2006 年版。

［英］哈耶克：《通往奴役之路》，王明毅、冯兴元等译，中国社会科
学出版社 1997 年版。

［英］吉登斯：《资本主义与现代社会理论》，郭忠化、潘华凌译，译
文出版社 2007 年版。

［法］卢梭：《社会契约论》，何兆武译，商务印书馆 1963 年版。

［法］卢梭：《论人类不平等的起源和基础》，李常山译，商务印书馆
1962 年版。

［法］孟德斯鸠：《论法的精神》，许明龙译，商务印书馆 1961 年版。

［法］列菲弗尔：《论国家——从黑格尔到斯大林和毛泽东》，李青宜
等译，重庆出版社 1988 年版。

［法］萨特：《存在与虚无》，陈宣良等译，生活·读书·新知三联书
店 2007 年版。

［法］福柯：《规训与惩罚》，刘北成、杨远婴译，生活·读书·新知

三联书店 2012 年版。

［法］福柯：《疯癫与文明》，刘北成、杨远婴译，生活·读书·新知三联书店 2012 年版。

［法］托克维尔：《旧制度与大革命》，冯棠译，商务印书馆 1992 年版。

［法］阿尔都塞：《保卫马克思》，顾良译，商务印书馆 1984 年版。

［德］康德：《历史理想批判文集》，何兆武译，商务印书馆 1991 年版。

［德］康德：《实践理性批判》，韩水法译，商务印书馆 1999 年版。

［德］康德：《法的形而上学原理》，沈叔平译，林荣远校，商务印书馆 1991 年版。

［德］黑格尔：《法哲学原理》，范扬、张启泰译，商务印书馆 1961 年版。

［德］黑格尔：《哲学史讲演录》第 1、2、4 卷，贺麟、王太庆等译，上海人民出版社 2013 年版。

［德］黑格尔：《历史哲学》，王造时译，上海世纪出版集团 2006 年版。

［德］黑格尔：《精神现象学》，贺麟等译，商务印书馆 1979 年版。

［德］黑格尔：《小逻辑》，贺麟译，商务印书馆 1979 年版。

［德］滕尼斯：《共同体与社会》，林荣远译，商务印书馆 1999 年版。

［德］列奥·施特劳斯：《自然权利与历史》，彭刚译，生活·读书·新知三联书店 2003 年版。

［德］洛维特：《世界历史与救赎历史》，李秋零、田薇译，商务印书馆 2016 年版。

［德］卡尔·曼海姆：《意识形态与乌托邦》，黎鸣、李书崇译，商务印书馆 2000 年版。

［德］尤尔根·哈贝马斯：《合法化危机》，刘北城、曹卫东译，上海人民出版社 2000 年版。

［德］韦伯：《新教伦理与资本主义的精神》，康乐、简惠美译，广西

师范大学出版社 2010 年版。

［德］ 弗兰茨·奥本海：《论国家》，沈蕴芳译，上海人民出版社 1989
　　年版。

［德］ 克劳斯·奥菲：《福利国家的矛盾》，郭忠华等译，吉林人民出
　　版社 2002 年版。

［德］ 亨利希·库诺：《马克思的历史、社会和国家学说》，袁志英
　　译，上海译文出版社 2006 年版。

［德］ 齐格蒙特·鲍曼：《共同体》，欧阳景根译，江苏人民出版社
　　2003 年版。

［德］ 威廉·狄尔泰：《历史中的意义》，艾颜译，译林出版社 2011
　　年版。

［德］ 霍克海默、阿道尔诺：《启蒙辩证法》，渠敬东、曹卫东译，上
　　海人民出版社 2006 年版。

［德］ 海德格尔：《存在与时间》，陈嘉映、王庆节译，生活·读书·
　　新知三联书店 2012 年版。

［美］ 罗尔斯：《正义论》，何怀宏等译，中国社会科学出版社 2009
　　年版。

［美］ 摩尔根：《古代社会》上下册，杨东莼等译，商务印书馆 1977
　　年版。

［美］ 弗洛姆：《健全的社会》，孙恺祥译，上海译文出版社 2011
　　年版。

［美］ 罗尔斯：《政治自由主义》，万俊人译，译林出版社 2002 年版。

［美］ 伯尔曼：《法律与宗教》，梁治平译，商务印书馆 2012 年版。

［美］ 奇尔科特：《比较政治经济学理论》，高铦、高戈译，社会科学
　　文献出版社 2001 年版。

［美］ 麦克里兰：《西方政治思想史》，彭淮栋译，海南出版社 2003
　　年版。

［美］ 麦克里兰：《意识形态》，孙兆玖、蒋龙翔译，吉林人民出版社
　　2005 年版。

［美］西达·斯考切波：《国家与社会革命》，何俊志、王学东译，上海世纪出版集团 2007 年版。

［美］巴林顿·摩尔：《民主和专制的社会起源》，拓夫等译，华夏出版社 1988 年版。

［美］张效敏：《马克思的国家理论》，田毅松译，上海三联书店 2013 年版。

［美］古尔德：《马克思的社会本体论：马克思社会实在理论中的个体和共同体》，王虎学译，北京师范大学出版社 2009 年版。

［美］柯林斯、马科夫斯基：《发现社会》，李霞译，商务印书馆 2014 年版。

［美］约翰·罗默：《社会主义的未来》，余文烈等译，张金鉴校，重庆出版社 1997 年版。

［美］艾伦·伍德、约翰·福斯特编：《保卫历史：马克思主义与后现代主义》，郝明玮译，社会科学文献出版社 2009 年版。

［美］亨廷顿：《文明的冲突与世界秩序的重建》，周琪等译，新华出版社 2009 年版。

［美］亨廷顿：《变化社会中的政治秩序》，王冠华、刘为等译，上海人民出版社 2008 年版。

［意］葛兰西：《狱中札记》，曹雷雨等译，中国社会科学出版社 2000 年版。

［意］马基雅维利：《君主论》，潘汉典译，商务印书馆 1985 年版。

［意］托马斯·阿奎那：《阿奎那政治著作选》，马清槐译，商务印书馆 2009 年版。

［瑞士］索绪尔：《普通语言学教程》，高名凯译，商务印书馆 1980 年版。

［日］望月清司：《马克思历史理论研究》，韩立新译，北京师范大学出版社 2009 年版。

［日］猪口孝：《国家与社会》，高增杰译，经济日报出版社 1989 年版。

［匈］卢卡奇：《历史与阶级意识》，杜章智等译，商务印书馆 1999
　　年版。

［希腊］尼克斯·普兰查斯：《政治权力与社会阶级》，叶林等译，中
　　国社会科学出版社 1982 年版。

中文著作

陈炳辉：《西方马克思主义的国家理论》，中央编译出版社 2004 年版。

陈先达、靳辉明：《马克思早期思想研究》，中国人民大学出版社
　　2010 年版。

陈先达：《走向历史的深处》，中国人民大学出版社 2010 年版。

陈先达等著：《被肢解的马克思》，上海人民出版社 1990 年版。

陈晏清：《马克思主义哲学高级教程》，南开大学出版社 2001 年版。

邓正来：《国家与市民社会》，中央编译出版社 1999 年版。

邓正来：《市民社会理论研究》，中国政法大学出版社 2002 年版。

范春燕：《普兰查斯国家理论研究》，中国社会科学出版社 2015 年版。

郭宝宏：《马克思主义国家理论的当代魅力》，人民出版社 2012 年版。

郭强：《马克思社会与国家理论的历史轨迹及其当代价值》，世界图书
　　出版广东有限公司 2014 年版。

何子英：《杰索普国家理论研究》，浙江大学出版社 2010 年版。

贾英健：《全球化背景下的民族国家研究》中国社会科学出版社 2005
　　年版。

江红义：《国家自主性理论的逻辑——关于马克思、波朗查斯与密里
　　本德的比较分析》，知识产权出版社 2005 年版。

李惠斌：《全球化与公民社会》，广西师范大学出版社 2003 年版。

李梅：《权利与正义：康德政治哲学研究》，社会科学文献出版社
　　2000 年版。

李青宜：《西方马克思主义的当代资本主义理论》，重庆出版社 1990
　　年版。

李淑梅：《政治哲学的批判与重建——马克思早期著作研究》，人民出版社 2014 年版。

李延明等：《马克思恩格斯政治学说研究》，人民出版社 2002 年版。

刘军：《国家起源新论——马克思国家起源理论及当代发展》，中央编译出版社 2008 年版。

罗许成：《当代中国马克思主义国家理论的新发展——一种国家治理的视角》，浙江大学出版社 2009 年版。

吕世荣、周宏：《唯物史观的返本开新》，人民出版社 2006 年版。

马长山：《国家、市民社会与法治》，商务印书馆 2002 年版。

庞金友：《现代西方国家与社会关系理论》，中国政法大学出版社 2006 年版。

秦国荣：《市民社会与法的内在逻辑——马克思的思想及其时代意义》，社会科学文献出版社 2006 年版。

荣剑：《社会批判的理论与方法》，中国社会科学出版社 1998 年版。

时和兴：《关系、限度、制度：政治发展过程中的国家与社会》，北京大学出版社 1996 年版。

孙伯鍨、侯惠勤：《马克思主义哲学的历史与现状》，南京大学出版社 2004 年版。

孙晓莉：《中国现代化进程中的国家与社会》，中国社会科学出版社 2001 年版。

唐士其：《国家与社会的关系——社会主义国家的理论与实践》，北京大学出版社 1998 年版。

万俊人：《现代性的伦理话语》，黑龙江人民出版社 2002 年版。

王浩斌：《市民社会的乌托邦——马克思主义的社会历史哲学阐释》，江苏人民出版社 2011 年版。

王沪宁主编：《政治的逻辑：马克思主义政治学原理》，上海人民出版社 2004 年版。

王震中：《中国文明起源的比较研究》，陕西人民出版社 1994 年版。

吴恩裕：《马克思的政治思想》，商务印书馆 2008 年版。

吴晓明：《马克思早期思想的逻辑发展》，云南人民出版社 1993 年版。

肖扬东：《马克思主义国家理论的新进展——杰索普"策略关系"国家理论研究》，上海人民出版社 2012 年版。

谢维扬：《中国的早期国家》，浙江人民出版社 1995 年版。

杨晓东：《马克思与欧洲近代政治哲学》，社会科学文献出版社 2008 年版。

叶皓：《西方国家权力制约论》，中国社会科学文献出版社 2004 年版。

叶汝贤、孙麾编：《马克思与我们同行》，中国社会科学出版社 2003 年版。

尹树广：《国家批判理论》，黑龙江人民出版社 2002 年版。

尹树广编：《后结构·生活世界·国家》，黑龙江人民出版社 2002 年版。

郁建兴：《马克思国家理论与现时代》，东方出版中心 2007 年版。

袁祖社：《权力与自由——市民社会的人学考察》，中国社会科学出版社 2003 年版。

张静：《国家与社会》，浙江人民出版社 1998 年版。

张亮：《阶级、文化与民族传统》，江苏人民出版社 2008 年版。

张文喜：《历史唯物主义的政治哲学向度》，江苏人民出版社 2008 年版。

张一兵编：《马克思哲学的历史原像》，人民出版社 2009 年版。

赵家祥、丰子义：《马克思东方社会理论的历史考察和当代意义》，高等教育出版社 2001 年版。

赵剑英、陈晏清主编：《马克思主义政治哲学：阐释与创新》，社会科学文献出版社 2007 年版。

邹永贤编：《国家学说史》（上、中、下），福建人民出版社 1987 年版。

邹永贤：《马克思主义国家学说概论》，厦门大学出版社 1990 年版。

中文论文

陈炳辉：《国家与利益——现代西方的四种国家观》，《东南学术》2005 年第 3 期。

杜创国：《马克思主义的国家观与政府职能的转变》，《马克思主义研究》2008 年第 8 期。

冯新舟、何自力：《全球化背景下马克思主义国家理论的新议题——兼论民族国家的历史命运》，《教学与研究》2010 年第 10 期。

高卫民：《国家自主性：认识现代民族国家建构的一个"范式"》，《马克思主义与现实》2014 年第 3 期。

龚剑飞：《马克思对黑格尔国家理性的批判及其重大意义——以〈黑格尔法哲学批判〉为中心》，《浙江学刊》2010 年第 4 期。

韩立新：《从国家到市民社会——马克思思想的重要转变》，《河北学刊》2009 年第 1 期。

黄亮宜：《和谐社会建设与国家理论创新》，《科学社会主义》2007 年第 3 期。

贾建芳：《马克思主义社会与国家关系理论及其启示》，《社会主义研究》2014 年第 4 期。

姜正军：《希望还是神话：马克思国家消亡论阐释》，《马克思主义研究》2011 年第 11 期。

李佃来：《论马克思市民社会理论的两种逻辑》，《哲学研究》2010 年第 12 期。

李福岩：《自由的定在——黑格尔对法国大革命理性思考中的国家观》，《福建论坛》2012 年第 9 期。

李青宜：《"新马克思主义"的"政治分析"国家理论》，《马克思主义与现实》1994 年第 2 期。

李淑珍：《论〈黑格尔法哲学批判〉中市民社会决定国家的思想》，《北京大学学报》1987 年第 3 期。

刘月秀：《马克思国家观的演进逻辑与历史思考》，《社会科学研究》
　　2013 年第 4 期。

庞金友：《近代西方国家观念的逻辑与谱系》，《政治学研究》2011 年
　　第 5 期。

仇小敏：《政治文明：马克思恩格斯国家理论的价值取向》，《学术论
　　坛》2005 年第 9 期。

荣剑：《马克思的国家和社会理论》，《中国社会科学》2001 年第
　　3 期。

唐兴霖：《论国家的层次和职能》，《社会主义研究》1999 年第 3 期。

王东：《马克思的国家观与中国政治体制改革的新道路》，《河北学
　　刊》2007 年第 1 期。

吴英：《对马克思国家理论的再解读》，《史学理论研究》2009 年第
　　3 期。

夏洞奇：《"两座城"学说与奥古斯丁的国家观》，《江海学刊》2007
　　年第 5 期。

肖扬东、周利兴：《全球化与马克思主义国家理论的当代转型》，《思
　　想战线》2009 年第 3 期。

辛向阳：《〈黑格尔法哲学批判〉中的国家观及其现实逻辑》，《教学
　　与研究》2015 年第 9 期。

杨雪冬：《西方马克思主义国家理论简评》，《马克思主义与现实》
　　2004 年第 2 期。

郁建兴：《论全球化时代的马克思主义国家理论》，《中国社会科学》
　　2007 年第 2 期。

郁建兴：《国家理论的复兴与马克思主义的国家理论》，《东南学术》
　　2001 年第 5 期。

郁建兴：《马克思国家理论与现时代》，《河北学刊》2005 年第 3 期。

郁建兴、何子英：《从资本、阶级到策略、治理——杰索普对马克思
　　主义国家理论的新发展》，《哲学研究》2006 年第 9 期。

俞吾金：《普兰查斯的结构主义国家权力学》，《中共宁波市委党校学

报》2002 年第 11 期。

臧峰宇：《晚年恩格斯国家观的政治哲学解读》，《广西社会科学》2014 年第 4 期。

张传鹤：《传统国家本质理论的反思与重构》，《齐鲁学刊》2006 年第 6 期。

张盾：《重新阐释马克思与黑格尔的理论传承关系——从黑格尔的视角看》，《江海学刊》2006 年第 5 期。

张亮：《马克思主义国家理论及其当代发展——柯林·海伊教授访谈录》，《学海》2011 年第 2 期。

张双利：《再论马克思对黑格尔法哲学的批判》，《哲学研究》2016 年第 6 期。

张文喜：《论马克思国家概念的遗产》，《华东师范大学学报》2013 年第 3 期。

张文喜：《马克思理性主义国家观及其法的正义批判》，《教学与研究》2013 年第 10 期。

张效敏、田毅松：《马克思的国家理论》，《马克思主义与现实》2013 年第 3 期。

张严：《马克思恩格斯国家观中的"实然国家"与"应然国家"》，《中央党校学报》2013 年第 4 期。

张艳芬、孙斌：《国家观：从黑格尔到马克思》，《东南学术》2003 年第 1 期。

赵平之：《关于国家理论的几个问题》，《马克思主义研究》1984 年第 2 期。

周建勇：《国家具有相对自主性——对马克思主义国家理论的分析》，《理论月刊》2011 年第 9 期。

朱光磊：《论国家本质的社会性方面》，《天津社会科学》1992 年第 5 期。

张国昀：《马克思主义经济学框架下的国家理论研究》，河南大学 2012 年博士学位论文。

外文文献

W. A. Dunning, *A History of Political Theories*, *Ancient and Medieval*, The Macmillan Company, 1927, p. 212.

Nicos Poulantzas, "The Problem of Capitalist State", *New Left Review*, No. 58, 1969.

Ralph Miliband, "Reply to Nicos Poulantzas", *New Left Review*, No. 59, 1970.

Ralph Miliband, "Poulantzas and the Capitalist State", *New Left Review*, No. 82, 1973.

附　录

理论逻辑与问题意识：
马克思的国家观革命[*]

从黑格尔的《法哲学原理》与马克思的《黑格尔法哲学批判》着手分析马克思国家观革命，认为马克思实现了市民社会与国家关系问题上对黑格尔的颠倒。马克思认识到市民社会是国家的真正根基，这为马克思的唯物史观的建立打下了坚实的基础。沿着这个思路去研究马克思国家观革命是对马克思国家理论的简单化处理，它严重遮蔽了马克思国家观革命的理论逻辑和问题意识。深入地研究国家观的历史嬗变与共同体发展的历史逻辑就会发现，马克思的国家观革命并不仅仅是对黑格尔国家观批判所实现的市民社会与国家的颠倒。严格来说，黑格尔并不构成马克思国家观革命的全部理论前提，应当承认马克思有着更深远的眼光和更宽阔的视野。马克思与黑格尔都看到了近代以来市民社会与政治国家的分离这一历史发展表现出来的必然性。面对共同的历史问题，黑格尔与马克思开出了各自的药方。马克思并不满意黑格尔的国家决定市民社会的方案，因而提出了自己的解决办法，从根本上超越了黑格尔。那么，在马克思国家观革命的理论视野中，黑格尔国家观究竟扮演了什么样的角色？黑格尔所坚持的国家决定市民社会的解决方案的根本缺陷是什么？马克思是如何扬弃并超越

---

　　* 国家与社会的分离是近代以来政治哲学回应的主要问题。马克思提出的政治国家复归于社会解决问题的思路建立在科学社会主义的理论之上，也超越了资产阶级法权的狭隘界限，因而在国家观上实现了一场深刻的变革。文章发表于《哲学动态》2017 年第 4 期，略有删减。

黑格尔，实现国家观的革命的？这些问题的解答都需要更为深远的历史追问和更为开阔的历史视野。

一 契约主义与古典经济学：对市民社会与政治国家分离问题的思考

在古典时代，市民社会与政治国家是完全统一的，市民社会成员同时就是政治国家成员，公民与私人，公共生活与私人生活并没有真正地分化开来。经历了漫长的中世纪以后，特别是到了近代，经济上商品经济的迅速发展，资本的不断积累与扩张，资本主义经济逐渐发展起来；政治上反对神权，高扬人权，追求人的现实幸福的需要；文化上的人文主义、理性主义思潮风起云涌的结果是：一方面，个人的私欲得到承认，市民社会作为"需要的体系"真正发展了起来；另一方面，近代意义上独立出现的现实的个人要求参与政治生活，追求政治自由与民主。政治国家也逐渐从市民社会当中分离出来，成为建筑在市民社会之上用来规范社会生活的上层建筑。市民社会所代表的私人利益与政治国家所追求的公共利益之间的分歧与矛盾逐渐凸显出来，市民社会与政治国家的矛盾与分裂开始成为近代社会的基本矛盾与问题。对这一问题的不同回答构成了不同的政治哲学思想流派，由此也形成了对近代社会历史进程的不同理解方式和思考路径，契约主义和古典经济学就是其中的两种主要流派。

以霍布斯为发端贯穿整个近代历史的契约主义思想从政治国家的起源与功能视角试图解决市民社会与政治国家的分离与矛盾。他们认为：政治国家起源于人们签订的社会契约；国家权力来源于人们自然权力的合法性让渡，因而国家的权力是有限的，绝不能超出自然权力的范围；国家的主要功能在于保障天赋人权，具体包括生命权、自由权和财产权。在契约主义者看来，自然权力是政治国家的原生领域，政治权力则是派生的，是为人的自然权力提供保障和服务的。契约主义国家观反映了近代出现的市民社会与政治国家分离的历史趋势，它所给出的解决方案的核心在于政治国家为市民社会提供安全与保障，维护市民社会成员的私人利益即财产权是政治国家的根本任务，离开了政治国家的市民社会是不安全的，私人利益与个人财产也无法得到保障。这样，政治国家在一定程度上沦为了市民社会的附庸，社会公共利益存在淹没在利己主义的冰水之中的风险。虽然契约主义的国家观在近代历史上形成了广泛而深远的影响，他们提出的分权与制衡原则、人民主权原则和社会契约论在现代资本主义国家得到了一定程度的实现和发展。但是，面对市民社会与政治国家的分裂这一时代问题，他们并没有行之有效的解决方案。

如果说契约主义从政治权力起源的角度追问和反思政治国家的诞生，因而试图从政治之维分析和解决问题的话，古典经济学则重点考察了近代社会的经济发展方式的变革，即市民社会产生、发展及演变规律，因而是从市民社会维度入手寻找解决市民社会与政治国家分裂的原因和对策。

以亚当·斯密、大卫·李嘉图和亚当·弗格森为代表的古典经济学家在分析了近代市民社会的主要特征的基础上揭示了市民社会的特殊利益本质。在古典经济学家看来，市民社会自身有一套行之有效的运行规则，因而不需要任何外来因素的干预和影响。他们提出了市民社会依靠自由竞争和等价交换原则维持社会的秩序与规律的分析框架，认为国家扮演的是市民社会的"守夜人"的角色。竞争成了市民社会的最高原则，国家负责为市民社会提供公平竞争的平台与保障。古典经济学家的杰出代表亚当·斯密揭示了近代市民社会的本质规律及其秘密。斯密认为，劳动是财富的源泉，是市民社会的基本原理，以此为根据他批判了重商主义者。斯密所理解的劳动是一种物质资料的生产实践活动，因而他从财富创造的维度，肯认了笛卡尔开启的主体性原则。为了推翻封建神权统治而在哲学上不断涌现的人文主义、理性主义思潮所体现的主体性原则在古典自由主义的政治经济学家那里得到了回响。他们把笛卡尔开启的主体性原则落实到人的劳动创造性上，这为马克思的实践唯物主义哲学的诞生提供了理论素材。应当承认，古典经济学家对近代市民社会的理解达到了哲学的原则高度，问题在于市民社会本身是否蕴含着解决政治国家与市民社会之间矛盾与冲突的手段，至少目前我们可以确定，古典经济学家不仅没有解决这个问题，相反，他们通过对市民社会的深入的解剖，进一步凸显了矛盾。

综上可知：契约主义者侧重于通过对政治国家的分析与考察来弥合市民社会与政治国家的分离，这与契约主义诞生与发展的历史阶段和历史条件是分不开的。以分析市民社会的本质与规律为胜的古典经济学家们则是在资本主义经济有了更为充分的发展的历史条件下来解决问题的，因而带有更明显的资产阶级倾向。无论是契约主义还是古典经济学都没有真正地解决市民社会与政治国家的二元分裂，而是把答案留给了历史去寻找。

二 黑格尔的方案：国家决定市民社会

在契约主义与古典经济学家之后，对这一问题有着深刻创见的非德国古典哲学之集大成者黑格尔莫属。黑格尔哲学特别是其法哲学与国家哲学是如何解决这一问题的呢？答案集中反映在黑格尔对国家与市民社会的分析之中。

黑格尔详细考察了客观精神发展演变的三个环节，认为每一环节都是特定阶段上的自由的表现。"法的基地一般说来是精神的东西，它的确定的地位和出发点是意志。意志是自由的，所以自由就构成法的实体和规定性。"[①] 法哲学的出发点是意志自由，在不同的发展阶段上，意志自由具有不同的形式与特征。黑格尔认为，抽象法是客观精神的低级阶段，人的主观意志还不能参与进来，具有客观性；道德是对抽象法的扬弃，是法的真理，具有主观性；只有伦理阶段才能实现客观与主观的统一，真正达到客观精神。黑格尔认为家庭、市民社会

---

① 黑格尔：《法哲学原理》，范扬、张企泰译，商务印书馆1961年版，第10页。

和国家是伦理阶段的三个环节。家庭以婚姻和两性关系为纽带是直接的或自然的伦理精神；市民社会是个人与家庭的集聚，处于直接的伦理精神的解体和分化阶段，市民社会的发展表现为"需要的体系"、司法体系、警察和同业公会体系；国家是伦理理念的现实，它直接体现伦理精神，是家庭和市民社会追求的目标。国家是伦理精神的直接体现，是对以家庭为代表的直接伦理和以市民社会为代表的伦理精神的解体与分化的扬弃与超越。自由只有在伦理精神阶段才能扬弃其抽象性和主观性表现为自由的现实性。因此，在黑格尔看来，国家是伦理理念的现实，是自由的定在。

黑格尔把市民社会概括为三个方面的体系。第一，市民社会作为"需要的体系"。市民社会中的个人都是作为私人而存在的，由于需要的多样性，劳动与社会分工的发展，每个人都不能独立地满足自己的需要，而是依赖于市场的供给，每个人需要的满足都要在市民社会当中得到实现。因此，作为"需要的体系"的市民社会就要求每个人必须把他人当作手段才能实现自己的目的，因而同时也是交换的体系。第二，市民社会是一个司法体系。由于社会交往的不断发展，契约关系和财产联系成为市民社会交往的基本关系，市民的财产和人格都需要法律作为保障。离开了法律所维持的公共秩序，交换体系就会崩溃，每个人的需要就不能得到有效的满足。第三，市民社会作为警察和同业公会体系。警察和同业公会是从不同的方面保障市民社会成员的私人利益和特殊利益的手段和途径。同业公会在市民社会中扮演着重要的角色，能够有效地保障自身的内部利益，进而维持市民社会的秩序。

黑格尔把家庭、市民社会与国家之间的关系概括为三个方面：第一，家庭是单一性领域，市民社会是特殊利益领域，政治国家则是普遍性领域。第二，单一性、特殊利益与普遍性在根本上是一致的。一方面，普遍性的实现离不开单一性和特殊利益的充分发展以及二者对普遍性的希求；另一方面，单一性与特殊利益的充分发展以普遍性为前提，但也不能完全脱离开对普遍性的追求。第三，单一性、特殊利益实际上表现为不断地追求与实现普遍性的运动过程。因此，"国家既作为前提使家庭和市民社会得到充分发展，又通过个体的特殊性、通过他们对普遍性的自觉追求而最终把家庭和市民社会纳入国家之中"①。

黑格尔作为一个伟大的哲学家，他并没有停留在对家庭、市民社会与国家之间的逻辑关系的分析上，而是以此为契机，发现了现代国家在本质上是与市民社会相分离的抽象国家。黑格尔热情地赞颂法国大革命是一次壮丽的日出，为了不致使法国大革命所开创的壮丽的事业沉沦和失败，他深刻地意识到必须克服近代以来出现的市民社会与政治国家的二元分裂的现状，实现二者的内在统一。黑格尔并不满足于契约主义和古典经济学的解释与分析，在对二者批判性继承的基础上提出了自己的方案。

黑格尔批判契约主义的国家观属于"抽象理智"和"否定的理智"。"抽象理智"认为存在着彼此绝对独立的权力规定，并坚持它们之间是相互制约的否定性关系，这就是契约主义的分权原则。在黑格尔看来，契约主义根本不理解权力本身的真正来源，从目的或者功利的角度来理解国家的权力组织是有问题的，应该从权力概念的自我规定出发来理解和阐释权力的来源。各种权力不应该被看作是自在的存在的，而"只应看做是概念的各个环节而被区分着"②。黑格尔以法国大革命为例指出"时而立法权吞噬了所谓行政权，时而行政权吞噬了立法权"③。黑格尔用逻辑的统一性涵摄实际存在的不同权力之间的制约与否定的做法并没有真正克服抽象理智面临的困境，因此它像康德的绝对命令一样软弱无力。"否定的理智"把"否定的东西作为出发点，把恶的意志和对这种意志的猜疑提到首位，然后依据这个前提狡猾地建筑一些堤坝，从效用上说，只是为了反抗一些相反的堤

---

① 张双利：《再论马克思对黑格尔法哲学的批判》，《哲学研究》2016 年第 6 期。
② 黑格尔：《法哲学原理》，范扬、张企泰译，商务印书馆 1961 年版，第 286 页。
③ 同上。

坝"①，并没有真正克服由于分权与制衡而带来的弊端。黑格尔认为"每一种权力本身必须各自构成一个整体，并包含其他环节于其自身之中"② 才能克服分权原则带来的混乱。

黑格尔批判了契约主义的人民主权原则。黑格尔认为，人民是一群无定型的东西，一旦离开君主的最后决断，人民就是一盘散沙。因此，人民主权是混乱不堪的，只有君主以国家人格才能保证国家主权的统一性。黑格尔反对把人民主权与君主主权相对立起来的思想，认为"只有人民对外完全独立并组成自己的国家，才谈得上人民的主权"③。黑格尔用高明的君主来克服民主政治弊端的做法只能是一种超历史的想象。

黑格尔批判地继承了古典经济学家特别是亚当·斯密对市民社会本质与规律的认知。斯密所理解的劳动是一种物质生产劳动，认为它是社会财富的真正源泉，在此基础上他进一步分析了劳动分工及其对市民社会发展的重要推动作用。黑格尔关于市民社会的三个体系的认识就是在继承斯密的劳动观及其对市民社会解剖的基础上形成的。斯密认为，个人只有参与到社会的分工与交换体系中才能实现个人的特殊利益与社会的公共利益的内在统一。这启发了黑格尔关于市民社会的交换体系的认识。卢卡奇曾断言黑格尔是斯密的追随者，但这并不意味着他们之间没有分歧。黑格尔并不信任市民社会能够克服自身内部的矛盾，他认为斯密的"看不见的手"不是万能的，在私人利益至上的市民社会领域，贫富分化、社会分裂都是不可避免的矛盾。

综上可知，黑格尔认为建立在个人权力让渡基础上的政治国家是不可靠的，因为它不符合权力本身的概念。他也不赞成古典经济学把政治国家理解为市民社会的守夜人的观点。黑格尔选择了代表普遍性的政治国家来解决市民社会领域可能出现的矛盾，认为市民社会只有以政治国家为目标和前提，即特殊利益只有上升为普遍利益才能克服

---

① 黑格尔：《法哲学原理》，范扬、张企泰译，商务印书馆1961年版，第285页。
② 同上书，第286页。
③ 同上书，第297页。

市民社会与政治国家之间的矛盾。然而黑格尔并不理解市民社会所代表的特殊利益与政治国家所代表的普遍利益之间的冲突在现实的资本主义秩序中是不可调和的。早期马克思以此为基础提出了以市民社会决定国家的理论为核心的对黑格尔方案的批判。

三　早期马克思对黑格尔方案的批判

早期马克思对黑格尔方案的批判集中表现在三个方面。

首先，马克思批判了黑格尔的国家决定市民社会与家庭的观点。黑格尔把家庭和市民社会看作国家的概念领域，"观念变成了主体，而家庭和市民社会对国家的现实的关系被理解为观念的内在想象活动"①。马克思指出思辨思维颠倒了这一切，"家庭和市民社会都是国家的前提，它们才是真正活动着的"②。马克思认为，把家庭和市民社会理解为国家的现实构成部分，理解为国家的本质所在才是合理的。黑格尔从三个方面论证了政治国家与市民社会的统一。第一，区乡组织与同业公会的负责人的混合选拔是市民社会与国家行政权统一的表现。第二，每个市民有可能成为国家官员，即市民作为特殊等级的成员有机会上升为普遍等级的成员。第三，市民社会同国家的真正统一在于官员的薪俸。黑格尔在官僚政治内部寻求实现市民社会与政治国家统一的做法表明，黑格尔对政治国家与市民社会的二元分裂的认知还停留在表面上，他没有看到这种二元分裂的历史必然性，扬弃这种二元分裂必须诉诸市民社会的进一步发展，改变国家的政治组织形式，实行真正的民主制。

其次，早期马克思从原则高度批判了黑格尔国家观的逻辑的、泛神论的神秘主义和露骨的神秘主义。第一，马克思指出黑格尔把家庭和市民社会结合成为国家的过程理解为观念发展的结果。第二，黑格

---

① 《马克思恩格斯全集》第 3 卷，中共中央马克思恩格斯列宁斯大林著作编译局编译，人民出版社 2002 年版，第 10 页。

② 同上。

尔在任何地方都把观念当作主体，政治制度的各种差别被黑格尔理解为观念的产物。第三，黑格尔对国家目的和国家权力进行神秘化的解释。黑格尔所理解的国家的各种规定并不是现实的可以理解的国家规定，它的全部意义在于为黑格尔的逻辑学作形而上学的规定和补充。马克思批判性地指出：黑格尔"真正注意的中心不是法哲学，而是逻辑学……不是用逻辑来论证国家，而是用国家来论证逻辑"①。

最后，早期马克思在批判黑格尔的内部国家制度中论证黑格尔方案的空想与虚幻的性质。第一，黑格尔认为，君主立宪制作为现代国家制度能够扬弃自身的特殊性实现真正的普遍性。马克思指出，以君主立宪制为代表的国家制度所能实现的充其量不过是与特殊性相对立的抽象普遍性，能够代表普遍性的现代国家制度只能是真正的民主制。第二，马克思一针见血地指出："官僚政治"是市民社会的"国家形式主义"② 或"作为形式主义的国家"。官僚政治以自身的特殊性占据国家机构的普遍性，不仅不能沟通市民社会与国家的关系，而且会导致二者的彻底分裂，使市民社会永远不能达到国家的普遍性。马克思认为，克服官僚政治的唯一途径是扬弃代表特殊利益和私有财产的官僚政治本身。第三，马克思深刻地批判了黑格尔企图用等级制来解决市民社会与国家的分裂的政治难题的观点。马克思认为，等级制只能采用复旧的办法来消除市民社会与政治国家的二元分裂，这必然会开历史的倒车。

综上可知，早期马克思对黑格尔的批判指明了黑格尔法哲学的逻辑的泛神论主义，认为国家决定市民社会，使现实的特殊利益服从抽象的普遍利益是不可想象的。黑格尔从逻辑学和绝对精神的演化论证国家的普遍性，用事实解释和适应逻辑，而不是从事实当中发现逻辑，颠倒了历史与逻辑相统一的方法论原则。因此，黑格尔的方案并没有找到真正克服市民社会与政治国家二元分裂的钥匙。如果说黑格

---

① 《马克思恩格斯全集》第 3 卷，中共中央马克思恩格斯列宁斯大林著作编译局编译，人民出版社 2002 年版，第 22 页。

② 同上书，第 59 页。

尔是用绝对观念的自我演化与逻辑的统一性代替了现实的市民社会与政治国家的分裂，那么早期马克思对黑格尔的批判仍然停留在市民社会与政治国家的二元分裂的语境之中，虽然他提出了发展真正的民主制的设想，但并没有找到解决市民社会与政治国家分裂的现实道路。

早期马克思对黑格尔的批判是借用费尔巴哈的理论资源实现的。"马克思提出家庭、市民社会是国家的前提和基础的思想，并不是建立在具体地解剖市民社会，从而科学地揭示国家本质的基础上。马克思这一思想的产生是在他还没有对黑格尔国家是普遍利益领域，市民社会是特殊利益领域的观点作过具体分析，并且又暂时接受了这些观点的情况下，直接颠倒黑格尔唯心主义国家观的结果。"① 马克思继承了费尔巴哈确立的唯物主义的基本原则和主谓颠倒思想实现的对黑格尔法哲学的批判根本没有达到新唯物主义的高度与原则，早期马克思对黑格尔的批判也仅仅是政治批判，并没有深入到市民社会内部。

随着对黑格尔法哲学的批判的逐步深入，特别是受到黑格尔对市民社会本身的深入解剖的影响，以及莱茵报时期的政治实践和恩格斯《国民经济学批判大纲》的引导，马克思认识到，克服近代社会出现的二元分裂，必须从对市民社会的批判着手。② "我的研究得出这样一个结果：法的关系正像国家的形式一样，既不能从它们本身来理解，也不能从所谓人类精神的一般发展来理解，相反，它们根源于物质的生活关系，这种物质的生活关系的总和，黑格尔按照18世纪的英国人和法国人的先例，概括为市民社会，而对市民社会的解剖应该到政治经济学中去寻找。"③ 从此，马克思开始研究政治经济学，从政治批

---

① 李淑珍：《论〈黑格尔法哲学批判〉中市民社会决定国家的思想》，《北京大学学报》1987年第3期。

② 详情参见韩立新《从国家到市民社会——马克思思想的重要转变》，《河北学刊》2009年第1期。作者在文章中详细考察了马克思思想转变的过程，指出，实现这一转变是内外因共同作用的结果，内因是古典经济学家和黑格尔对市民社会本质的认识和解剖使马克思认识到必须转向市民社会的研究，外因来自马克思本人的政治实践受挫和恩格斯发表的《国民经济学批判大纲》的影响。

③ 《马克思恩格斯选集》第2卷，中共中央马克思恩格斯列宁斯大林著作编译局编译，人民出版社2012年版，第2页。

判转向对市民社会的批判。这样马克思才真正找到超越黑格尔国家观的正确道路，才能在深入地理解市民社会的基础上，在新唯物主义历史观的指导下找到解决市民社会与政治国家二元分裂的钥匙。

四　政治国家向社会的复归：马克思国家观的革命与出路

马克思国家观的革命是一项系统的理论与实践工程，它以马克思所实现的哲学革命为前提和基础。马克思的国家观在根本上是与马克思的历史观一致的，是历史观在政治国家问题上的理论表达，是运用新唯物主义的历史观对国家的起源与本质的科学解释。离开马克思的历史观来理解国家观不仅必然会产生困惑与不解，而且会陷入唯心主义甚至是旧唯物主义的泥淖之中不能自拔。因此，只有坚持在马克思的新唯物主义历史观的指导下研究和分析国家问题，科学地解释国家的历史起源与阶级本质，才能找到一条扬弃市民社会与政治国家二元分裂问题的出路，从而深化理解马克思国家观的革命。

马克思实现的哲学革命对其国家观的影响主要表现在以下几个方面：第一，新唯物主义的历史观批判了以黑格尔为代表的从抽象的理念和想象的现实为前提来分析和解释人类历史的发展规律的思想。与黑格尔把人类历史的发展当作绝对精神的外化过程不同，马克思考察人类历史的出发点是"一些现实的个人，是他们的活动和他们的物质生活条件，包括他们已有的和由他们自己的活动创造出来的物质生活条件"①。马克思考察国家的起源与历史发展过程也是从现实的物质条件出发，即从当时人类生活的现实的物质环境与发展状况出发。马克思在详细地考察了氏族、部落、部落联盟内部的生产状况、社会组织状况的基础上指出，国家是阶级矛盾不可调和的产物。马克思从现实

---

① 《马克思恩格斯选集》第 1 卷，中共中央马克思恩格斯列宁斯大林著作编译局编译，人民出版社 2012 年版，第 146 页。

的物质生产条件来分析和解释国家的起源的思想在人类政治思想史上具有重大的革命意义。无论是以柏拉图和亚里士多德为代表的古典国家观、奥古斯丁和阿奎那的神权国家观还是近代契约主义的国家观，与黑格尔一样，在分析国家的起源问题上都是从想象的前提出发，虚无了国家起源的现实的历史过程。马克思指出，契约主义从想象出来的自然状态和自然法出发，以抽象的、自然的人性论作为分析和论证政治国家起源的依据，缺乏历史的根据和实践的证明，从根本上说是不科学的。马克思植根于历史发展的逻辑原点和历史起点，系统地分析了共同体的演进与发展规律，揭示了国家的历史起源在于阶级矛盾的不可调和，从根本上超越了契约主义对国家起源的理解。马克思凭借新唯物主义的历史观所主张的分析问题的基本原则，坚持从现实的历史发展过中寻找国家起源的答案，因而在国家起源问题上实现了深刻的革命。

第二，新唯物主义历史观的根本内容在于它发现了人类历史发展的最一般规律即生产力与生产关系，经济基础与上层建筑之间的矛盾运动规律。马克思认为，生产力是推动人类社会历史向前发展的根本力量。衡量生产力发展水平的根本标准是生产工具。使用什么样的工具从事物质生产和精神生产活动，不仅决定了生产力的组织形式，还决定了我们能够生产什么。生产关系是在从事生产活动过程中人们之间的关系联结，具体包括生产资料归谁所有，产品的分配形式，人们在生产中的地位如何三个方面的内容。从宏观的视野看，生产关系表现为社会的经济结构，属于社会的经济基础。新唯物主义的历史观"从直接生活的物质生产出发阐述现实的生产过程，把同这种生产方式相联系的、它所产生的交往形式即各个不同阶段上的市民社会理解为整个历史的基础，从市民社会作为国家的活动描述市民社会"①。因此，在新唯物主义历史观的视野中，政治国家属于上层建筑，它总是

---

① 《马克思恩格斯选集》第 1 卷，中共中央马克思恩格斯列宁斯大林著作编译局编译，人民出版社 2012 年版，第 171 页。

建立在一定的经济基础之上。经济基础的实质就是社会的经济结构即一个社会的生产关系，它决定了政治国家的性质。马克思从社会的经济基础出发，第一次使国家的性质得到了合理的说明与科学的解释，也从根本上颠倒了黑格尔政治国家决定市民社会的观点，并把早期马克思所主张的市民社会决定国家进一步发展为经济基础决定上层建筑这一新唯物主义哲学的核心原理。因此，笔者认为马克思从根本上超越了黑格尔把国家当作地上的神物，从国家的概念出发来阐释国家的神秘主义倾向，深刻地揭示了政治国家的上层建筑性质。

　　第三，马克思在科学地揭示了国家与阶级之间的关系的基础上，把国家的本质界定为维护阶级统治的工具。就国家与社会的关系而言，马克思和恩格斯在系统地分析了国家起源的三种形式之后指出："国家是承认：这个社会陷入了不可解决的自我矛盾，分裂为不可调和的对立面而又无力摆脱这些对立面。而为了使这些对立面，这些经济利益互相冲突的阶级，不致在无谓的斗争中把自己和社会消灭，就需要有一种表面上凌驾于社会之上的力量，这种力量应当缓和冲突，把冲突保持在秩序的范围以内。"① 因此，国家作为表面上凌驾于社会之上的力量，它的实质在于维持统治阶级的经济利益、政治和文化统治。就国家与共同体的关系而言，马克思指出国家是一种虚幻的共同体。"正是由于特殊利益和共同利益之间的这种矛盾，共同利益才采取国家这种与实际的单个利益和全体利益相脱离的独立形式，同时采取虚幻的共同体的形式。"② 因此，国家在本质上代表统治阶级的特殊利益，但它把自己打扮成普遍利益的化身，从而更好地维护现存的统治秩序。综上可知，政治国家的本质在于站在统治阶级利益的立场上，支配政治、经济和文化资源，维持现存的统治秩序。马克思对国家本质的揭示打破了黑格尔关于国家是普遍性代表的神话，指明了近

---

　　① 《马克思恩格斯选集》第4卷，中共中央马克思恩格斯列宁斯大林著作编译局编译，人民出版社2012年版，第186—187页。

　　② 《马克思恩格斯选集》第1卷，中共中央马克思恩格斯列宁斯大林著作编译局编译，人民出版社2012年版，第164页。

代以来政治国家的抽象性质。只有从作为特殊利益代表的市民社会出发，把政治国家理解为由市民社会决定的特殊利益，才能克服政治国家与市民社会之间的矛盾，实现二者在特殊利益上的一致性，从而彻底消解了国家的普遍性质。

第四，马克思在国家观上的深刻革命还体现在它对政治国家的未来命运的关注。按照新唯物主义历史观所揭示的人类历史发展的基本规律和五种经济社会形态，资本主义社会和资产阶级的统治在它所容纳的全部社会生产力释放出来以后，必然会被无产阶级的统治取代。与此同时，马克思指出无产阶级专政是一个过渡性质的专政，它存在的目的正是消灭阶级统治本身，实现向共产主义的过渡。因此，马克思运用新唯物主义的辩证法在肯认了无产阶级存在的合理性的基础上又指明了它必然灭亡的未来。马克思认为，国家是社会发展到一定阶段的产物，它伴随着不可解决的阶级矛盾而产生，必然也会随着阶级的消亡而消亡。列宁指出："当国家终于真正成为整个社会的代表时，它使自己成为多余的了。"① 因此，"国家真正作为整个社会的代表所采取的第一个行动，即以社会的名义占有生产资料"②。由此可见，政治国家的未来命运是经过无产阶级专政的过渡阶段，最终实现自行消亡，即复归于社会。"代替那存在着阶级和阶级对立的资产阶级旧社会的，将是这样一个联合体，在那里，每个人的自由发展是一切人的自由发展的条件。"③ 马克思认为，代替政治国家进行社会管理的是自由人联合体，在那里"对人的统治将由对物的管理和对生产过程的领导所代替"④。马克思关于政治国家复归于社会的理论是新唯物主义历史观所揭示的历史发展规律的重要内容，它打碎了黑格尔关于历史终

---

① 《列宁选集》第3卷，中共中央马克思恩格斯列宁斯大林著作编译局编译，人民出版社2012年版，第122页。

② 同上书，第123页。

③ 《马克思恩格斯选集》第1卷，中共中央马克思恩格斯列宁斯大林著作编译局编译，人民出版社2012年版，第422页。

④ 《列宁选集》第3卷，中共中央马克思恩格斯列宁斯大林著作编译局编译，人民出版社2012年版，第123页。

结的梦想，同时也从根本上解决了近代以来出现的市民社会与政治国家分裂的难题。

综上分析，以新唯物主义历史观为前提和基础的马克思的国家观，科学地揭示了国家的起源与本质，在深入地分析人类社会历史发展的基本规律的基础上，指明了政治国家的未来命运在于经过无产阶级专政的过渡，进入共产主义社会，即政治国家消亡于自由人联合体之中。市民社会与政治国家的矛盾与冲突在马克思论证的自由人联合中消失于无形。

后　记

　　春风和煦的下午，收到中国社会科学出版社来信，告知拙作即将出版，兴奋之情溢于言表。不禁想起多年求学生涯，战战兢兢、如履薄冰。从北国的千里冰封、万里雪飘到南国的鹭岛浪鼓、凤凰花开，再到华中的南湖之滨、桂子飘香，我收获的是老师的谆谆教诲，同学的珍贵友谊，校园的优美景色，各地的风土人情。在青春的岁月里我把生活交给最美的校园来支配，这或许是冥冥注定。我感激求学生涯里遇到的每一个人，每一处风景。是你们丰富了我的生活，延长了我的视线，让我逐渐懂得自觉地欣赏和享受生活之美。

　　我要感谢我的博士导师华中师范大学马克思主义学院林剑教授和中国社会科学院孙麾教授。您们高远的学术理想、精深的学术造诣、深厚的理论功底、严格的学术要求不仅拓宽了我的学术视野，也让我学到了许多做人的道理。学生的点滴进步都有两位导师的心血。还记得第一次听林老师讲解《关于费尔巴哈的提纲》时对我的触动。马克思主义经典著作研究功底深厚的林老师帮我破解了一个又一个困惑，豁然开朗的思想醒悟进一步激发了我的学术研究兴趣。孙老师对学术前沿与动态的思考与把握给我打开了一扇新的大门，对各种社会思潮的高屋建瓴的评判，让我领悟了学术研究的担当与责任。两位导师的指导与帮助让我终身受益。感谢叶泽雄教授在学习和生活中对我的教育和指导，叶老师旷达的人生态度，高雅的生活旨趣是我学习的榜样。感谢鉴传今研究员、韩璞庚研究员对本书内容修改提出的宝贵意见。我还要感谢我的硕士导师王福民教授，在我硕士毕业之后，王老师一直关心我的工作和生活，经常鼓励和督促我，给我很深的教益。感谢戴圣鹏、毛华兵、李玲在我博士求学期间提供的帮助。

　　我还要感谢我的各位学友，他们的陪伴、帮助和支持不仅使我的课余生活更加丰富，还让我学到了许多宝贵的生活经验。首先要感谢同学兼室友胡招祺，他不仅对学术有着深沉的热爱，给我树立了榜样，在生活中也给我很多照顾。感谢我的同门陈松、张雯三年博士生活的扶持，感谢尹秀娟、周婷、王彦丽给我的帮助，感谢贾孝敏、柯文涌、吴长锦、肖薇薇、徐杨巧的鼓励。还要感谢默默关心我的工作和生活的戴秋燕、陈建业、周新原、吴雪君、谢飞等，你们的关心和鼓舞给了我信心和勇气。

　　同时我更要感谢我的家人，你们的支持是我战胜困难、走出困境的阳光和希望。我要向我的母亲表达深深地谢意，没有她的坚定支持，可能我很难坚持走到今天。当我想起她每天起早贪黑、冒寒冬、顶酷暑，就是为了能够改善家里的生活条件，减轻我生活压力的时候，我的心里总会起挣扎！我不知道该如何感谢母亲的恩情，唯有不断地努力，不让她失望。

　　最后，感谢我所在的中南财经政法大学马克思主义学院各位领导和同事的提携、支持与厚爱，本书的顺利出版离不开您们的支持和帮助。感谢中国社会科学出版社对本人研究成果的认可与肯定。对我来说，本书的出版既是鼓励也是鞭策。学术研究之路漫漫，吾辈仍需上下求索！